刘川 主编

东莞理工学院
经济与管理学院
2021年
学生优秀论文集

企业管理出版社
ENTERPHISE MANAGEMENT PUBLISHING HOUSE

图书在版编目（CIP）数据

东莞理工学院经济与管理学院 2021 年学生优秀论文集 / 刘川主编 . —北京：企业管理出版社，2022.7
ISBN 978-7-5164-2610-4

Ⅰ.①东…　Ⅱ.①刘…　Ⅲ.①经济管理－文集　Ⅳ.① F2.53

中国版本图书馆 CIP 数据核字（2022）第 072282 号

书　　名：	东莞理工学院经济与管理学院 2021 年学生优秀论文集
书　　号：	ISBN 978-7-5164-2610-4
作　　者：	刘　川
策　　划：	侯春霞
责任编辑：	侯春霞
出版发行：	企业管理出版社
经　　销：	新华书店
地　　址：	北京市海淀区紫竹院南路 17 号　　邮编：100048
网　　址：	http：//www.emph.cn　　电子信箱：pingyaohouchunxia@163.com
电　　话：	编辑部 18501123296　　发行部（010）68701816
印　　刷：	北京虎彩文化传播有限公司
版　　次：	2022 年 8 月第 1 版
印　　次：	2022 年 8 月第 1 次印刷
开　　本：	710 mm × 1000 mm　　1/16
印　　张：	20.5 印张
字　　数：	234 千字
定　　价：	98.00 元

版权所有　翻印必究·印装有误　负责调换

目录

一等奖作品

"互联网+"下"云招聘"就业服务满意度提升策略探析
　　——基于大学生求职视角 ………………………………………… 3
让博物馆成为党史学习教育"主阵地"
　　——对江门博物馆党史学习教育开展情况的分析 …………… 25
文化自觉视域下潮州红色文化传承有效性研究报告 …………… 38
论非遗产业化过程中传承人的困境与发展出路
　　——以东莞莞香、潮州木雕为例 ……………………………… 57
乡村振兴背景下农村电商发展现状及趋势调查
　　——以广东省为例 ……………………………………………… 65
我国集成电路产业链自主可控能力研究 ………………………… 79

二等奖作品

股权结构视域下公司治理机制提升企业竞争力的实现路径 …… 97
心理契约视角下00后新生代员工离职行为分析 ………………… 107
顺德逢简水乡美食产业发展现状研究 …………………………… 120
深圳都市圈高等教育融合发展研究 ……………………………… 134
中国与CPTPP成员国服务贸易的竞争力和互补性研究 ………… 146

新工科背景下通识教育课程建设问题及对策分析
　　——基于广东省理工科院校的调查分析……………………… 162
乡村小学党史教育的现状及优化路径研究
　　——以石秀山小学党史教育为例 ……………………………… 168
关于00后大学生追星现象的研究 ………………………………… 173
基于VR技术的高校线上教育新模式探析 ……………………… 191
基于犹豫模糊FMEA-GRA方法的返贫风险因素识别 ………… 199
基于模糊六西格玛满意度指数和模糊公理设计的老人鞋评价方法研究
　　——以粤港澳大湾区为例 ……………………………………… 213

三等奖作品

数字科技Y公司质量管理体系存在问题及优化研究 …………… 231
加入CPTPP将如何积极影响中国快递业的发展 ……………… 238
高校管理沟通中存在的问题及其对策探究
　　——以东莞理工学院为例 ……………………………………… 249
关于创建"美丽乡村"的调研报告
　　——以诗洞镇为例 ……………………………………………… 258
从旅游视角论揭阳红色文化的传承与弘扬 ……………………… 271
互联网买菜平台的商业模式分析
　　——以多多买菜和叮咚买菜为例 ……………………………… 288
中国快递行业发展中存在的问题及对策研究 …………………… 297
小众文化平台"破圈"路径探析
　　——以哔哩哔哩的圈层传播战略为例 ………………………… 303
文化特色视角下的"城市名片"创建研究
　　——以广东省汕尾市为例 ……………………………………… 313

一等奖作品

"互联网+"下"云招聘"就业服务满意度提升策略探析——基于大学生求职视角

◆ 秦颖琳

一、引言

在AI、大数据等前沿技术加快发展的大背景下，中国招聘行业迎来发展新机遇，人才的招聘走向了数字化，"云招聘"的出现及应用成为人才招聘领域的一个重大突破。"云招聘"是指通过云计算技术来管理企业的招聘需求计划制订、职位招聘信息发布、招聘者职位申请、候选人面试和测试等一系列招聘活动，将人员的招募、甄选、面试以及录用等环节都移至"云端"。相较于传统的网络招聘，"云招聘"并不仅仅是将传统的招聘业务搬到网上，而是能够互动、无时空限制、具备远程服务功能的一种全新的无接触式招聘与求职模式，创新出了直播面试、视频面试以及AI面试等多种招聘形态，在近年来引起了社会各界的关注。

艾媒网的调研数据显示，近年来高校毕业生人数飞速增长，2020年的毕业生人数更是再创新高，这在一定程度上增加了大学生的就业压力。受突袭而至的新冠肺炎疫情的影响，大学生群体的就业遇到了前所未有的挑战，有求职需求的大学毕业生至少达到600万人，而求职者数量的快速上升也进一步驱动了"云招聘"就业服务需求的持续释放。"云招聘"因其能够有效实现无接触式求职而备受人们的关注，可以使企业的招聘与大学生的求职方式更加丰富和多元化，解决了疫情期间的大部分招聘难题，因此，部分高校也逐渐将"云招聘"融入他们的校园招聘中。与工作繁杂的传统招聘相比，"云招聘"完美解决了疫情期间线下招聘活动的困难，解决了雇佣双方不同时间和空间的问题，同时也加速了AI技术对招聘平台的赋能，大大提升了企业的招聘效率和降低了招聘成本，对我国大学生就业和民生问题的解决产生了促进作用。

如今，我国新冠肺炎疫情得到有效控制，但境外输入风险和国内散点式不间断复发的风险依然严峻。在新冠肺炎疫情防控常态化的背景下，"云招聘"因其减少了供需双方的直接接触、避免人群集聚造成疫情传播的防疫优势和智能数据化的效率优势，受到了许多企业和求职人员的青睐。在这一新形势下，"云招聘"发展的机遇与挑战共存，一方面"云招聘"使招聘工作更加便捷高效，但另一方面也造成了大学生乃至广大求职者海投简历的现象，导致了招聘信息的冗余。此外，"云招聘"模式下，招聘信息的真实性和可靠性也难以保证。一些招聘平台急功近利，过于追求企业的入驻流量，而自动降低了对企业的标准，导致招聘信息参差不齐。不仅如此，许多不法分子铤而走险，使得大学生陷入招聘平台的套路与"陷阱"，侵害了大学生乃至所有用户的人身财产权益。

基于此种背景，本文试图从大学生就业服务满意度的角度出发，通过问卷调查来探究影响大学生"云招聘"就业服务满意度的因素，再结合"云招聘"的应用现状进行具体分析，最后从网络招聘平台、国家、大学生三个层面提出相应的对策与建议。本文的写作一方面旨在助力大学生群体实现更好更充分的就业，提高大学生的"云招聘"就业服务满意度，另一方面旨在促进"云招聘"进一步完善，把握发展机遇。

二、文献综述

"云招聘"作为一种全新的招聘模式是近几年才发展起来的，从目前国内对"云招聘"的研究来看，相关成果并不多。笔者在中国知网以"云招聘"作为关键词，截至2021年一共查找到77篇文献，这些文献的研究主要集中在以下几个方面。

第一，关于"云招聘"定义的研究。最早在2012年，《中国人力资源开发》期刊上提到"云招聘"成为互联网时代招聘的新趋势，并从人才甄选的广度、速度及精度，规范招聘流程标准，降低成本，因需而变等多个方面阐述了"云招聘"的显著优势。赵观莲（2013）认为"云招聘"是线上的招聘管理平台和线下的云服务相结合的应用管理系统。陈晓暾和侯鹏艳（2018）将"云招聘"定义为运用云计算技术通过线上与线下相结合的方式整合企业碎片化的招聘渠道，分层分类地管理企业招聘活动的新型招聘模式。和静钧（2020）认为"云招聘"是在云数据、虚拟空间、仿真、身份识别等多项综合信息技术支持下的劳动者和用人单位双方双向互认的活动过程。

第二，关于"云招聘"应用及发展前景的研究。赵观莲（2013）开展了网络在线招聘新旧模式的比较研究，认为"云招聘"能提高企业的招聘效率，满足企业个性化的招聘需求，其部署成本低且使用方便，能提高客户的黏性和忠诚度，并从"云招聘"自身、实施过程、外部环境三个方面阐述了"云招聘"发展面临的挑战。孟庆娇（2020）针对"云招聘"全程线上、零接触的特点，从线上面试的"优"和"忧"两个角度进行分析，最后对雇佣双方在社交软件上交流的细节等提出一些具体要求。任宇倩等（2021）针对后新冠肺炎疫情时代下"云招聘"的应用现状，从优势、劣势、机会和威胁四个维度进行了SWOT分析，并从区块链的视角对其未来发展提出了建议。张力洺等（2021）指出"云招聘"存在的问题主要是普及范围有限、行业差异明显、信息不对称、海量信息导致运营压力大、信息的可靠性难以保证，并从加强法律支持助推广、加速科技创新助转化、力求招聘观念的变革三个方面提出了合理的解决措施。

第三，关于"云招聘"对就业形势影响的研究。受新冠肺炎疫情的影响，"云招聘"飞速发展，对此许多学者给予了关注并纷纷提出了自己的见解，主要是针对"云招聘"在疫情背景下对企业招聘以及高校毕业生就业的影响和"云招聘"在疫情背景下的招聘有效性进行调查研究。王妍（2020）提出"云招聘"在新冠肺炎疫情期间缓解了疫情防控和就业的双重压力，对于政府稳就业起到了一定的推动作用。邢新月和陈新宇（2021）基于"云招聘"有效性的相关理论研究，从企业、招聘网站和应聘者三个层面提出了提升"云招聘"有效性的对策和建议。

综合来看，国内对"云招聘"的定义、应用现状、发展前景等都进行了一定的研究，但基于大学生就业服务满意度视角来分析"云招聘"的研究几乎没有，因此，本文试图从大学生就业服务满意度的角度来对"云招聘"进行一些探究。

三、大学生"云招聘"就业服务满意度评价指标的设计

1. 大学生"云招聘"就业服务满意度评价指标的设计原则

（1）可操作性原则。所设计评价指标的数据应该方便收集，易于进

行量化处理，从而确保评价指标的可信度。同时，由于定性指标会导致被调查者的主观判断，从而产生误差，所以在设计指标时应尽量避免使用定性指标。因此，本文在设计评价指标的时候采用了李克特五级量表法。

（2）独立性原则。每个评价指标都要做到相互独立，互不重叠，并且尽量保证描述清晰准确。从横向和纵向两个方面来讲，横向的独立是指处于同一层级的指标尽量做到不重合、不矛盾，纵向的独立是指不同层级的指标要体现层次性，既相关但又不相互依赖，确保评价指标是相对科学合理的。

（3）全面具体性原则。评价指标必须是具体的，如果指标描述得不清晰，则在一定程度上会影响评价结果的客观性。另外，评价指标还需从多个维度综合全面地反映被评价对象，这里的全面并不是指涵盖任何方面，而是将重点和主要的特征反映出来，剔除不重要非关键性的指标，从而做到评价指标的多层次性和多类别性。

（4）动态性原则。不同时期的用户呈现的特性是不同的，而其满意度也会随之变化，因此，在设计评价指标时需要遵循动态性原则，与时俱进，从而对评价指标做出相应的调整和改进。

2. 大学生"云招聘"就业服务满意度评价指标体系的构建

本文参考了国内外的顾客满意度指数模型，包括美国的 ASCI 模型、欧洲的 ECSI 模型、中国的 CCSI 客户满意度指数模型和 SERVQUAL 服务质量评估模型，并结合当前"云招聘"的发展特点，构建了大学生"云招聘"就业服务满意度评价指标体系。该指标体系包括网站形象、网站信息服务、网站易用性、网站平台服务、就业指导有效性五个测评维度，具体如表1所示。

表 1　大学生"云招聘"就业服务满意度评价指标体系

一级指标	二级指标	观测变量
大学生"云招聘"就业服务满意度	网站形象	招聘网站好感度
		招聘网站知名度
	网站信息服务	平台网站招聘信息的可靠性
		招聘信息的丰富度和全面性
		信息内容的详细度
		招聘信息的更新速度
	网站易用性	网站界面简洁美现
		网站功能的易操作性
		平台网站的稳定性
	网站平台服务	平台网站的安全性
		平台网站雇佣双方的交互性
		平台网站的关怀性
		投诉处理的及时性
	就业指导有效性	求职指导信息的易获取性
		职业指导的专业性
		平台的个性化服务
		平台网站的人岗匹配度

四、大学生"云招聘"就业服务满意度的调查

（一）调查对象及目标的确定

本文的调查面向大学生群体，调查目标是通过问卷调查大学生群体对"云招聘"的了解程度以及对其前景的看法，探究大学生群体对招聘网站就业服务的满意度，计算出各项指标的满意度得分，同时计算各项指标间以及各指标对大学生满意度的影响系数，找到影响该满意度的因素和方式。

（二）问卷设计与调查

1. 问卷设计的形式

本次调查将采用量表式的问卷，量表可以判别和测定被测者的态度、意见、感觉等心理状态，同时在数据分析的过程中方便统计。本次的调查问卷包括17个观测变量，笔者对其进行了评级量化处理，以确保17个指标可以衡量。

在就业服务满意度的测量模型中，本文将采用李克特五级量表，问卷中的每个问题都设置有5个选项，对每个选项从1到5进行赋值，1代表满意度最低，5代表满意度最高，最后使用SPSS 22.0软件进行分析和检验。

2. 问卷设计的内容

问卷分为以下三个部分。

第一部分是调查对象的基本信息，包括性别、所在地区和学历。

第二部分是调查大学生对"云招聘"的了解程度以及对其前景的看法。

第三部分是问卷内容的主体，包括影响大学生"云招聘"就业服务满意度的5个二级指标和17个三级指标。问卷对17个三级指标设计了相对应的17个具体问题，这17个具体问题都设置为矩阵量表问题。另外还设置了1道选择题（调查大学生的总体满意度）和1道主观填空题（调查大学生对"云招聘"的一些建议）。

3. 问卷回收与数据收集

本次问卷调查采用随机抽样的方式，通过微信群和朋友圈发放问卷，面向的群体是全国的大学生。问卷总共回收了106份，剔除无效问卷之后共有104份，问卷有效回收率为98.1%。

(三)数据分析及讨论

1. 样本分析

(1)样本的描述性统计分析。通过对被调查者的性别、年龄、学历、地区等基本特征进行统计分析,得到了如表2所示的样本基本特征描述性统计分析表。

表2 样本基本特征描述性统计分析

特征	选项	频数/个	百分比/%
性别	男	38	36.54
	女	66	63.46
年龄	18岁以下	2	1.92
	18~30岁	99	95.19
	30岁以上	3	2.88
学历	大专	2	1.92
	本科	99	95.19
	硕士及以上	3	2.88
地区	东莞	89	85.58
	广州	9	8.65
	深圳	1	0.96
	其他广东省以内	2	1.92
	广东省以外	3	2.88

从上表可以看出,在性别方面,男生的占比为36.54%,女生的占比为63.46%,可以看出男性被调查者显著少于女性被调查者,这也体现了问卷调查的随机性。在年龄和学历方面,18~30岁和本科学历的人数都为99人,占总样本的比例为95.19%,说明此次调查的样本大多是本科生。在地区方面,调查样本的所在城市以东莞为主,占比为85.58%,还

有8.65%的样本来自广州，说明调查样本主要集中在广东地区。

此外，通过调查大学生平常使用哪些招聘平台，得出使用频率最高的是BOSS直聘，但还有32.69%的大学生表示没有使用过。关于是否听说过"云招聘"的调查数据显示，有67个大学生表示有听说但没了解，可见"云招聘"平台的普及率还有待加强。但是大学生对"云招聘"的发展前景还是比较乐观的，在乐观程度总分为5分的情况下，总体的平均分达到了3.88分。

（2）满意度调查结果的描述性统计分析。本研究使用SPSS 22.0软件对大学生"云招聘"就业服务满意度的调查结果做了描述性统计分析，具体如表3所示。

表3 大学生"云招聘"就业服务满意度调查结果的描述性统计分析

因子命名	观测变量	N	极小值	极大值	平均值	标准差
网站形象	招聘网站好感度	104	2	5	3.255	0.765
	招聘网站知名度	104	1	5	3.115	0.855
网站信息服务	平台网站招聘信息的可靠性	104	1	5	2.882	0.734
	招聘信息的丰富度和全面性	104	1	5	3.277	0.713
	信息内容的详细度	104	1	5	3.383	0.708
	招聘信息的更新速度	104	2	5	3.274	0.928
网站易用性	网站界面简洁美观	104	1	5	3.043	0.779
	网站功能的易操作性	104	1	5	3.000	0.807
	平台网站的稳定性	104	2	5	3.043	0.779
网站平台服务	平台网站的安全性	104	1	5	2.953	0.805
	平台网站雇佣双方的交互性	104	1	5	3.170	0.760
	平台网站的关怀性	104	1	5	3.064	0.818
	投诉处理的及时性	104	1	5	3.009	0.815

续表

因子命名	观测变量	N	极小值	极大值	平均值	标准差
就业指导有效性	求职指导信息的易获取性	104	1	5	3.100	0.832
	职业指导的专业性	104	1	5	3.101	0.780
	平台的个性化服务	104	1	5	2.987	0.761
	平台网站的人岗匹配度	104	1	5	2.978	0.778

上表中，指标的平均值越高，代表大学生的评价越好，满意度越高，而每一个指标的标准差就代表了各指标的波动性，波动性越小，标准差也就越小，从而说明各个被调查者对于同一指标的看法越一致。同时，笔者对目前招聘平台存在的问题也进行了问卷调查，调查结果如表4所示。

表4 对目前招聘平台存在问题的调查结果　　　　单位：%

问项	选项	比例
您认为目前的招聘平台有什么问题？	平台对求职者的隐私没有进行很好的保护	57.45
	招聘信息不够真实可靠	70.21
	平台的反馈效率低	38.30
	人岗匹配不精准	51.06
	日常推送无用广告	42.55
	平台上招聘企业的简介不全面	36.17
	求职者和企业很难做到有效沟通	21.28
	暂时没发现问题	4.26
	其他	2.13

综合表3和表4可以看出，平台网站招聘信息的可靠性、平台网站的安全性、平台的个性化服务和平台网站的人岗匹配度这四个指标的平均值相对较低，分别为2.882、2.953、2.987和2.978，说明大学生对这四个指标的满意度较低。并且它们的标准差都相对较小，说明大家对于这

些指标的看法一致。

另外，从回收的问卷来看，有15%的大学生选择了"没有使用过招聘网站"这一选项，这在某种程度上说明大学生对招聘网站的了解程度和使用率不高。

2. 信度检验

检查问卷是否具有科学性和有效性的重要方法是进行信度和效度检验。其中，信度即可靠性，它是指对同一个测量对象通过同样的方法多次进行测量所得结果的一致性程度。测量信度的方法有很多，其中Cronbach's α 信度系数常被用来衡量数据的可靠程度。因此，本文通过Cronbach's α 信度系数检验问卷的可靠性，如果 Cronbach's α 系数值介于0.7~0.8之间，则说明问卷的信度较好。本文通过 SPSS 22.0 软件来进行问卷的信度分析，分析结果如表5和表6所示。由于5个维度的Cronbach's α 系数值均大于0.8，且总量表的Cronbach's α 系数值也大于0.8，因此说明本次问卷的数据信度很好，问卷设计较为合理。

表5 大学生"云招聘"就业服务满意度调查问卷信度分析

测量指标	项目数	Cronbach's α 系数
网站形象	2	0.914
网站信息服务	4	0.937
网站易用性	3	0.918
网站平台服务	4	0.923
就业指导有效性	4	0.941

表6 整体信度分析

Cronbach's α 系数	整体标准化项的 Cronbach's α 系数	项目数
0.931	0.931	17

3. 效度检验

做完了信度检验，接下来是进行效度检验，即检验问卷的有效性，也就是检验设计的问项是否合理，并为接下来的因子分析做铺垫。本文对调查结果进行了 KMO 和 Bartlett 球形检验，从而判断各问项是否适合做因子分析。

KMO 检验统计量是用于比较变量之间的简单相关系数和偏相关系数的指标。KMO 的值越趋向于 1，意味着变量间的相关性越强；KMO 的值越趋向于 0，意味着相关性越弱。一般情况下，KMO 的值在 0.7 以上表明适合做因子分析。Bartlett 球形检验对应的是显著度，即 P 值，通常情况下，当 P 值小于 0.05 时，说明各变量间具有相关性，能够提取公共因子进行因子分析。检验结果如表 7 所示。

表 7 KMO 检验和 Bartlett 检验结果

Kaiser-Meyer-Olkin 统计量		0.949
Bartlett 球形检验	近似 Chi-Square	3642.826
	df	143
	Sig.	0.000

根据表 7 可知，KMO 的值为 0.949，大于 0.9，说明调查问卷中各变量之间的相关性和偏相关程度很好。另外，Bartlett 球形检验的 P 值为 0.000，小于 0.05，拒绝原假设，说明在显著性水平上显著。综上所述，该问卷的效度检验结果符合要求，各变量适合做因子分析，所以可以对调研结果进行下一步的分析。

4. 因子分析

本文构建的大学生"云招聘"就业服务满意度理论模型涉及五个变量，分别是网站形象、网站信息服务、网站易用性、网站平台服务和就业指导有效性。本文提出的假设如下。

假设1：网站形象对大学生"云招聘"就业服务满意度产生正向影响。

假设2：网站信息服务对大学生"云招聘"就业服务满意度产生正向影响。

假设3：网站易用性对大学生"云招聘"就业服务满意度产生正向影响。

假设4：网站平台服务对大学生"云招聘"就业服务满意度产生正向影响。

假设5：就业指导有效性对大学生"云招聘"就业服务满意度产生正向影响。

本文利用SPSS 22.0软件，通过因子分析的方法从17个观测变量中提取出5个公共因子，具体情况如表8所示。

表8 大学生"云招聘"就业服务满意度的主因子提取结果　　　单位：%

因子	特征值	贡献率	累积贡献率
F_1	5.615	41.249	47.249
F_2	3.712	20.512	61.761
F_3	1.025	9.738	71.499
F_4	0.985	5.700	77.199
F_5	0.962	5.049	82.248

通过因子分析提取了5个公共因子，累计贡献率为82.248%，即这5个因子可解释原有变量82.248%的信息。由此可以看出，因子取五维比较合适，且问卷具有一定的结构效度，理论与实际较为吻合。因此，我们将原成分矩阵再进行旋转，从而确定每个变量归属于哪个因子，旋

后的因子载荷矩阵如表9所示。

表9 旋转后的因子载荷矩阵

指标标识	元件 1	2	3	4	5
X_1	0.860				
X_2	0.822				
Y_1		0.859			
Y_2		0.941			
Y_3		0.872			
Y_4		0.734			
Z_1			0.881		
Z_2			0.920		
Z_3			0.573		
W_1				0.550	
W_2				0.637	
W_3				0.639	
W_4				0.767	
L_1					0.844
L_2					0.509
L_3					0.578
L_4					0.648

一般来说，当因子载荷量的绝对值在0.4以上时，就认为是显著的变量。从表9可以看出，X_1和X_2在第一个因子上的载荷量都很高，指标X_1、X_2分别对应招聘网站好感度和招聘网站知名度，因此可以将这两个指标归为因子1，命名为网站形象。Y_1—Y_4在第二个因子上的载荷量

较高，它们分别对应平台网站招聘信息的可靠性、招聘信息的丰富度和全面性、信息内容的详细度、招聘信息的更新速度，因此可以把它们归为因子2，命名为网站信息服务。Z_1—Z_3分别对应网站界面简洁美观、网站功能的易操作性和平台网站的稳定性，它们在第三个因子上的载荷量都比较高，因此归为因子3，命名为网站易用性。W_1—W_4在第四个因子上的载荷量较高，它们分别对应平台网站的安全性、平台网站雇佣双方的交互性、平台网站的关怀性和投诉处理的及时性，因此把它们归为因子4，命名为网站平台服务。L_1—L_4在第五个因子上的载荷量较高，它们分别对应求职指导信息的易获取性、职业指导的专业性、平台的个性化服务和平台网站的人岗匹配度，因此将它们归为因子5，命名为就业指导有效性。

从表9提供的因子分析结果可以看出，理论设定的五个指标与因子分析提取出的公共因子是吻合的，说明问卷的结构效度很好。

5. 相关性分析

相关性分析是研究各自变量和因变量之间的相关关系。一般来说，当相关系数 r 大于等于0.4时，就可以认为变量之间显著相关。本文采用皮尔逊相关系数法进行研究，分析结果如表10所示。

表10 相关性分析

因变量		自变量				
		网站形象	网站信息服务	网站易用性	网站平台服务	就业指导有效性
大学生"云招聘"就业服务满意度	相关系数	0.709**	0.689**	0.645**	0.716**	0.602**
	显著性水平	0.000	0.000	0.000	0.000	0.000

注：** 表示在0.01水平（单侧）上显著相关。

从上表中可以看出，五个变量与大学生"云招聘"就业服务满意度均存在显著的相关性，且相关系数为正数，都大于0.6，说明它们之间存在较高的正相关关系。

（四）分析结论

通过问卷调查及分析可以得出以下结论。

（1）网站形象对大学生"云招聘"就业服务满意度的正向影响程度较大，大学生对网站形象的满意度相对较高。目前"云招聘"还处于初步发展阶段，加大其推广力度是提升大学生"云招聘"就业服务满意度的重要途径之一。因此，国家需推动"云招聘"技术的进一步发展并扩大其普及范围。此外，大学生还应内在地转变招聘观念，顺应时代的发展。

（2）要提高大学生"云招聘"就业服务满意度，可以从增强招聘信息的可靠性和平台网站的安全性入手。由于"云招聘"海量地收集企业的招聘信息，难免被一些不法分子利用，导致出现冗杂甚至虚假的信息。同时，部分大学生在使用招聘网站求职时毫无经验，未能有效判断信息的真实可靠性。因此，招聘网站应提升招聘系统的数据处理能力，将招聘信息有效分类。此外，国家也应出台相关的政策法规对平台网站进行严格的监控。

（3）提高平台网站的人岗匹配度也是提高大学生"云招聘"就业服务满意度的一大方向。"云招聘"的应用不仅仅是发布并管理招聘职位，而且要形成更为全面且严谨的流程系统。如今的大学生追求个性化和差异化的"云招聘"服务，并且在人岗匹配上提出了更高的要求。因此，招聘网站要在这方面做进一步的技术创新和改进，针对目前招聘网站同质化严重的情况，建立体现自身特色的个性化服务机制。同时，大学生也应提升自身的岗位认知水平，促使招聘网站更精准地获取用户的求职需求，实现雇佣双方的匹配。

五、提升大学生"云招聘"就业服务满意度的对策与建议

目前，中国招聘行业的竞争日渐激烈，新冠肺炎疫情加速了"云招聘"的兴起与发展。但在这快速发展的背后，"云招聘"仍然面临着严峻的形势，大多数网络招聘平台同质化严重，各项就业服务难以使用户真正满意。由于大学生是网络招聘稳定且日益庞大的用户群体，因此给大学生提供更优质的用户体验，提高大学生"云招聘"就业服务满意度，对促进"云招聘"的进一步发展十分重要。基于前文对问卷调查结果的分析，笔者从网络招聘平台、国家、大学生三个层面提出提升大学生"云招聘"就业服务满意度的对策与建议。

（一）网络招聘平台层面

1. 开发并建立个性化服务机制

当前"云招聘"的就业服务同质化严重。调查发现，仅有60%的大学生对"云招聘"的发展前景表示乐观，说明部分大学生对于"云招聘"还不是特别认可，其接受程度可以说是参差不齐。同时，从另一个角度来讲，开发个性化服务有助于提高大学生"云招聘"就业服务满意度。

相比传统的线上招聘服务，大学生可能更偏向于差异化的定制服务，这需要招聘平台根据每个大学生求职者的性格特征、求职意向等多个维度，制定有针对性的就业指导方案，为大学生求职者做出更合理的推荐。招聘平台还可以积极开发增值服务，如简历服务（简历优化、简历代写）、培训服务（职场培训、考证培训）及其他服务（性格测试、职场

论坛）。另外，可以为大学生提供岗位分析报告，定制化或场景化解决大学生在求职过程中遇到的问题，打造服务闭环。招聘平台还可以定期举办不同岗位的线上招聘讲座，并对大学生参与线上活动的活跃度进行积分排名，积分可以换取一定的福利奖品，从而提高大学生对于"云招聘"就业服务的满意度。

2. 提高岗位和用户匹配的精准性

不管是对于传统招聘还是"云招聘"而言，提高人岗匹配度对于招聘效率和大学生就业服务满意度的提升都有着重要的意义。精准的人岗匹配可以从精准的职位、精准的人群和意愿两个方面来实现。第一，可以建立一套标准的人才测评机制，或对岗位工作进行深度的分析，构建岗位胜任特征模型，让大学生清晰地认识到岗位的真正需求。第二，雇佣双方的意愿和相互选择是人岗匹配成功的基石，因此，经过对候选人的精准筛选之后，招聘网站应提供雇佣双方交流的平台，增强他们的交互性，一方面培养大学生求职者对企业的忠诚度，另一方面有效提高雇佣双方意愿的真实性和迫切度，从而使双方匹配成功的可能性实现最大化。

（二）国家层面

1. 加强政策法律支持，促进"云招聘"的推广

"云招聘"作为新型的高技术含量的招聘方式，在发展初期面临着巨大的经济和技术投入压力。如今，"云招聘"在企业的发展情况参差不齐，其在中小企业发展缓慢甚至没有启动，这给企业的发展以及"云招聘"的普及造成了障碍。因此，国家相关部门应当加快出台"云招聘"相关的支持政策，加大资金和技术的投入，扶持中小企业招聘平台的建设和运营。同时，加速 AI 技术的赋能，促进云计算技术的升级，进而实

现在企业大规模推广，提高"云招聘"就业服务的适用性，实现科技成果的转化。

2. 加大对招聘信息和服务的监管力度

"云招聘"存在一定的安全风险，目前平台的安全性和信息的可靠性尚未得到有效控制，而数据安全和隐私保护是大学生以及企业最关注的问题之一，也是影响大学生"云招聘"就业服务满意度的重要因素之一。当前，企业发布虚假信息等乱象层出不穷，不仅严重损害了企业和大学生求职者的利益，也给"云招聘"的发展造成了阻碍。因此，国家相关部门应加快建设针对企业的"云招聘"服务诚信体系以及信用分级分类管理制度。同时，应建立线上招聘服务的守信激励和失信惩戒机制，进一步推动招聘平台规范健康发展，提高"云招聘"服务监控的精准化、智能化水平，从而更好地保障大学生的合法权益，让大学生求职者更放心。

（三）大学生层面

1. 提高自身"云求职"的综合实力

大学生"云求职"的综合实力包括"云求职"的硬实力和软实力两个方面。大学生求职者应从学历水平、实践能力、工作经验、综合素质等方面进行全方位的积累和提升，以增强自身在"云招聘"模式下的竞争优势。

大学生"云求职"的硬实力包括以下几点。第一，信息采集和筛选能力。面对"云招聘"模式下招聘平台的海量信息，大学生应细心抓取应聘岗位的关键词，提高甄别招聘信息的能力。同时应通过多方面的渠道寻找和了解就业信息，并尽量选择正规、口碑较好的招聘平台。另外，还可以利用全国企业信用信息公示系统，或者网上的一些企业基本信息查询平台，提前了解应聘企业的基本信息以及相关评价。第二，招聘观念转变能力。"云招聘"模式对大学生的互联网和大数据思维提出了更高的要求，因此大学生需要具有更清晰的逻辑思维、更长远的目光、更开放包容的心态，积极适应招聘新模式，加速招聘观念的转变。第三，在线演讲、需求表达和个人展示能力。招聘网站在筛选人才时会通过一定的模型如胜任力模型和有关算法来考察应聘者的综合实力，因此大学生应提高简历编写制作能力和在线提交应聘材料的相关技巧。此外，与传统的现场面试相比，"云招聘"将面试、甄选、测评等多个环节移至"云端"，更加考验大学生的在线沟通能力、对屏幕的适应性和准确表达自我的能力。大学生应在日常生活中加强练习，从而在线上面试的过程中做到应对自如，减轻紧张感和无措感，充分展示自身才华。

大学生"云求职"的软实力主要是指大学生对线上资源的整合能力。互联网技术下的信息共享使得大学生的求职渠道不再单一，拓宽了人际交往的范围和空间，有助于多方面地整合人脉、整合资源、整合有利的机会，因此良好的在线社交能力将成为求职成功的新砝码。

2. 加强岗位认知和职业规划

加强岗位认知包括更深程度地认识岗位的职责、要求、价值等，以及应聘岗位所需要的职业价值观。大学生应充分了解未来应聘岗位的基本准则、职业操守等，加深对岗位的认知，从而产生强烈的求职与就业意愿。这需要大学生在应聘之前着重学习岗位所需的知识和技能，打好扎实的专业基础。另外，大学生需要具备一定的职业意识和职业规划能力。这不仅能帮助大学生更加充分地认识自我，形成强大的职业内驱力，不断完善充实自己，设立明确的职业目标并设计能力提升的具体方案，而且有助于实现供需双方意向的精准匹配和更满意的就业，从而使大学生在激烈的竞争中脱颖而出。

参考文献

[1] 姜乐,朱思超,傅培华.综合招聘网站求职者满意度影响因素研究[J].电子商务,2016(11):90-92.

[2] 张力浛,任宇倩,周峻宇,等.后疫情时代"云招聘"存在的主要问题及解决对策[J].中国市场,2021(25):195-196.

[3] 任宇倩,张力浛,王乐乐.后疫情时代"云招聘"应用现状及发展前景研究:基于SWOT分析法[J].现代商业,2021(17):109-111.

[4] 耿玉德,张元元.招聘网站求职满意度影响因素分析:以高校大学学生为例[J].工业经济论坛,2018,5(5):82-89.

[5] 刘赫.就业服务顾客满意度指数(CESSI)模型及其应用[D].沈阳:东北大学,2007.

[6] 崔振宇.招聘网站服务质量与网上求职者满意度关系研究[D].济南:山东大学,2011.

[7] 赵丽琴,王志楠.基于用户体验的招聘网站用户满意度研究[J].图书情报导刊,2017,2(9):62-68.

[8] 陈晓瞰,侯鹏艳.基于大数据的云招聘模式构建[J].中国统计,2018(7):14-16.

[9] 王妍."云招聘"打造疫情下稳就业新模式[J].新产经,2020(4):78-80.

[10] 于小平.大学生求职(实习)招聘网站满意度调查与统计分析[D].沈阳:辽宁大学,2018.

[11] 赵观莲.网络在线招聘新旧模式的比较研究:基于云招聘的应用及发展[J].对外经贸,2013(4):127-129.

[12] 钟敏敏,郑晓霞,易福蓉."云招聘"视角下新时代大学生精准就业能力模

型研究［J］.河北软件职业技术学院学报，2021，23（2）：25-28，48.

［13］邓雪梅.人才招聘网站服务满意度研究［D］.成都：西南交通大学，2008.

［14］赵静.智联招聘客户服务满意度存在的问题及提升策略研究［D］.重庆：重庆工商大学，2021.

［15］张玉坤.大数据背景下未来企业招聘趋势［J］.人力资源管理，2015（12）：2.

［16］孟庆娇."零接触"面试的优与忧［J］.人力资源，2020（9）：70-72.

［17］邢新月，陈新宇.新冠疫情背景下云招聘有效性的调查研究［J］.中小企业管理与科技（下旬刊），2021（11）：146-148.

［18］和静钧，肖俊，李长安."云招聘"来了，应聘者该如何适应？［N］.深圳特区报，2020-03-24（B01）.

让博物馆成为党史学习教育"主阵地"
——对江门博物馆党史学习教育开展情况的分析

◆ 何子晴　萧婉怡　冯淑莹　黄惠燕

2021年，伟大的中国共产党迎来了百年华诞。这一百年来，从播下革命火种的小小红船，到领航复兴伟业的巍巍巨轮，中国共产党一路披荆斩棘、乘风破浪，创造了伟大的历史功业，为世人呈现出一幅波澜壮阔的历史画卷。随着百年华诞的到来，党中央在党史学习教育动员大会中强调进行全党全社会范围内的党史教育。在此背景下，红色党史学习教育走进了大众的视野，并逐步掀起了党史学习教育的热潮。

当前，博物馆在公共文化服务和社会教育方面发挥着举足轻重的作用，正逐步成为党史学习教育的第二课堂以及传播和弘扬优秀文化的重要基地。为了深入了解博物馆开展党史学习教育的现状，了解博物馆如何以"润物细无声"的形式进行党史教育，调研小分队以江门博物馆为主要研究对象，实地调研了江门博物馆开展党史学习教育的具体情况，并在此基础上为完善博物馆党史学习教育机制提出了对策建议，以促进党史学习热潮的进一步深化和党史文化的进一步传播。

一、对江门博物馆党史学习教育开展情况的初步了解与实地调查

（一）对江门博物馆党史学习教育开展情况的初步了解

为深入学习贯彻习近平新时代中国特色社会主义思想，推动全面从严治党向纵深发展，江门五邑华侨华人博物馆举办了"侨心向党 同心圆梦——五邑华侨华人与中国共产党专题展"。展览以中国共产党100年的发展历程为主线，以江门地区的革命历程为重点，以一个个五邑华侨人物或团体的感人故事为主要内容，以五邑籍海外华侨华人在中国共产党发展的各个阶段中的贡献为主题，展现五邑华侨华人100年来支持和参与中国共产党领导的中华民族伟大复兴事业的历史画卷。

（二）对江门博物馆党史学习教育开展情况的实地调查

为更好地了解江门博物馆开展党史学习教育的现状及其存在的问题，调研小分队深入实地，对不同年龄段、不同身份的人进行了采访，以尽可能详尽地了解不同的人对江门博物馆党史学习教育开展情况的看法。

1. 25岁以下博物馆游客采访结果

该年龄段的许多游客对于江门博物馆党史学习教育开展情况的整体评价是展览丰富，能较好地呈现江门市的革命历程及中国共产党的发展历程。在参观之后，该年龄段的游客对于江门市红色历史文化的了解程度大大提高，对华侨华人的贡献、革命先烈的事迹也有了自己的看法和理解。因此，该年龄段的游客对于江门博物馆的态度是十分积极的，认为江门博物馆可以让人们了解到更多当地的党史知识，是一个展现红色文化的优质平台。

另外，在年轻一代看来，江门博物馆缺少帮游客答疑解惑的讲解员。

尽管他们可以在网络上搜索到相关事迹的具体内容，但他们认为，若可以增加讲解员的数量及提高讲解质量，会更有利于江门博物馆等红色博物馆的推广及发展。

2. 25—50岁博物馆游客采访结果

该年龄段的多数游客认为江门博物馆党史学习教育机制较为完善、馆藏丰富、内容全面、环境舒适，整体评价较高。

许多中年游客认为，红色博物馆的意义在于展现红色历史、展现红色文化。在参观博物馆之前，他们并不太清楚这个地区的历史如何、文化如何，但在参观完之后，他们更深刻、更系统地了解到了革命先烈的事迹，感受到了革命先烈的精神，从而达到了博物馆开展党史学习教育的目的。

同时，该年龄段的游客认为江门博物馆仍有改进空间，若博物馆可以利用现有技术把博物馆的线下资源共享到线上平台，让不能亲临现场的游客在线上观展，将会收获更多关注，提高博物馆的知名度，进而提高博物馆内红色文化的传播度。

3. 50岁以上博物馆游客采访结果

多数老年游客对于江门博物馆的整体评价是交通出行便利，且博物馆规模大，展品丰富。老一辈对当地的红色文化较为熟悉，大部分老年游客表示参观完江门博物馆后对红色文化的了解会更深入，并且认为博物馆具有多样化、专业化的宣传方式，可以成为红色精神传承的重要平台。

另外，大多数老年游客表示当今年轻一代对红色精神的认知不足，许多小孩子纯粹把博物馆当作游乐园，因此认为红色博物馆暂时并不能成为党史学习教育的"主阵地"。

4. 博物馆工作人员采访结果

经过调查得知，目前江门博物馆进行党史宣传的方式主要有三种：

举办红色党史展览；与本地学校合作举办党史宣传的相关活动；与各地博物馆联系，对各地党史文化进行流动展览。

江门博物馆目前已成为当地居民了解党史的重要渠道之一。但目前博物馆缺乏讲解员，加上展览内容单一、年轻人对党史文化不够重视等客观因素的影响，博物馆党史宣传活动的开展仍然受到一定的限制。

随着党和政府对党史文化教育的重视程度越来越高，江门博物馆举办相关活动的频率逐渐增多，内容和形式也越来越切合人民大众的需求。同时，博物馆进行了内部提升，如对馆内的工作人员进行专业的党史培训，提高工作人员对党史的认知水平，这为江门博物馆成为当地党史学习教育的"主阵地"创造了一定的条件。

5. 中共党员采访结果

为深入了解中共党员对党史教育的感受，我们特地选取了几名当地中共党员进行采访。他们表示，五邑地区对党史教育非常重视，自入党以来，基层党组织不断对他们进行党史教育，让他们通过学习党史，不断加强自身修养和党性锻炼，打牢思想基础，树立正确的权力观、地位观和利益观，真正做到大是大非不糊涂，坚持原则不动摇，永葆共产党员本色。他们也表示，革命先烈是他们的学习榜样，只有每位党员做到作风优良，培养高尚的思想道德品质，一心一意为人民，方能打造一支高素质的党员队伍，实现中华民族的伟大复兴。

二、问卷调查内容及分析

（一）问卷调查内容

为了更好地了解江门博物馆开展党史学习教育的现状，我们通过在网上随机发放问卷的形式进行调查，共发放问卷 121 份，问卷有效回收率为100%。我们对所有问卷的数据进行了统计分析，并根据分析结果提出了一些建议。

（二）问卷调查数据分析

1. 调查对象基本特征分析

在本次调查中，样本总计121个，其中：外地游客75人，占比为61.98%；本地居民46人，占比为38.02%。调查对象的年龄分布情况为：25岁以下占76%，25—50岁占17%，50岁以上占7%。调查对象的政治面貌分布情况为：中共党员占18%，共青团员占64%，群众占18%。分析上述数据可知，本次线上调查中，被调查者以外地游客、共青团员、25岁以下人群为主。

2. 红色党史学习教育普及度分析

调查结果显示，78.51%的被调查者表示曾经接受过红色党史学习教育，但仍有21.49%的被调查者表示没有接受过红色党史学习教育。由此可以看出，红色党史学习教育的普及程度较高，不过仍有较大的提升空间。

3. 被调查者关于江门市对红色文化传播重视程度的看法分析

统计数据显示：大多数被调查者认为江门市重视本地红色文化的传播，占比为58.68%；也有较多人认为江门市非常重视本地红色文化的传播，占比为35.54%；仅有5.78%的人认为江门市不够重视本地红色文化的传播。总的来说，大多数被调查者认为江门市对本地红色文化传播的重视程度及关注程度较高。

4. 被调查者对于江门红色文化开发上政府投入力度的看法分析

统计数据显示，40.49%的被调查者认为在江门红色文化开发上政府投入力度很大，但42.98%的被调查者认为在江门红色文化开发上政府投入力度一般，剩下16.53%的被调查者则表示政府投入力度较小或不了解。由此可见，将近一半的被调查者对于江门市政府在红色文化开发上的投入力度持肯定的态度。我们通过调研发现，在中国共产党建党100周年的大背景下，江门市政府通过制定红色遗址保护方案、研究编制红色旅游发展规划等多种措施挖掘红色资源，以新方式传承红色基因，擦亮了一批具有侨乡特色的红色文化名片，使红色之花开遍五邑。至于为何将近一半的被调查者认为政府投入力度一般，则需要我们进行更为深入的分析。

5. 被调查者对于江门市五邑地区红色文化建设的满意度分析

统计数据显示：有57.02%的被调查者对江门市五邑地区的红色文化建设比较满意；有32.23%的被调查者对五邑地区的红色文化建设非常满意；对其红色文化建设感到不太满意和不满意的调查对象仅分别占9.92%和0.83%。总的来说，大多数调查对象对江门市五邑地区红色文化建设的满意度较高，认为其红色文化建设得较好且较完善。

6. 被调查者关于红色文化对人们影响的看法分析

调研发现，大多数被调查者认为红色文化对人们的影响主要体现在精神传承与日常生活方面，其次是学习方面与经济发展方面。由此可见，红色文化正以独特的魅力走进千家万户，人们受到红色文化的熏陶，在潜移默化中加深了对红色文化的认识。红色文化不再是大展台上的奢侈品，而成为人们的生活向导，改变着人们的行为举止。因此，江门博物馆在开展党史学习教育的过程中，不应让红色文物、红色故事在展览馆中寂静无声，而应侧重于通过各种有效载体将红色文化"生活化"，如定期组织馆藏红色文物到各地巡回展出，举办云上展示活动，开展各种红色故事演讲比赛、红色故事分享会等，通过"润物细无声"的方式使红色文化内化于心、外化于行。

7. 被调查者对于红色文化能否促进经济发展的看法分析

调查结果显示，超过90%的被调查者认为开发江门红色文化对江门的经济发展很有利，但也有极少部分被调查者认为红色文化的发展不一定能带动经济发展。总的来看，被调查者对于红色文化能否促进经济发展的看法还是很积极的。

8. 被调查者对于学习和宣传红色文化的好处的看法分析

统计结果显示，大多数被调查者认为学习和宣传红色文化的好处在于：增强人们对祖国的认同感和归属感；帮助人们了解历史文化，传承优良革命传统；缅怀革命先烈，学习优秀精神。由此可见，红色文化是中华民族宝贵的精神财富，是中华人民共和国的根基和底色。在新时代下，红色博物馆作为党史学习教育的"主阵地"，更需在党和政府的带领下进一步增强人们对红色文化的认知和认同，创新红色文化的载体，搭建红色文化的传播平台，并积极开发引导大众文化需求的红色文化产品，使红色文化的时代价值得到有效实现。

9. 被调查者对于红色文化宣传方式的偏好分析

问卷调查显示，70%以上的被调查者认为在红色文化旧址上开办展览会、利用网络媒体平台（如微信公众号、微博、相关媒体App等）发布红色文化相关宣传物料以及参观当地博物馆等，是较好的红色文化宣传方式，有着较好的宣传效果。也有约一半的被调查者认为在书报期刊上刊登红色文章、开展红色文化相关讲座等方式也有利于红色文化的宣传。总而言之，被调查者更偏好于选择多种方式共同宣传，通过多个渠道共同推广，从而达到最好的红色文化宣传效果。

10. 被调查者前往江门博物馆参观并了解江门红色文化的情况分析

调研结果显示，52.89%的被调查者表示曾前往江门博物馆参观并了解江门的红色文化，但仍有将近半数的被调查者表示未曾前往江门博物馆参观并了解江门的红色文化。江门博物馆是收藏和保护江门红色文物、传承和弘扬江门红色文化的重要场所。在全党上下大力开展党史学习教育之际，江门博物馆要想真正发挥党史学习教育"主阵地"的作用，既要创新发展方式，让红色文化"活起来"，更要服务社会需求，让红色文化"会说话"。

11. 被调查者对于江门红色文化景点服务的感受分析

问卷结果显示，被调查者对于江门红色文化景点服务的评价整体是积极的。大部分被调查者认为景点配有讲解员解说，景点展品丰富且文字解说完备，参观体验较好，能带动游客主动了解当地的红色历史；也有少部分人认为景点解说稀少，若增加解说可能会有更好的参观感受。

12. 被调查者对红色博物馆建设的态度分析

统计结果显示，90.08%的被调查者对红色博物馆的建设抱有肯定态度，其中52.89%的被调查者持非常赞同的态度。人们对红色博物馆建设的认可度如此之高，离不开江门博物馆对党史学习教育机制的不断改进与探索。在当前各地深入开展党史学习教育之际，江门博物馆更要抢抓机遇，主动作为，盘活用好博物馆资源，真正使其成为党史学习教育的"主阵地"。

13. 被调查者对于红色博物馆发展现存问题的看法分析

问卷调查显示：过半数的被调查者认为当今的红色博物馆存在着党史学习氛围不足的问题；有约一半的被调查者认为博物馆内基础设施建设不足，没有配套的讲解员进行讲解；也有少部分被调查者认为部分红色博物馆存在着党史内容有误、对党史介绍不清楚的问题。因此，红色博物馆要想得到更好的发展，吸引更多游客前来参观并学习相关的红色文化，必须从上述问题入手，精准突破，从而营造更好的党史宣传环境，打造更优质的红色博物馆。

14. 被调查者是否会通过走访博物馆来了解当地红色文化的情况分析

统计结果显示，96.69%的被调查者表示若想了解当地的红色文化，会选择走访当地的博物馆。由此可见，作为红色文化教育基地的博物馆，在引导和提升大众的党史学习教育观念的过程中发挥着积极的作用。我们通过实地调研发现，江门博物馆在探索党史学习教育机制的过程中，携手社会各界专家不断开展各种创新实践，致力于从自身地域实际出发，以侨批为载体，以五邑华侨华人为对象，讲述好百年党史中广大华侨华人与中国共产党的故事。其推出的"侨批中的党史"系列融媒体产品，综合运用图文、视频、海报、H5、文创、活动等，创新推进党史学习教育。其华侨华人博物馆举办的"五邑华侨华人与中国共产党专题展"更是采用了云端线上即刻观展的方式，突破了时空界限，满足了海内外广大观众的参观需求。同时，江门博物馆注重采取群众喜闻乐见的活动形式（如博物馆剧本杀免费体验、党史青年说微演说比赛、歌谣中的华侨史暨即兴弹唱互动等）传播党史知识，使党史学习教育在五邑大地上热潮涌动，在当地营造了学党史、悟思想、办实事、开新局的浓厚氛围，吸引了社会各界的广泛关注，取得了良好的效果。

15. 被调查者对于博物馆能否成为党史学习教育"主阵地"的看法分析

问卷结果显示，超过90%的被调查者认为博物馆可以成为党史学习教育的"主阵地"。总的来看，人们对博物馆抱有很大的信心，对于博物馆的作用十分认可，认为博物馆足以成为党史学习教育的"主阵地"。

16. 被调查者对于江门博物馆弘扬红色文化的建议分析

问卷结果显示，被调查者对于江门博物馆弘扬红色文化的建议主要有"完善基础设施建设""加大资金投入，优化博物馆环境""加强宣传力度与丰富宣传方式""多举办大型活动""增添有关红色文化的文创周边产品""在公众号上多发布关于江门红色文化的内容，加强线上宣传""加强互联网红色阵地建设，运用数字技术手段宣传江门红色文化""实现江门红色文化进校园，开设红色文化教育特色课堂，让红色文化内化于心、外化于行""实事求是，少说多干，公平、公开、公正"等。由此可见，绝大多数被调查者对于江门博物馆弘扬红色文化都提出了可行建议。

三、实地调研和问卷调查结论

1. 江门市博物馆的更好发展受到限制

通过问卷调查数据可知，绝大部分被调查者对于江门市博物馆红色文化建设的满意度较高，但也认为其还有进一步改进的空间。大部分被调查者认为，党史学习氛围不足、缺少对于红色历史的解说等问题在一定程度上制约了江门博物馆的发展。

2. 江门市政府在红色文化开发上的投入不足

江门市政府在资金投入、政策支持、场所供应、基础设施建设等方面存在着不足，导致江门市缺少足够的资源去打造更优质的红色文化景点，也导致江门市博物馆基础设施建设不足，难以满足游客的需要。

3. 江门市博物馆的线上宣传力度不强

通过数据分析发现，大部分游客并不知道江门市有自己的博物馆，也不了解江门的红色文化,往往是到当地旅游时才得知博物馆的存在。这说明江门市博物馆更注重线下宣传,但在一定程度上忽视了线上宣传,导致江门市博物馆的知名度、江门红色文化的传播度受到影响。

4. 红色博物馆能够成为党史学习教育的"主阵地"

绝大多数被调查者对于博物馆的作用十分认可,对于其呈现的内容及展出的展品深有感触。通过参观博物馆,人们可以从中了解当地的革命历史、当地的红色文化、当地革命先烈的事迹,从而传承优良的革命精神,达到党史学习教育的目的。因此,红色博物馆能够成为党史学习教育的"主阵地"。

四、对策及建议

当前博物馆在党史学习教育中发挥着越来越重要的作用,但是博物馆在学习机制、宣传方式、宣传内容等方面仍有欠缺,因此,让博物馆成为党史学习教育"主阵地"依然任重道远。基于上文的分析,我们认为博物馆需要从以下方面不断改进。

(一)盘活革命文物,让红色文物"会说话""活起来"

我国大大小小的博物馆数不胜数,馆内珍藏的红色文物更是不计其数。这些红色文物见证了中国共产党发展的辛酸历程,是开展党史宣传的重要媒介。然而,由于各种条件的限制,不少红色文物只能沉默地"躺"在博物馆里,根本没有发挥其党史宣传的作用。因此,我们认为各地博物馆在保护和展示红色文物的基础上,还应该盘活红色文物。例如:在博物馆安排专业讲解员进行现场解说,帮助文物"说话",为文物注入灵魂,让红色文化植入人心;深入挖掘和研究馆内文物背后感人、激励人心的故事,让文物重新"活起来"。

（二）与人民群众的文化需求相结合，开展特色鲜明、形式多样的学习教育活动

博物馆不要仅仅局限于举办展览这一单一的、传统的宣传方式，而应该基于人民群众的文化需求进行创新，开辟新的宣传道路。例如：通过在线"云"联动的方式进行展示，让更多的社会公众走近红色历史、了解红色文物；有针对性地与各类学校、社会组织等合作举办党史宣传活动，通过游戏闯关、每日打卡等各类形式让红色文化走进人们的生活。不仅如此，博物馆还应该开展各种主题鲜明、形式新颖的学习教育活动，为不同阶层、不同年龄段的群体提供不同的党史学习内容，推动博物馆成为党史学习教育的"主阵地"。

（三）利用各种手段，让文物走出博物馆，促进博物馆与博物馆、文物与文物之间的交流

博物馆不仅仅是保护文物、展示文物的地方，其更担负着传承文化、弘扬民族精神的历史重任与使命。因此，各地博物馆在保护红色文物、展示红色文物的基础上，要创新博物馆发展方式，让红色文物"走出去"。可以联系各地的博物馆，定期组织馆藏红色文物到各地巡回展出，让红色文物在城市之间流动，也让各地的党史串联起来。同时，借这个契机，与其他博物馆相互借鉴，共同完善宣传方式、丰富党史内容，形成一种联动的学习机制。

参考文献

[1] 刘薇.百年党史展初心，百件文物说江西[N].中国文物报，2021-08-20（004）.

[2] 蒋国荣，严立.一针一线绣党旗[J].东方企业文化，2021（4）：72-74.

[3] 黄毅轩.铭记历史 开拓未来：透过展馆传承兵团精神之三师图木舒克市新

疆屯垦历史博物馆[J].当代兵团,2021(10):28-29.

[4] 瞿祥涛,王永娟.湖北:立足文旅特色,让党史学习教育深入人心[N].中国文化报,2021-08-10(002).

[5] 叶娟.江门市民办博物馆现存问题及发展思路探讨[J].客家文博,2021(1):33-37.

[6] 蔡晓敏.江门五邑华侨华人博物馆藏近现代中外护照研究[J].艺术与民俗,2020(2):52-60.

[7] 胡仲仲.高校开展党史学习教育的路径创新:以典礼仪式为例[J].杭州,2021(8):42-43.

[8] 李俊.中国共产党为什么"能":深刻学习习近平关于党的独特优势重要论述[J].党的文献,2020(1):37-45.

文化自觉视域下潮州红色文化传承有效性研究报告

◆ 林 钥

一、研究背景

2019年3月4日，习近平总书记看望参加全国政协十三届二次会议的文化艺术界、社会科学界委员时强调："共和国是红色的，不能淡化这个颜色。"红色文化是中国共产党人的精神支柱和理想、信念、精神、意志的凝练与总结，党中央对红色文化的保护、发展与传承高度重视。

2020年10月12日，习近平总书记考察潮州时曾提出，对于潮州这座历史文化悠久的古城，要"呵护好她，建设好她"。潮州红色文化作为潮州文化的重要组成部分，亦需要更好地被"呵护"。

近年来，潮州"红色文化+互联网""红色文化+体育"等"红色文化+"系列在政府的推动下如雨后春笋般兴起。与此同时，潮州红色文化发展与传承问题也随之而来。如何更好地开发潮州红色资源、传承红色基因，是潮州红色文化发展必须探讨的一大课题。

本文着力于从红色资源开发、红色教育、红色旅游、乡村振兴下的红色文化发展等多个方面探讨红色文化多元化传承的方式，并在文化自觉视域下提出潮州红色文化传承的路径。

二、文化自觉视域下潮州红色文化传承的调查设计

（一）调研方法及基本情况

1. 文献研究法

调研小组通过政府官网收集了潮州红色资源的相关资料，并对红色文化传承相关研究文献进行梳理、分析、归纳和总结。文献研究法的运用贯穿于整个调研过程，从前期梳理国内外相关理论研究成果，到提出问题、设计调查问卷，再到撰写报告，皆沿用此法。

2. 问卷调查法

问卷调查法具有调查效率高、调查范围广、调查随机性强等优点。本次调研共发放纸质问卷100份，剔除无效问卷，共获得92份，有效回收率为92%（纸质问卷最后以线上填写的形式汇合到线上问卷里）。线上发放问卷共680份，剔除无效问卷7份，共获得673份，有效回收率为98.97%。调研小组对通过纸质问卷与线上问卷收集的数据进行了描述性统计分析、交叉分析等一系列分析。

3. 访谈法

调研小组对柯国泰烈士胞弟柯加辉先生、爱国群众陈耀花女士、庵埠镇文里村主任谢秋强先生、茂芝纪念馆工作人员等进行了深度访谈，了解相关红色人物的故事与红色文化传承问题，并随机访谈红色景点游客、景区管理人员、景区周边商铺老板等，了解红色景点发展现状与市民对红色文化传承的看法。

4. 实地调研法

调研小组对红色旧址与景点等进行了实地调研，具体调研地点如表1所示。

表 1　调研地点

分类	具体地点
革命旧址	潮州西湖涵碧楼、黄埔军校潮州分校、茂芝会议旧址——全德学校
红色人物故居	柯国泰烈士故居、洪灵菲故居、柯柏年故居
纪念馆	茂芝会议纪念馆
烈士碑	潮州西湖革命烈士碑、鹳巢革命烈士纪念碑
红色公园	红棉公园、鹳巢革命公园
重返家乡看变化	庵埠镇文里村

5. 实践研究法

调研小组开展了潮州红色文化多元化传承实践，例如，开办"线上观影会"与"线上红色云课堂"，借助微信公众号、视频号、线上讨论群等宣传当地红色文化，设计队徽、海报、红色文创等弘扬红色精神的作品，并通过具体实践成果探究潮州红色文化多元化传承的更优方式。实践成果如表 2 所示。

表 2　潮州红色文化多元化传承实践成果

推文名称	推文阅读量
预告｜大年初五一起来"上课"吧！	449
红潮梦｜被"低估"的茂芝星火	553
红潮梦｜焕发"新生"的洪灵菲故居	223
红潮梦｜古村新貌——文里	290
红潮梦｜西湖涵碧青史留，红色七日垂千秋	130
红潮梦｜红星闪闪，信念永存	163
红潮梦｜红色基因代代传，潮州青年勇担当！	348
建党 100 周年纪念海报 1	62
建党 100 周年纪念海报 2	195
合计	2413

续表

线上讨论群	人数：101
红色视频宣传	浏览量：1.7万
线上红色云课堂	人数：46

（二）问卷设计与发放

本研究的调查问卷是在查阅潮州红色文化文献资料的基础上设计的，由线上问卷与线下问卷组成。调查内容分两部分，一是对潮州红色文化传承的深度调查，二是对潮州红色文化宣传效果的调查，前者的调查对象为广东省潮州市居民，后者的调查对象为全国各地人民。调查时间为2021年1月25日到2021年2月16日，调查地点为广东省潮州市。此次问卷调查中，除西藏自治区外，其余各省（区、市）皆有调查对象填写问卷，因此数据具有一定的参考价值。

三、文化自觉视域下潮州红色文化传承的调查结果

（一）样本统计结果

调研小组对收集到的673份有效样本进行了统计，具体情况如表3所示。

表3　样本统计结果

特征	选项	样本数/个	占比/%
政治面貌	群众	150	22.29
	共青团员	431	64.04
	预备党员	64	9.51
	党员	28	4.16
年龄	60年代及以前	16	2.38
	70后	64	9.51

续表

特征	选项	样本数/个	占比/%
年龄	80后	106	15.75
	90后	145	21.54
	00后	342	50.82
是否是在读大学生	是	488	72.51
	否	185	27.49
身份	潮州本地人	361	53.64
	非潮州人但曾到潮州旅游	147	21.84
	非潮州人且未曾到潮州旅游	165	24.52
合计		673	100

由表3可以看出，在被调查对象中，政治面貌以群众和共青团员为主，但也覆盖了预备党员与党员，年龄方面80后到00后占比达88.11%，有72.51%是在读大学生，且超过一半为潮州本地人。

（二）潮州红色文化资源与价值概述

1. 潮州红色文化资源

潮州拥有悠久的革命历史、丰富的红色印记，其红色文化在全国范围内的影响力颇大。朱德、周恩来等老一辈革命家同潮州有着深厚的渊源；"潮州七日红""茂芝会议"等事件在中共党史上留下了浓墨重彩的一笔；潮州籍红色人物如左翼文化运动"潮州六杰"在中国革命史上占有重要地位……

潮州红色文化资源包括红色遗址、红色物品、红色文献及其所承载的红色历史、红色精神等。由于信息搜集渠道有限，这里仅对潮州不可移动红色文物与红色宣传名片做简单统计，具体如表4所示。

表4 潮州红色文化资源

类别	数量	详情
省级文物保护单位	4	涵碧楼（南昌起义军三师司令部旧址）、海山义勇军抗日指挥部旧址、茂芝会议旧址、黄冈丁未革命纪念亭
市（县）级文物保护单位	13	李厝祠、中共饶平县党支部旧址、潮州革命烈士纪念碑、庵埠革命烈士纪念碑及碑廊、李春涛烈士故居、饶平县农民自卫军训练班旧址、梅益故居、中共饶和埔诏第一区委旧址、凤岐里（红色—闽粤赣边纵队第四支队司令部旧址）、韩纵革命烈士纪念碑、长征干部李沛群纪念馆、余登仁烈士故居、饶平县革命烈士纪念碑
红色文化名片	13	"潮州七日红"、紫凝轩（潮汕铁路上武装斗争的红色据点）、茂芝军事决策会议、潮州籍开国将军陈德、红十一军开辟的东江革命根据地、忠诚的"党外布尔什维克"李春涛、饶平中央苏区县中央秘密交通线、革命母亲李梨英、潮澄饶革命"一老家"——佘厝洲村、凤凰山革命根据地、红色交通线上的英雄李沛群、饶和埔诏苏维埃主席余登仁、左翼文化运动"潮州六杰"
省红色旅游精品线路	3	以"摧不垮、打不掉的地下航线"为主题特色的"中央红色交通线"——中央秘密交通线交通站旧址（潮州市区卫星二路交通旅社）；以"苏区精神，时代相传"为主题特色的原中央苏区县红色游线——起义军第二十军第三师司令部旧址（潮州涵碧楼）、凤凰山革命纪念公园；以"侨乡风情，兼容并蓄"为主题特色的"华侨华人爱国情怀"红色游线——广济桥

2. 潮州红色文化价值

潮州红色文化凝聚着潮州革命时期的红色精神，携带着先辈传承下来的红色基因，在当今时代对于潮州这座城市的发展仍然具有重大价值。

（1）潮州红色教育培养潮州人民。潮州通过开展榜样教育、革命传统教育和价值观念教育等红色教育，对人民群众产生了潜移默化的影响，提升了潮州人民的文化素养，对文明社会风气的营造具有重要意义。特别值得一提的是，作为红色教育的重要形式之一，红色家风传承对社会产生了非常积极的影响。调研小组通过对柯加辉先生、陈耀花女士进行访谈，更深刻地认识到了这一点。

（2）潮州红色旅游带动经济发展。近年来，"红色旅游+研学基地"已发展成为潮州旅游的新模式。潮州市亦致力于红色革命旧址、红色人物故居的修缮与盘活。据不完全统计：南昌起义军三师司令部旧址涵碧楼在 2018 年的游客量达 16 万人次；在 2019 年国庆长假期间，潮州"左联"红色文化景点的游客量超过 8000 人次；黄埔军校潮州分校旧址李厝祠自 2018 年 10 月至 2019 年 7 月游客量超过 7 万人次。由此可见，潮州红色旅游业蓬勃发展，为潮州旅游经济做出了重要贡献。

（3）潮州红色文化助力乡村振兴。潮州红色文化传承是潮州乡村振兴中文化振兴的重要内容。相比于潮州优秀的传统文化，潮州红色文化对于乡村振兴更具有政治价值理念上的导向作用。红色制度文化亦对现代基层党组织建设与基层群众自治组织建设具有参考价值。

四、文化自觉视域下潮州红色文化传承的影响因素分析

（一）量表的信度分析

调研小组运用 SPSS 软件对量表信度进行分析，结果如表 5 所示。从表 5 可知，信度系数值为 0.980，大于 0.9，说明研究数据的信度很高；分析项的 CITC 值均大于 0.4，说明分析项之间具有良好的相关关系，同时也说明信度水平良好。综上所述，研究数据的信度质量较高，可开展进一步的分析。

表5 潮州红色文化宣传度认可程度 Cronbach 信度分析

名称	校正项总计相关性（CITC）	项已删除的α系数	Cronbach' α 系数
您认为近年来潮州当地对红色文化的宣传力度如何？	0.975	—	0.980
您认为近年来潮州红色文化的宣传形式如何？	0.975	—	

标准化 Cronbach' α 系数：0.987

（二）影响因素分析

1. 潮州红色资源开发利用中存在不足的响应率与普及率分析

针对问卷中"您认为潮州红色资源开发利用存在哪些不足？"这一问项，调研小组对调查结果进行了响应率与普及率分析。潮州红色资源开发利用中存在不足的响应率与普及率情况如表6所示。从表6可知，

表6 潮州红色资源开发利用中存在不足的响应率与普及率　　　单位：%

项目	响应 n	响应率	普及率（n=50）
红色文化资源保护不足	8	10.67	16.00
红色文化教育活动举办不足	21	28.00	42.00
红色资源对旅游业贡献不足	13	17.33	26.00
红色景点从业者文化素质不高	12	16.00	24.00
红色文化传播范围与影响力有限	19	25.33	38.00
其他	0	0.00	0.00
无不足	2	2.67	4.00
汇总	75	100.00	150.00

拟合优度检验：$\chi^2 = 35.413$，$p = 0.000$。

拟合优度检验呈现出显著性（χ^2=35.413，p=0.000<0.05），意味着各项的选择比例具有明显的差异性，可通过响应率或普及率具体对比差异。具体来看，红色文化教育活动举办不足、红色文化传播范围与影响力有限这两项的响应率和普及率明显较高。

由于潮州部分红色景点远离市区，公共交通较为不便，自身知名度又不高，因此其难以被市区知名的旅游名片所带动。问卷调查显示，有超一半的被调查者认为潮州"红色资源对旅游业贡献不足"，经济效益转化程度不高。在实地调研时还发现多处红色人物故居长期闭门，导致市民参观和学习的机会减少，难以发挥其应有的经济效应和社会效应。

潮州红色资源丰富，分布于潮州各地纪念馆、博物馆、革命旧址等，但是潮州没有完善的红色资料信息网，对研究学习造成了不便。同时，部分革命书报、相片、手稿没有得到及时保护与修复，导致不同程度的损毁或遗失，降低了其教育价值与研究价值。

近年来，潮州红色文化的资料整理工作进展迅速。此次实地调研便发现，新修缮后的洪灵菲故居陈列着《缅念》《流亡三部曲》《洪灵菲诗存》等作品。但遗憾的是，潮州红色文化的相关理论研究相对匮乏。通过知网检索发现，截至2020年，与"潮州红色"相关的文章仅有5篇，与"潮州革命"相关的文章仅有6篇，针对潮州红色文化名片"潮州七日红"和"茂芝会议"的文章分别仅有2篇与16篇。红色资源的开发不仅仅是物质资源的开发，精神资源的挖掘也不可或缺。只有深度挖掘潮州红色资源，形成理论体系，整合成整体知识架构，才能扩大潮州红色文化的传播范围和影响力，更好地推进潮州红色基因的传承。

问卷调查显示，大部分被调查者通过"线下参观红色旧址、纪念馆"的途径了解红色文化。对于普通游客而言，参观时讲解员的解说是获取信息的最主要途径，所以红色景点从业人员的相关知识储备变得尤为重要。但问卷调查显示，有超过1/3的被调查者认为潮州"红色景点从业者文化素质不高"。可见，要推进潮州红色资源的开发利用，提高红色景点从业人员的文化素质很有必要。

2. 潮州红色教育因素分析

通过实地调研了解到，潮州开展红色教育的形式有以下几种：一是通过红色教育基地与红色教育景点传承红色基因；二是开展红色文化宣传活动；三是在学校营造红色文化氛围；四是设计红色建筑或标语，让人们潜移默化地接受红色文化。

（1）潮州红色文化教育活动的交叉分析。潮州红色文化教育活动种类较为丰富，仅2020年，潮州市便举办了革命后代访谈、朗读会、图片展等一系列纪念"左联六杰"的活动，编制了"左联六杰"宣传册，并开展了"潮州市红色文化名片"讲基层巡展活动（共在3个县区、6个镇街、3所学校组织巡展15场次，其中4场次为专家讲座，听众共计5000余人次；赠送《红色潮安记忆》等书籍500余本；发放600余张光盘、4000余本宣传册）等。问卷调查显示，各年龄段对各红色文化教育活动的参与率浮动较大，推断可能受到"活动宣传效果"或"活动举办数量"两个因素的影响。之后，结合"您的年龄""近年来潮州当地对红色文化的宣传如何""在潮州是否参加过以下活动"三个问题进行了交叉分析。由于问卷填报者中90后、00后居多，加之90后、00后对互联网的运用更多，因此考虑数据的客观性，对这三个问题的分析仅针对90后与00后。统计数据显示，90后与00后对潮州各红色文化教育活动的参与率都低于50%，且分别有15%和14%表示"都没参加过"，其中认为潮州红色文化宣传一般的没参加过红色文化教育活动的比例较大，分别为39%

与50%。从调查结果来看，潮州红色文化教育活动的参与率与宣传力度存在一定关系。

从学校红色文化氛围营造来看，潮州市各中小学曾多次开展关于当地红色文化的教育活动，如潮州市华侨中学每年清明节都会组织学生到潮州西湖革命烈士纪念碑悼念。潮州市各中小学还与博物馆等单位合作，将红色文化融入课堂教育，如2020年潮州市博物馆举办了主题为"我心目中的红色"的博物小课堂系列活动。但是潮州市各中小学在红色文化教育中存在活动举办不足且受众范围小等问题。

（2）潮州红色文化宣传的差异性分析与交叉分析。红色文化宣传是营造红色文化氛围的重要方式。从问卷调查结果来看，潮州本地人到过坐落于潮州市西湖公园的涵碧楼与潮州革命烈士纪念碑这两个红色景点的比例分别为46.26%与63.71%，皆在1/2左右徘徊。潮州本地人知道涵碧楼所纪念的"潮州七日红"革命事迹的比例也是在1/2左右（48.75%）徘徊。对于潮州本地人来说，了解最多的红色文化景点是涵碧楼与潮州革命烈士纪念碑，而对其他红色文化景点的了解程度一般。因此可以说，潮州红色文化景点的宣传是存在不足的。

调研小组抽取了2019年至2020年潮州文化广电旅游体育局官方微信公众号所发布的宣传红色文化的推文，发现其阅读量绝大部分在100~700之间。可见当地政府利用现代常见新媒体——微信公众号宣传红色文化的效果一般，仍有提升空间。

从表7可以看出，"您认为近年来潮州当地对红色文化的宣传力度如何？"对于"您认为近年来潮州红色文化的宣传形式如何？"在0.01的水平上具有显著性（$F=539.187$，$p=0.000$），意味着"您认为近年来潮州当地对红色文化的宣传力度如何？"样本对于"您认为近年来潮州红色文化的宣传形式如何?"样本均有着差异性。具体对比差异可知,有着较为明显差异的组别的平均值得分的对比结果为"宣传力度大>-3.0;宣传力度较大>-3.0;宣传力度一般>-3.0;宣传力度一般>宣传力度大;宣传力度一般>宣传力度较大",总结为全部呈现出显著性差异。

表7 方差分析结果

分析项	项目	样本量	平均值	标准差	F	p
您认为近年来潮州红色文化的宣传形式如何?	-3.0	16	-3.00	0.00	539.187	0.000**
	宣传力度大	6	1.17	0.41		
	宣传力度较大	16	1.25	0.45		
	宣传力度一般	12	1.75	0.45		
	总计	50	0.00	2.12		

注:* $p<0.05$,** $p<0.01$。

此次实地调研也发现,潮州市各主要道路上红色文化宣传牌的设计形式多样且分布合理,但略显不足的是大多数宣传牌侧重标语宣传,没有生动形象地将精神内核传递给人民群众。

3. 潮州红色旅游与乡村振兴因素分析

问卷调查发现,被调查者认为潮州红色旅游存在"红色景点展示方式单一""红色景点布置雷同""红色景点周围基础设施建设滞后""红色景点仅停留于对红色故事的介绍"四个较为突出的问题,占比均超过1/3(各占38.39%、39.76%、49.61%、35.83%)。调研小组在实地调研中也发现,大部分红色景点在展示红色旧物时采取的是传统的陈列方式,红色景点的布置存在雷同的情况,部分红色景点地理位置较为偏僻,周围基础设施不完善,如公共停车场、公共厕所、公共垃圾桶等设施不足或分布不合理。

近年来，潮州市致力于完善红色景点周围的基础设施，丰富景点的展示方式，提升景点的服务水平，取得了一定效果。例如，潮州涵碧楼新增了视频展示与电子屏资料解说等功能。潮州市博物馆与潮州西湖涵碧楼增设了自主预约程序，除了方便群众预约外，还方便新冠肺炎疫情期间控制参观人数。

此次实地调研还走访了近两年发展良好的庵埠镇文里村。调研小组在村委会主任的陪同下，参加了文里村村史馆的开幕仪式，并在村史馆了解了文里村近代的革命先烈与英雄人物。可见，文里村非常重视红色精神的传承与红色人物的讴歌。乡村振兴需要红色文化提供价值指引，传承红色文化是乡村精神文化建设与发展的必然要求。

但近年来，潮州各村镇开展的文化宣传活动主要围绕优秀的传统文化，如古建筑、古文物、舞龙舞狮、潮乐等，对红色文化的传承较为不足。

4. 潮州红色文化传承影响因素的线性回归分析

考虑到红色文化传承对象的特征可能会对红色文化的传承效果产生影响，现将政治面貌、年龄作为自变量，将假期旅游是否选择红色景点作为因变量进行线性回归分析。

从表 8 可以看出，模型的公式为：假期旅游是否选择红色景点 = 2.992 + 0.163 × 政治面貌 − 0.284 × 年龄。

模型的 R^2 值为 0.018，意味着政治面貌、年龄可以解释因变量 1.8% 的变化。对模型进行 F 检验发现，模型并没有通过 F 检验（$F=0.425$，$p=0.656>0.05$），说明政治面貌、年龄并不会对因变量产生影响，因而不能具体分析自变量与因变量的影响关系。

表8 政治面貌、年龄与假期旅游是否选择红色景点的线性回归结果（n=50）

	非标准化系数		标准化系数	t	p	VIF	R^2	调整R^2	F
	B	标准误	Beta						
常数	2.992	2.045	—	1.463	0.150	—			$F(2,47)$ =0.425 p=0.656
政治面貌	0.163	0.452	0.053	0.361	0.720	1.016	0.018	−0.024	
年龄	−0.284	0.357	−0.116	−0.795	0.430	1.016			

注：①因变量为假期旅游是否选择红色景点。
②D-W值为2.197。
③ * $p<0.05$，** $p<0.01$。

由此可知，红色文化传承对象的特征不会对红色文化的传承效果产生影响。现将红色文化资源保护情况、红色文化教育活动举办情况、红色资源对旅游业贡献情况、红色文化对新乡村建设的影响值作为自变量，将红色文化传承对象认为的近年来潮州当地的红色文化宣传力度作为因变量进行线性回归分析。

从表9可以看出，模型公式为：红色文化传承对象认为的近年来潮州当地的红色文化宣传力度 =1.292 + 0.407×红色文化资源保护情况 + 0.887×红色文化教育活动举办情况 + 0.183×红色资源对旅游业贡献情况 + 0.023×影响值。

模型的 R^2 值为0.955，意味着红色文化资源保护情况、红色文化教育活动举办情况、红色资源对旅游业贡献情况、影响值可以解释因变量95.5%的变化。

对模型进行F检验发现，模型通过了F检验（F=238.814，p=0.000<0.05），说明红色文化资源保护情况、红色文化教育活动举办情况、红色资源对旅游业贡献情况、影响值中至少有一项会对因变量产生影响。

表 9 潮州红色文化传承影响因素线性回归结果（$n=50$）

	非标准化系数		标准化系数	t	p	VIF	R^2	调整 R^2	F
	B	标准误	Beta						
常数	1.292	0.294	—	4.390	0.000**	—			
红色文化资源保护情况	0.407	0.191	0.254	2.126	0.039*	14.238			
红色文化教育活动举办情况	0.887	0.154	0.620	5.756	0.000**	11.586	0.955	0.951	$F(4,45)$ =238.814 $p=0.000$
红色资源对旅游业贡献情况	0.183	0.198	0.120	0.924	0.361	16.838			
影响值	0.023	0.039	0.018	0.575	0.568	1.016			

注：①因变量为红色文化传承对象认为的近年来潮州当地的红色文化宣传力度。
② D-W 值为 2.107。
③ *$p<0.05$，**$p<0.01$。

另外，对模型进行多重共线性检验发现，模型中的 VIF 值大于 10，意味着存在共线性问题。最终分析发现：

（1）红色文化资源保护情况的回归系数值为 0.407（$t=2.126$，$p=0.039<0.05$），意味着红色文化资源保护情况会对因变量产生显著的正向影响；

（2）红色文化教育活动举办情况的回归系数值为 0.887（$t=5.756$，$p=0.000<0.01$），意味着红色文化教育活动举办情况会对因变量产生显著的正向影响；

（3）红色资源对旅游业贡献情况的回归系数值为 0.183（$t=0.924$，$p=0.361>0.05$），意味着红色资源对旅游业贡献情况并不会对因变量产生影响；

（4）影响值的回归系数值为0.023（$t=0.575$，$p=0.568>0.05$），意味着影响值并不会对因变量产生影响。

总结可知，红色文化资源保护情况与红色文化教育活动举办情况会对红色文化传承对象认为的近年来潮州当地的红色文化宣传力度产生显著的影响。

通过问卷调查数据分析与实地调研考察分析，可以得出红色资源、红色文化知名度与红色文化氛围三者的三维关系，如图1所示。潮州红色资源丰富但并非无穷无尽，因此我们假设潮州红色资源的数量是固定的，为A点。当红色文化知名度在B1、红色文化氛围在C1时，面积A-B1-C1即为红色文化传承的受众辐射范围，此范围的大小随B1点与C1点的变化而定。也就是说，在红色资源数量固定的情况下，红色文化知名度与红色文化氛围关系着红色文化传承受众辐射范围的大小。如果红色文化知名度与红色文化氛围任意一方出现较大的变化，例如，红色文化氛围浓厚（如C2），而红色文化知名度较低（如B2），就会出现A-B2-C2的情形，即浓厚的红色文化氛围只能影响对红色文化有一定认

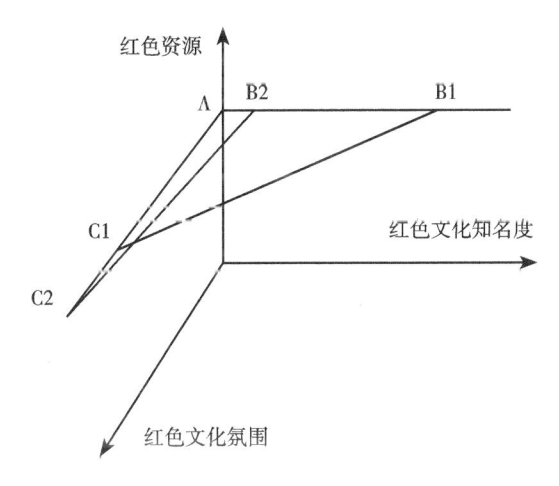

图1 红色资源、红色文化知名度与红色文化氛围三者的三维关系

知的小部分地区，而不能继续扩大受众辐射范围；相反，如果红色文化氛围较差，那么红色文化知名度再高，其对受众辐射范围的影响能力也有限。

现实中，红色资源数量虽然有限，但也不是一个固定值。红色资源是在中国革命时期形成并传承下来的，但红色资源的形成并不会随着和平年代的到来而停止。所以对于这三个变量来说，皆非固定不变，但若要方便研究，可假设任一变量为固定值。

五、文化自觉视域下潮州红色文化传承的路径

文化自觉是指一个民族对自身历史文化的觉悟和觉醒，既包括对其民族历史文化在历史发展中地位和作用的深刻认识，对其民族历史文化发展规律的正确把握，也包括对其民族历史文化后续可持续发展的历史使命与责任的主动担当。在文化自觉视域下传承潮州红色文化，需要我们把红色文化的发展提高到与我们的国家、民族和党的前途命运紧密相关的高度，以高度的自觉开展好红色文化建设。

1. 多元化发展潮州红色教育

首先，站在红色文化自觉的高度推动红色资源实现创造性转化、创新性发展。例如，在纪念馆、博物馆等利用VR、AR技术，结合革命故事与时代背景设计不同场景的体验区，打造红色文化沉浸式体验效果。其次，定期举办多元化的红色文化教育活动，并利用微信公众号、微博、抖音等新媒体开展多元化宣传，扩大红色文化教育活动的知名度，激发人民群众的红色文化自觉。最后，各中小学应将红色文化教育融入学生课堂或课外实践活动与社团活动，引导广大青少年传承红色基因，塑造正确的"三观"。

2. 大力发展潮州红色旅游

潮州应依托当地的红色人文景观，在保护生态环境的前提下，大力发展红色旅游，激发人民群众的红色文化传承自觉。应进一步促进各个红色景点连成线，结成网；要完善景点周围的交通等基础设施，方便游客参观；在红色景点内部，除了介绍红色人物和事迹外，可更深层次地展示现有与当地红色文化相关的研究成果；另外，要提高解说员的红色文化素养。

3. 在乡村振兴背景下传承发展红色文化

潮州市内的许多村镇都有着丰富的红色文化资源，可以将其有效整合，打造红色旅游精品线路，带动当地的经济发展，进而实现乡村振兴。对于红色文化资源较少的村镇而言，可主推优秀传统文化，但需要借助红色精神引领文化发展方向，提高村民的文化自信与文化自觉。

参考文献

[1] 孙学文，王晓飞. 新时代红色文化的传承与发展 [J]. 吉首大学学报（社会科学版），2019，40（S1）：12-15.

[2] 舒小林，高应蓓，张元霞，等. 旅游产业与生态文明城市耦合关系及协调发展研究 [J]. 中国人口·资源与环境，2015，25（3）：82-90.

[3] 刘婷. 洪湖湿地红色文化助推乡村振兴的实践路径研究 [D]. 武汉：湖北工业大学，2020.

[4] 廖列营，陈璇. 新媒体环境下潮州红色文化资源的教育服务模式创新 [J]. 韩山师范学院学报，2016，37（4）：99-102.

[5] 赖宏，刘浩林. 论红色文化建设 [J]. 南昌航空工业学院学报（社会科学版），2006（4）：66-69.

［6］蒋怡.新时代青少年思想教育主旋律的红色滋养［J］.人民论坛，2019（16）：100-101.

［7］王宁，田伏虎，王承博.关注公民教育中特色教育资源的个性化服务：延安红色教育资源数字化服务模式构建［J］.现代远程教育研究，2014（6）：88-94.

［8］刘红梅.红色旅游与红色文化传承研究［D］.湘潭：湘潭大学，2012.

论非遗产业化过程中传承人的困境与发展出路——以东莞莞香、潮州木雕为例

◆ 杨博涵　林　桦

一、引言

2011年，国家出台《非物质文化遗产法》支持和鼓励非物质文化遗产发展，同时明确规定对合理利用非物质文化遗产代表性项目的单位予以扶持，相关单位依法享受国家规定的税收优惠。2021年8月，中共中央办公厅、国务院办公厅印发《关于进一步加强非物质文化遗产保护工作的意见》，对非物质文化遗产（以下简称非遗）保护工作提出新的要求。中华文化源远流长，历久弥新，非遗文化是中华文化中不可或缺的一个重要部分，已成为不可分割的民族文化基因。随着国民经济的发展，人们的物质生活水平逐渐提升，对传承与发展中华优秀传统文化等的需求日益强烈，非遗文化产业渐渐生根发芽，茁壮成长。在非遗产业化发展的过程中，人是最具决定性的因素，是非遗产业化发展的重要推动力。然而，当前我国在非遗传承人保护方面还有诸多问题亟待解决。虽然《非物质文化遗产法》对于非遗传承人采取层级认定方式，并进行不同等级的补助，但由于我国各地区经济发展状况存在差异，不同地区发放的补助也各不相同，因此对于非遗传承人生存发展的帮助有限。本文将剖

析非遗传承人面临的困境并提出解决对策，旨在为非遗传承人摆脱困境、创新发展提供新思路，推动我国非遗文化创新传承与发展。

近年来，我国学术界越来越重视研究国内外非遗文化的传承与发展。王文章（2013）从历史与文化的高度入手，切换国际国内两个视角，有针对性地回答了人们所关心的非遗保护问题，还切实地为非物质文化遗产抢救和保护工作中遇到的问题提供了宏观的解决思路。曹德明（2018）研究了亚洲、欧洲、大洋洲、美洲等多个地区非物质文化遗产保护的经验及方法。吴小露（2021）阐述了新媒体加入下非遗旅游资源商品化开发的方式，提出贵州非遗手工旅游商品线上线下一体化销售的优化策略。总的来看，当前的非遗研究较少将关注的重点放在传承人以及非遗产业化发展上。本文将借鉴已有的研究成果，从传承人的视角出发，论述当代传承人如何与时俱进，创造性地解决非遗产业化中出现的问题。

二、非遗产业化过程中传承人面临的困境

（一）传承人的生存问题：收入低

当下我国非遗传承人面临的主要问题是收入低，生存条件较差。我国大部分非遗项目受到机器化大生产的冲击，传承人以其固有的传统文化技艺难以维持生存，许多人为了生计只能另谋出路，这使得非遗传承问题陷入一个难解的死循环。

（二）传承人的生产问题：生产效率低

非遗传承人的生产问题集中体现为生产效率低、生产成本高。以东莞莞香为例，其制作需经过30多道工序，包括辨土、育苗、折枝、断根移植、开香门、育香、采香、理香、拣香、窨香、合香等，历时十几年甚至几十年，并且其生产对原材料及产地条件有严格的要求，因此需要传承人

投入大量的人力、物力和财力。同样，潮州木雕也面临着生产效率低等问题。例如，一件高220厘米、直径80厘米、重1000多斤的大型木雕，需要5个技艺高超的师傅共同雕刻2年多的时间才能完成。非遗产品更加注重文化情感的传递，比较依赖传承人的手工生产与呈现，但其生产效率较低，不利于商业化生产，因此传承人面临盈利空间狭小、发展受限的困境。

（三）传承人的培养问题：老龄化、人数少

当前非遗传承人的老龄化趋势明显。我国文化和旅游部公布了五批国家级非遗代表性项目传承人名单，一共在全国范围内认定了3068位非遗传承人，而其中半数传承人已超过70周岁，许多濒危项目将随着传承人的谢世而成为"绝响"。以潮州木雕为例，现今仍从事木雕制作的匠人仅百余人，年龄多在50~60岁之间，行业内年轻人很少，且转行现象明显。随着传承人数量逐渐减少，潮州木雕作品会越来越少，木雕工艺的传承面临巨大挑战。

三、非遗产业化过程中传承人所面临困境的成因

（一）社会大众对非遗产品的消费有限

我国文化和旅游部非遗司与多方机构共同发布的《2019年非遗新经济消费报告》显示，300元以内的非遗产品更受欢迎，200元以内的女装、300元以内的男装等品类在销售时表现更好。然而对绝大多数消费者来说，非遗消费是"低频"消费。非遗产品平均消费量在各线城市的表现也不相同，一线城市为2.2件，二线城市为1.4件，三线城市为1.3件。其中，听说过非遗产品但没有购买过的消费者占七成。由此可见，现阶段我国社会大众对于非遗产品的消费能力较低。另外，有些非遗产品的价格远超大众可接受的范围，如一斤东莞莞香的市价比一斤黄金还要昂贵，大众对这类产品的消费就更为有限。

（二）国家有针对性的政策帮扶少

发达国家在非遗传承人保护方面采取了很多有效措施，其中尤以日本为突出。日本是世界上第一个提出"非遗传承人"理念并将其写入法律条文的国家。自1955年起，日本将其国内各类非遗传承人及非遗传承人群体认定为日本的"人间国宝"，"人间国宝"每年可获得税收优惠与200万日元的资金支持。然而，我国在非遗传承人保护方面还有诸多问题亟待解决。我国《非物质文化遗产法》在2011年颁布并实施，对于非遗传承人采取层级认定方式，并进行不同等级的补助。我国各地区根据当地情况制定了不同的传承人补助标准，以广东省为例，国家级传承人可得到3万元/年的资助，省级传承人可得到2万元/年的资助。诚然，这笔资助资金可以在一定程度上改善传承人的生活条件，但对于非遗传承保护的作用依然有限。

（三）市场的认知度不高

当下我国社会大众对于非遗的了解有限，很多人从未听闻，更别提认识非遗产品所蕴含的独特传统文化与高超审美意境等。有相当一部分的消费者甚至对非遗产品工艺的真实性提出质疑。永新华韵文化发展有限公司发布的《2018年中国互联网用户非遗认知与需求研究报告》显示，在抽取的一万人样本中有八成以上的人不会主动关注非遗，仅14%的被调查者会主动关注非遗，人们对于非遗传承人的认知度低，知道非遗产品内涵的比重更低。

（四）传承人的培育不规范

当前我国非遗传承主要靠师傅对徒弟的言传身教，耗时长，并且还存在传男不传女等陋习，使得传承范围狭窄，手艺日渐封闭，不能满足当今时代的要求。另外，自古手艺行就有"教会徒弟，饿死师傅"的说法，所以在非遗传承人培养过程中存在师傅不愿倾囊相授，保留独门技艺的情况。然而，一旦师傅离开人世，其技艺亦会灭绝，这是人类文化的一大憾事。在互联网时代，许多匠人采用录制视频等现代传媒方式教授非遗工艺，但非遗工艺的学习更多需要的是实践动手操作、长期经验积累，所以当下视频教学的效果实在有限。

（五）年轻人学习非遗技艺的积极性低

非遗技艺的学习是一个长期的过程，光是练好基本功往往就需要十几年的时间，加之预期收益有限，因此学习的人越来越少。当前人们更重视文化课的学习，往往将进入大学作为目标，在这样的大环境下更多人只是把非遗技艺学习作为一种课余或者业余爱好，甚至有不少家长认为学习非遗技艺是不学无术，这在很大程度上冲击了年轻人学习非遗技艺的积极性，不利于非遗传承人的培养。

四、非遗产业化过程中传承人的发展出路

（一）解决非遗传承人的收入问题

1. 提升非遗产品附加值，打造非遗文创品牌

非物质文化遗产是民族文化的瑰宝。在非遗产品创造过程中应当更多与我国的传统文化相结合，为非遗产品注入更为深厚的文化底蕴，提升非遗产品的附加值。此外，应当积极打造独特的非物质文化遗产品牌，为产品带来更多的品牌效应。例如，湖南土家苗族自治州花垣县十八洞村大力发展非遗苗绣，将传统工艺产品与现代设计巧妙结合，并独创了"苗绣文化遗产数字化管理系统"，继而推出"绣色十八洞"品牌，推动苗族非遗文化在新时代更好地传承与发展。

2. 加强非遗宣传，助力非遗致富

在当今的万物互联时代，社会大众并不缺乏了解非遗的热情，而是缺

乏了解非遗的渠道。非遗传承人应积极借助互联网平台，加强非遗技艺的宣传，提高社会大众对非遗的认知，进而带动非遗产品的销售，实现非遗致富。例如，冶源镇平安峪村农民刘岳清是手工箆子非遗工艺的传承人，他积极开展线上短视频宣传，让更多人了解手工箆子，使手工箆子一跃成为网红产品，推动了手工箆子价格的上涨。如今刘岳清的手工箆子一年可带来约20万元的经济收入，四邻八舍也在他的加工厂里领活加工，挣钱和顾家两不误。

（二）解决非遗传承发展问题

1. 个性化生产，控制产品质量

非遗传承人应以市场为导向，根据客户的个性化需求量身打造产品，将情感与文化注入每一件产品之中，把控好每一件产品的质量。例如，潮州木雕工艺传承人可以采用订单化生产方式，结合顾客的自身经历、喜好及用途等雕刻出其心仪的产品，从而提高产品的情感价值与文化价值，并在此基础上形成品牌效应。

2. 促进非遗产业集群化发展，发挥产业集聚效应

非遗产业集群化是指将非遗企业集中到特定的区域，在这片区域各个非遗传承人可以共享基础设施，对外形成特色圈子，甚至是地区品牌，从而降低广告费用，降低生产成本，同时各个非遗传承人可以相互交流，在生产工序上相互合作，形成产业集聚效应。目前潮州木雕的品牌知名度不够响亮，这与传承人各自为政，没有形成规模化、产业化的生产方式有一定的关系。潮州木雕工艺传承人之间应加强交流与合作，着力打造潮州木雕产业集聚区，发挥产业集聚效应。

（三）解决非遗传承人的培养问题

1. 提高非遗传承人的素质

非遗传承人一方面应当精进技艺，掌握非遗文化的相关内容，另一

方面要具备创新能力，与时俱进。此外，非遗传承人应增强责任意识，注重培养下一代传承人，为非遗传承与发展贡献自己的力量。例如，潮州木雕匠人陈德丰从业30多年来苦心钻研木雕艺术，不断改善雕刻技法，完善雕刻细节，其使用立体通雕方法，耗时两年多创作完成的木雕作品《篓趣》获得"国匠杯"金奖。不仅如此，陈德丰还积极履行木雕工艺传承人应尽的责任，用心培养学徒。他经常带领学徒到福建莆田等创作基地交流学习，并聘请非遗传承大师到现场培训指导。他培养了一大批木雕人才，其徒弟方喜清等获得了揭阳市工艺美术大师称号。

2. 推行系统化、大众化的非遗技艺教学模式

针对传承人培养不足的问题，主要的解决办法是推行系统化、大众化的非遗技艺教学模式。与传统的师徒制传承方式相比，教育机构集中教学方式有利于提高培养质量和效率。非遗传承人可以开办"非遗大学"，即非遗文化培养基地。例如，潮州木雕工艺传承人陈德丰主持创办了木雕工艺美术培训中心，将其作为木雕研究机构，并且邀请专家开展专业辅导、课题研究。

3. 推进大众化的非遗技艺学习，培养年轻人的学习兴趣

针对当前非遗传承人老龄化严重、年轻人越来越少的问题，应拉近非遗文化与年轻人的距离，培养年轻人学习非遗技艺的兴趣。可以鼓励非遗技艺走进中小学校，开设相关兴趣班。例如，东莞某学校开设了莞香文化课后培训班，介绍莞香相关知识与制作工艺，取得了很好的效果。

参考文献

[1] 曹德明. 国外非物质文化遗产保护的经验与启示 [M]. 北京：社会科学文献出版社，2018.

[2] 王文章.非物质文化遗产概论（修订版）[M].北京：教育科学出版社，2013.

[3] 吴小露.新媒体背景下贵州非遗手工旅游商品一体化销售模式研究[D].贵阳：贵州师范大学，2021.

[4] 张智萍.做大莞香文化产业"大蛋糕"[N].人民日报（海外版），2014-12-15.

[5] 温柔."潮州木雕"代表性传承人陈德丰：我用木头讲故事[EB/OL].南方杂志，2020-05-08.

[6] 余聿莹.我国国家级非物质文化遗产代表性项目传承人空间分布研究[D].长沙：湖南师范大学，2020.

[7] 谢志成，秦垒.我国非物质文化遗产传承人口述档案建档探析[J].北京档案，2017（2）：13-16.

[8] 刘翔.关于岭南潮州木雕传承与发展的探讨[D].广州：广州大学，2016.

[9] 王颢霖.中国传统营造技艺保护体系研究[D].北京：中国艺术研究院，2021.

[10] 黄捷.非物质文化遗产传承人保护法律制度研究[D].南宁：广西民族大学，2020.

[11] 陈华文，陈淑君.中国文化生态保护区的实践探索研究[J].浙江师范大学学报（社会科学版），2016，41（2）：1-18，129，121.

[12] 董甜甜.互联网时代中华元素的数字化艺术传播研究[D].南京：东南大学，2019.

[13] 李昕.湘西苗绣及其传承发展现状研究[D].北京：北京服装学院，2018.

[14] 李晓雪.基于传统造园技艺的岭南园林保护传承研究[D].广州：华南理工大学，2016.

[15] 李一之.雕漆经[M].北京：新华出版社，2013.

[16] 陈岸瑛.工艺当随时代[M].北京：中国轻工业出版社，2019.

乡村振兴背景下农村电商发展现状及趋势调查——以广东省为例

◆ 伍颖清　陈启颖　肖灿边　黄莹莹　黄传文

一、引言

（一）调研背景

近年来，随着"互联网+"的深入发展，农村电商助推中国农村地区全面发展，成为乡村振兴的新途径和新冠肺炎疫情防控常态化下保障农民就业的有力武器。自党的十九大提出实施乡村振兴战略以来，农村电商屡屡被提及，并得到相关部门的重视。2021年中央一号文件提出："完善县乡村三级农村物流体系，改造提升农村寄递物流基础设施，深入推进电子商务进农村和农产品出村进城，推动城乡生产与消费有效对接。"由此可见，当下农村电商政策持续利好，政策指向越来越明确，农村电商迎来了前所未有的发展机遇。

（二）调研目的

广东作为经济大省，农村电商的发展备受关注，其在电商助农方面也有着自己独特的优势和特点。为进一步贯彻十九大精神，广东省制定了《广东省农村电商精准扶贫工作方案（2018—2020年）》2019年，广东省人社、农业农村部门部署启动"农村电商"工程。广东省一直将发展农村电商作为乡村振兴的重要方式,不少实践探索也走在了全国前列。因此,如果能对其中的典型案例进行调研,总结广东省农村电商发展的经验与教训,将有助于更好地发挥农村电商对农村经济发展的推动作用。

当前,各地在发展农村电商的过程中存在不少问题,如生搬硬套、水土不服等。对于这些问题需要进行深入思考,并制定具体可行的解决方案。但是查阅近年来的文献后发现,大多数研究聚焦于对农村电商模式的探索,对具体问题及其解决方案的研究较为缺乏。对此,本文在分析广东省农村电商发展现状的基础上,总结发展过程中存在的诸多问题并提出相应的解决方案,从而助力农村电商创新发展,实现乡村振兴。

二、当前广东省发展农村电商的典型做法

(一)培养优秀人才,为电商注入活力

优秀电商人才的培养是当前农村电商发展的重点。目前,广东省一些地方政府与高校联合搭建了电商知识和技能学习平台,为农村电商发展注入活力,促进农村经济转型发展。例如,广州市黄埔区政府与广东岭南现代技师学院联合创办"黄埔·三都民族技工班",教授电商知识与技能,并与京东、天猫等知名电商企业搭建电商实践基地。调查显示,"黄埔·三都民族技工班"的学生完成了贵州、新疆、西藏等地区多款农产品的对接,已在京东商城上线多款农特产品,让贵州、新疆等较为偏远地区的农户受益。

(二)建设基础设施,构建完整体系

建设基础设施,构建更为完善的电商发展体系是农村电商发展的重要前提。例如,广东省普宁市全力推进国家级电商进农村综合示范项目建设,搭建了一个体系完备、产业完整的物流平台。普宁市还打造了电

子商务培训公共服务云平台，加强农村电子商务培训。

（三）政府引导民众，政策推动发展

政府是农村电商发展的重要引导者。广东省英德市坚持"政府主导、市场驱动，企业主体、大众创业"的思路，贯彻落实农村电商发展方案，助推乡村振兴。英德市提出要通过"生产规模化、加工标准化、营销品牌化、运营电商化、品控溯源化"，推进农村电商高质量发展；指出西牛镇电子商务创业园不应局限于西牛镇，要联合周边乡镇，通过创业园平台实现村民参与、共同发展。

（四）抓住市场机遇，实现质的飞跃

发展农村电商，需要抓住市场的机遇。例如，广东省清远市连山壮族瑶族自治县上帅镇连官村在新冠肺炎疫情期间大力发展本地的农村电商，促进当地经济振兴。上帅镇连官村电商物流服务站站长创建了微信团购群，在群里发布拼团信息，集合村民订单，并到配送平台统一下单采购。接到团购订单后，位于清远市清城区石角镇的电商平台仓库便会开始调配物资发往连官村。通过线上下单、集中采购、村民自提的方式，连官村打通了农村产品供应的"最后一公里"，有效保障了防疫复产期间村民的生活物资供应。

三、调研方案

（一）调研方法

1. 文献调查法

调研小组以"农村电商""乡村振兴"等为关键词在中国知网、图书馆查找相关文献，并对搜集到的资料进行整理和分析，从而为本文的撰写奠定理论基础。

2. 问卷调查法

在对现有文献进行研究分析后，调研小组结合本次调研的目的，分农村和城市两个方面设计了调查问卷。另外，调研小组利用相关社交网络发放电子问卷，既方便了问卷的回收与整理，也减少了纸张浪费的问题。

3. 描述统计分析法

在问卷结果分析方面，调研小组运用 R 语言、Python 和 SPSS 软件进行描述统计分析，从定量角度把握广东省农村电商发展的现状和趋势。

4. 分组分析法

本次调研面向广东省 44 个市，由于城市群体与农村群体所处的环境不同，对农村电商的认知存在差异，因此统计数据时按地区划分为城市与农村两组，对于城市群体重点分析其对农村电商的需求，对于农村群体则主要分析其对农村电商的评价。

（二）问卷说明

本次调研通过问卷星发放问卷，共回收问卷 450 份，其中有效问卷 442 份，有效回收率为 98.2%。调研对象主要为农村电商相关人员，包括农村电商平台经营者和广东省各地区的农户等。问卷主要包括两个部分：第一部分是被调查者的个人信息，主要包括年龄、性别、学历等基本信息；第二部分是向被调查者了解当地电商的发展现状及其对农村电商相关内容的理解。为使问卷结果更具可靠性，调研小组针对城市和农村群体设计了不同的调查内容。对于城市群体，问卷主要调查其对农村电商的需求、对农村电商的了解程度、购买农村电商产品的频率、对发展农村电商的看法。对于农村群体，问卷主要调查非电商群体未开展电商的原因、对当地发展电商的条件的看法，调查电商群体开展电商的原因、开展电商带来的收益、主要提供的电商服务、对当地发展电商的条件的看法等。在电商发展条件方面,主要包括物流、网络设施、电商人才、政府扶持等,被调查者根据自身状况对相关条件进行赋分,其中最高分为五分,分数越高,影响越大,从而清晰地反映相关条件的影响程度。

四、调研结果分析

(一)广东省农村电商的基本情况

1. 对农村电商的了解程度

问卷调查显示,广东省城市和农村人口对农村电商的了解程度趋势相同,其中基本了解、比较了解和非常了解的人都约占样本总体的40%,不太了解的人都占近50%,完全不了解的人都占10%左右。同时,在比较了解和非常了解方面,城市人数都超过了农村人数,说明广东省农村电商在买方方面的普及情况比卖方方面更好。

从样本分析结果来看,虽然随着互联网的发展,电商已经融入了我们的日常生活,完全不了解农村电商的人较少,但是广东省绝大部分群众对农村电商的了解还比较有限,这也从侧面反映出当前广东省对农村电商的宣传力度不够。

2. 广东省农村电商的开展情况

(1)实施和参与情况。问卷调查显示,广东省未实施农村电商项目的农村占总数的65.8%,已实施农村电商项目的农村占总数的34.2%,其中,已实施农村电商项目的区域仍有68.4%的人未参与农村电商项目。从这一结果来看,农村电商在广东省农村地区的覆盖率比较低,农村电商的开展并未达到普及的效果。

从样本分析结果来看,目前广东省农村电商的发展还处于初级阶段,亟须政府带头,并与企业协作,积极推广农村电商,使农村电商进一步普及，从而为当地经济发展注入新的活力，最终为当地农民带来实惠。

（2）产品服务类型。问卷调查显示，目前广东省农村地区提供的电商服务中，最受人们青睐的是农家乐，这表明人们有较高的休闲度假需求。这对于农村来说是一个发展契机，其应加强农村文化建设，挖掘农村特色，推动农产品种植与旅游业相结合，多元化地发展农村经济，进而促进农村电商多元化发展。

（3）市场推广方式。问卷调查显示，广东省农村电商项目中选择直播带货的非常少，但样本中75%的人认为直播带货的效果很好。直播带货对于农产品的线上销售具有很大的帮助，但是直播带货在农村地区未能普及，从而限制了直播带货对于农村电商发展的带动作用，也进一步限制了农村经济的发展。直播带货未能在广东省农村普及，除了与农村地区的互联网设施相对落后有关以外，还与人们对直播带货的认识不足，以及缺乏相关的直播人才有关。目前这是一个亟待解决的问题，解决了这个问题，将对农村电商的发展有极大的帮助。

（4）产品销售渠道。问卷调查显示，在发展农村电商前，农产品主要是通过农贸市场、批发市场进行销售，或者是通过路边摆摊进行销售。这种销售渠道单一，目标客户群体较为固定，市场较小，销售效率较低，且销售的收益容易受到天气等诸多因素的影响，不利于农户收入的增加。而通过农村电商平台，农户可以将自己的农产品在自己的线上店铺进行展示，面向的客户是全国各地的消费者，从而扩大了产品的市场。同时，由于店铺是线上的，销售过程不会像线下销售那样容易受到天气的影响。而且平台能够通过大数据分析，将产品精准地推送给真正有需要的人，从而帮助农户节省时间，将时间投入到提高农产品质量的工作中，由此形成一个良性循环，不仅有利于促进农户收入的增加，而且能够带动当地经济的发展。

3. 对目前所处环境的评价

调查样本对当地政府的扶持政策、政府及相关部门的指导、网络普及程度、交通等基础设施的完善程度、物流体系和电商人才的储备六个方面进行了评价。其中，在当地政府的扶持政策和政府及相关部门的指导方面，超过一半的人认为当地政府在积极地推动农村电商的发展。在网络普及程度方面，样本的评价一般。在交通等基础设施的完善程度方面，大多数人也认为一般。由于大部分农村地区所处的地理位置比较偏僻，经济发展落后，所以当地的基础设施不够完善。网络和交通等基础设施是发展电商的基础，是提高物流效率的关键，因此，要想推动农村电商发展，必须不断加强当地的基础设施建设。在物流体系方面，大多数样本对此的评价一般。由于未将货物放置在全国各个区域的仓库，因而发货地与目的地相距较远，运输距离与运输时间较长。同时，由于未采用全自动化的分拣设备，货物的装卸搬运效率不高。另外，商家与物流公司未达成较好的协议，导致信息处理与配送时间过长。在电商人才的储备方面，超过一半的人认为农村电商的发展缺乏相关的人才。目前城市的电商行业已经成熟，而农村电商行业的发展才刚开始。由于城市的各种条件比农村优越，对人们具有巨大的吸引力，电商人才更愿意留在机会更多的城市，导致农村出现较大的人才缺口。

（二）广东省农村电商的经济效果

1. 村民收入的变化

问卷调查显示，大部分农户的收入较参与农村电商前提高了1~2倍，少部分农户的收入提高程度有限，极少数农户的收入提高了3~4倍。由此可见，农村电商在一定程度上能够提高农民的收入，促进当地经济的发展，从而有助于实现乡村振兴。

2. 农村经济环境的变化

问卷调查显示，农村电商主要解决了农产品销售渠道单一的问题，为农产品打开了销路，进而解决了产品积压问题，加快了货物周转速度，提高了变现效率。同时，农村电商的发展推动了农村物流的发展，农村物流的发展又反过来带动了农村电商的进一步发展，从而有助于缩小城乡之间的差距，促进农村整体经济向上发展。

（三）广东省农村电商发展的阻力

问卷调查显示，目前阻碍广东省农村电商发展的原因主要有以下几点：一是农村缺乏电商技术人员；二是农村的物流体系（如产品采购、储存）还不完善；三是网络、交通等基础设施的建设不能满足需求；四是村民的电商观念普遍较为落后。

（四）广东省农村电商的未来前景

1. 消费者线上购买农产品的情况

问卷调查显示，消费者对农产品的月购买频率相对较低，大部分为0~2次，同时，这类人群的周边也表现出较低的农产品购买需求。然而，对于农产品月购买频率较高的用户，其周边也呈现出较高的需求，说明购物需求具有可传递性，应加大农村电商产品的宣传力度，带动消费者周边的需求，促进农村电商的发展。

2. 消费者购买农村电商产品的顾虑

问卷调查显示，消费者通过农村电商平台购买农产品时最担忧的是产品质量，对产品价格、物流、产品包装等方面的顾虑一般。农产品生产商要在电商平台持续经营，最根本的是提高所销售产品的质量，而农村地区以家庭为单位分散化生产，大多缺乏标准化生产、规模化经营的条件，难以从根本上把控产品的质量。由此可见，农村电商要实现可持续发展，必须在产品质量上下功夫，打造良好的口碑。

3. 消费者看农村电商带来的好处

问卷调查显示，消费者认为发展农村电商最主要的好处是可以更加便利、便宜地购买到其他地区的特色产品，同时，也可以清晰地了解农产品和农村服务信息。消费者的观点给农村电商的发展指出了清晰的道路，农村电商可以加大优势投入，帮助农产品和农村服务取得更好的竞争优势。

五、广东省农村电商发展面临的困境

（一）电商人才匮乏

电商具有相当的专业性，发展电商离不开大量熟悉国家政策、具有运营能力和创新意识以及有一定电脑软硬件知识的人才。但广东省农村电商从业人员普遍没有接受过职业培训，对网络店铺管理、信息采集和发布、市场行情分析和反馈等缺乏系统认识，导致在日趋激烈的竞争中往往处于不利地位。与全国的大趋势相同，广东省农村人口存在严重的空心化问题，农村受教育程度较高的青壮年劳动力大都向广州、深圳、佛山、东莞等一二线城市聚集，留在农村的村民对信息技术和电子商务的相关知识了解较少，对互联网和电子商务的接受能力较差。另外，广东省农村电商的运营资金不足，难以给电商人员较为满意的薪酬，留不住电商人才，从而严重制约了农村电商的发展。

（二）物流体系不完善

广东省很多地区如梅州、河源、汕尾等的农村，地理位置偏僻，道路崎岖，居民点分布较散，使得当地的物流配送点分布稀疏，快递量不足，难以持续经营。部分农村地区存在缺少门牌标记的情况，对快递员取件和送货都造成一定的困扰。特别是农产品对保鲜具有较高的要求，但农村地区的冷链物流体系建设极其不完善，硬件设施差，难以满足保鲜需求。另外，大多数农村与市区距离远，远离城市物流分配点，导致农村物流运输成本上升。物流体系的不完善使得广东省农村物流发展受到极大限制，这也是制约广东省农村电商发展的一个重要因素。

（三）网络覆盖程度低

网络覆盖率与地区发展水平、人口密度密切相关。广东虽为经济大省，但仍存在发展较为落后的地区，特别是非珠三角地区的农村。农村常住人口少，人口密度小，青壮劳动力流出多，留守的多为老人、妇女和儿童，使得当地使用网络的频率低。因此，这些地区网络基站少，存在网络信号弱、信号不稳定等问题。由于网络在农村地区的覆盖率不足，严重制约了广东省农村电商的进一步发展。

（四）发展动力不足

广东省农村电商在发展过程中面临资金短缺的问题，导致电商发展动力不足。虽然当地政府为了推动农村电商的发展，制定了相关补贴和优惠政策，但由于农村地区经济发展水平低，农户自有资金少，多数金融机构在支持农村电商发展方面缺乏主动性，所以资金短缺的问题没有得到根本解决。另外，农村居民、电商平台和相关企业的利益协调机制尚未建立，农村电商生态较为复杂，任何一方都难以占据主导，从而导致农村电商的发展动力不足。

（五）经济发展不均衡

广东省内经济发展水平差异很大，导致农村电商发展也不平衡。具体来看，粤东地区经济发展水平普遍较高，交通相对便利，农村电商发展早，而粤西、粤北等落后地区的农村电商则发展相对滞后。可以看出，经济发展不平衡是广东省农村电商发展的一大阻碍。

（六）销售方式转变难

广东省的农村居住人口以中老年人为主，青年人多在外务工，村民的文化知识程度普遍不高，对于网上销售农产品的认识不足，不愿意改变其原有的线下销售模式。这与当地村委会未能有效地进行电商宣传、普及电商相关知识有关。而销售观念的僵化从思想层面严重地影响了农产品线上销售的发展，阻碍了电商在广东省广大农村的落地生根。

六、广东省农村电商进一步发展的措施

（一）多渠道解决电商人才短缺问题

农村电商人才是农村电商发展的重要基础。当下广东省农村电商人才仍有大量缺口，要解决电商人才短缺的问题，既要大力培养本地人才，也要加强人才引进。

在人才培养方面，可以发挥公共培训的优势，设立电商公共培训中心，将有意愿投入电商行业的农民集中起来，统一为其提供电脑操作、线上营销推广、网络店铺管理等方面的培训，填补农民在电商方面的知识空缺，增强农民从事电商的信心。

在人才引进方面，政府要发挥引导作用，用优惠政策吸引优秀的电商人才。政府还可以牵头成立电商小组（小组成员要具备相关电商知识，小组长要有丰富的实践经历），由小组对农村电商环境做一个评估，提出指导性意见。由拥有丰富经验的电商人才为农村居民提供指导，可以使其在发展电商的过程中少走许多弯路。

（二）进一步完善基础设施建设

农村基础设施的完善对于农村电商发展的意义十分重大。完善农村基础设施的主要责任在政府，其工作主要有以下几个方面：一是道路建

设方面，要确保主要交通干道的平整与开阔，保持道路通畅，从而加强农村与附近城镇的联系，同时提高货物的运输效率；二是网络建设方面，要加强农村网络建设，提高网络覆盖率，提高上网速度，保证网络通畅；三是物流站点建设方面，要与物流公司开展合作，建设村级农产品物流配送中心，完善冷链配送体系，集中运输农产品，在保证农产品新鲜的同时减少运输成本。

（三）加强电商销售的宣传普及

村委会要充分发挥组织宣传职能，通过多种渠道开展网上销售农产品知识普及活动。要对比线上和线下销售方式的不同，向村民详细介绍线上销售农产品的好处，同时收集并介绍国内具有代表性的成功案例，推广成功经验，激发村民参与农村电商的热情。村委会还可以定期举办表彰会，对表现突出的相关企业平台和个人进行表彰，鼓励村民继续为电商发展做出贡献。

（四）推动农村电商直播的发展

近年来，直播电商依托成本低、操作便捷、直观化等优势，成为村民开展农村电商的新工具。直播电商通过网红直播、田间地头直播等方式，将农村原生态的产品资源更直观地呈现给消费者，从而对消费者进行有效引流，拓宽农产品销售渠道，拉动乡村经济发展，助力实现乡村振兴。尤其在新冠肺炎疫情防控期间，农产品线下流通渠道受阻，淘宝、拼多多等电商平台通过"直播带货"模式帮助农民打开了销售渠道，减少了疫情的影响，保障了村民的生活。

当前，广东省农村地区基本具备了发展直播带货的条件。要做好农村电商直播，应注意以下几点：一是选择适合的直播平台，不是所有直播平台都适合农产品销售；二是直播时要拉近与观众的距离，要有现场感；三是要善于通过讲故事的方式，赋予农产品独特的价值，从而吸引顾客；四是可以让专业人员进入团队，做好直播策划、后期服务等工作，从而提高直播质量和效果。

（五）实现农村电商产品的品牌化

广东省农村地区有许多有特色的产品，其中既有农产品，也有工艺品。对于这些产品，应该着力做好品牌化工作，从而形成品牌效应，提高产品销售额。要实现农村电商产品的品牌化，就要做好以下几个方面：一是提升农村电商产品的价值，让产品物美价廉、物有所值；二是加大宣传力度，通过电视、网络等多种平台进行宣传，向顾客展示本地物美价廉的产品，吸引顾客点击链接进行购买；三是将产品与当地的文化进行融合，讲好文化故事，让顾客内心产生共鸣。

（六）以先行地区带动后行地区

广东省存在区域经济发展不平衡的问题，因此农村电商的发展水平也存在地区差异。广东省内有许多在农村电商领域做出斐然成绩的地区，如广州、东莞、佛山、揭阳等，其依托自己的产业优势，大力发展农村电商，使当地经济的发展再上一个台阶。这些地区在广东省乃至全国都属于典型地区，具有相当丰富的农村电商发展经验。因此，可以在省政府的领导下，开展一镇对一镇、一村对一村的电商帮扶活动，以电商先行地区带动电商后行地区，使得后行地区少走弯路，实现后行地区电商的快速发展。

参考文献

[1] 张燕平. 乡村振兴战略背景下广东农村电商困境及发展对策 [J]. 中国管理信息化, 2020, 23 (15): 183-184.

[2] 余高. 乡村振兴背景下我国农村居民电商创业驱动因素分析 [J]. 农村市场,

2021, 1（1）: 147-150.

［3］陈先容. 电子商务发展对农村脱贫的影响机制探究［J］. 广东蚕业，2020，54（11）: 109-110.

［4］张世贵. 缓解相对贫困视角下的农村电商扶贫: 机制与路径［J］. 电子政务，2021（3）: 94-102.

［5］聂召英，王伊欢. 链接与断裂: 小农户与互联网市场衔接机制研究——以农村电商的生产经营实践为例［J］. 农业经济问题，2021（1）: 132-143.

［6］王蓉晖，王玥. 农村电商助力城乡商贸流通一体化发展: 理论与实证［J］. 商业经济研究，2021（2）: 21-24.

［7］周捷飞. 农村电商支持我国农村致富效应: 理论机制及实证检验［J］. 农村市场，2021（4）: 133-137.

［8］樊鹏. 基于消费分层视角的农村电商发展与消费结构调整［J］. 商业经济研究，2021（1）: 44-48.

［9］周浪. 另一种"资本下乡": 电商资本嵌入乡村社会的过程与机制［J］. 中国农村经济，2020（12）: 35-55.

［10］王七苟. 我国农村电商与区域经济协同发展关系研究［J］. 商业经济研究，2020（23）: 129-132.

［11］黄浩锋. 互联网+背景下农村电商发展研究［J］. 核农学报，2021，35（1）: 129-132.

［12］Liu Min, Zhang Qian, Gao Song. The spatial aggregation of rural e-commerce in China: an empirical investigation into Taobao Villages［J］. Journal of Rural Studies, 2020（80）: 403-417.

我国集成电路产业链自主可控能力研究

◆ 陈启颖

一、引言

在国民经济中,集成电路产业是战略性、基础性和先导性产业,国际化程度极高,产业竞争非常激烈。目前,该产业的竞争模式正向"全产业链竞争"转变,哪个国家能占领该产业链的制高点,就能引领全球经济发展的潮流。因此,经济大国都非常重视这一产业的发展。党的十八大以后,我国也开始重视该产业的发展,并出台了《国家集成电路产业发展推进纲要》,设立了"国家集成电路产业投资基金",对我国集成电路产业的发展起到了极大的推动作用。根据中国半导体行业协会的统计数据,2020年我国集成电路产业销售额为8848亿元,同比增长17.0%,比全球增速高出10.5个百分点。然而,与巨大的国内需求相比,该产业的发展仍显不足。由于起步晚,自主创新能力薄弱,核心技术受制于人,导致核心产品仍严重依赖进口,2020年进口额达到创纪录的3500.4亿美元,同比增长14.6%。2018年美国制裁中兴事件和2019年制裁华为事件,为我们敲响了警钟,全社会开始关注集成电路产业链的自主可控。为此,本文将对我国集成电路产业链的自主可控能力进行研究,并提出提升我国集成电路产业链自主可控能力的对策。

二、集成电路产业链自主可控的内涵

（一）产业链自主可控的概念

产业链是同行企业或者非同行企业在特定的时空逻辑关系下形成，以满足消费者需求和产品价值增值为目的，基于资源流通环节而上下关联的链式组织形式（李传志，2020）。在产业链中，起控制作用的是所谓的"链主"企业，它们通常是居于主导地位并掌握话语权的企业。

所谓"自主"，是指我的产业链我说了算，底气是掌握关键核心技术；所谓"可控"，是指不受制于他人。"自主可控"有两层含义：狭义上是指产业链各环节自主可控，"链主"企业拥有自己的核心技术和核心产品；广义上是指全产业链自主可控，不受制于国外（徐小琴，2015）。

一个国家关键产业的产业链能否做到自主可控，关系到这个国家的经济能否安全平稳。美国打压中兴和华为之所以奏效，是因为它们严重依赖美国的核心产品和核心技术，根本原因在于我国集成电路产业链没做到自主可控。这一问题已引起国家的高度重视，我国已将"增强产业链供应链自主可控能力"作为2021年的主要任务之一。

（二）集成电路产业链的自主可控

一条完整的集成电路产业链如图1所示。

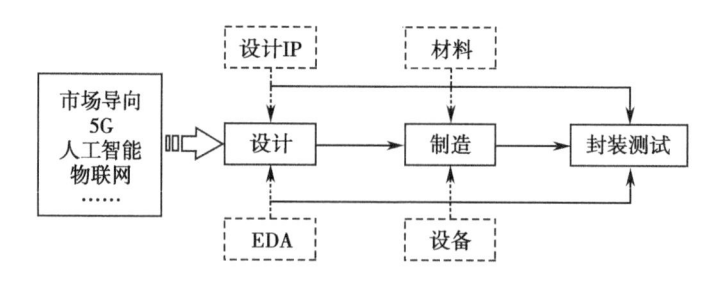

图1　集成电路产业链示意图

资料来源：李传志．中国集成电路产业链研究［M］．北京：经济科学出版社，2020：10，153，138．

集成电路产业链包括七个环节：三个分支产业是设计、制造和封装测试；两个相关支撑产业是设备和材料；两个设计工具是 IP 核和 EDA。每一个环节都很重要，它们的自主可控能力决定整个产业链的自主可控能力。但要做到整个产业链自主可控并不现实，至今没有一个国家能做到。我们能做的是在重要环节上不断提升自主创新能力，尽可能多地掌握核心技术，以增加谈判筹码，使他国不敢轻易卡我们的"脖子"。即使发生"卡脖子"事件，也可避免断链悲剧发生。

三、我国集成电路产业链各环节自主可控能力分析

（一）三个分支产业的自主可控能力

1. 设计产业的自主可控能力

近年来，我国集成电路设计产业发展情况如表 1 所示。

表 1 近年来我国集成电路设计产业发展情况

年份	销售额/亿元	增长率/%	在集成电路产业中的占比/%
2015	1325.0	26.5	36.7
2016	1644.3	24.1	37.9
2017	2073.5	26.1	38.3
2018	2519.3	21.5	38.6
2019	3063.5	21.6	40.5
2020	3778.7	23.3	42.7

资料来源：中国半导体行业协会。

由表 1 可见，近年来我国集成电路设计产业发展较快，成效显著。在市场拉动和政府政策推动的共同作用下，近年来我国集成电路设计企业数量迅速增加，2015 年有 736 家，2020 年已增加到 2218 家，属于粗放型增长。

随着近年来集成电路产业垄断加剧，在产业链各环节都逐渐形成"强者恒强""大者恒大"的格局。设计产业也不例外，行业前十名的企业主导了该行业的发展。2020年全球前十大集成电路设计企业排名如表2所示。

表2 2020年全球前十大集成电路设计企业排名

排名	公司名称	总部所在地	销售收入/亿美元	增长率/%
1	高通	美国	194.1	33.7
2	博通	美国	177.5	2.9
3	英伟达	美国	154.1	52.2
4	联发科	中国台湾	109.3	37.3
5	超微	美国	97.6	45.0
6	赛灵思	美国	30.5	−5.6
7	迈威	美国	29.4	8.7
8	联咏科技	中国台湾	27.1	30.1
9	瑞昱半导体	中国台湾	26.4	34.1
10	戴乐格半导体	德国	13.8	−3.2

资料来源：拓墣产业研究所。

由表2可见，在集成电路设计产业，美国是"霸主"，其次是中国台湾。2015年还有两家中国大陆企业进入前十，其中，华为旗下的海思排名第六，紫光展锐排名第十；2020年没有一家中国大陆企业进入前十。这说明我们在该行业的自主可控能力在下降，没有自己的"链主"。工业和信息化部2018年的一份报告显示，中国逾95%用于计算机处理器的高端芯片、逾70%用于智能设备的高端芯片和大多数内存芯片均依赖进口。

2. 制造产业的自主可控能力

近年来，我国集成电路制造产业发展情况如表3所示。

表3 近年来我国集成电路制造产业发展情况

年份	销售额/亿元	增长率/%	在集成电路产业中的占比/%
2015	900.8	26.7	25.0
2016	1126.9	25.2	26.0
2017	1448.1	28.6	26.8
2018	1818.2	25.6	27.8
2019	2149.1	18.2	28.4
2020	2560.1	19.1	28.9

资料来源：中国半导体行业协会。

由表3可见，我国集成电路制造产业近年来发展较快，成效显著，这与"01专项""02专项"及国家大基金的支持有很大的关系。但也要注意到，近几年增速有所下降。

2020年全球前十大纯晶圆代工企业排名如表4所示。

表4 2020年全球前十大纯晶圆代工企业排名

排名	公司名称	总部所在地	销售收入/亿美元	市场份额/%
1	台积电	中国台湾	442.1	54.0
2	三星	韩国	140.5	17.0
3	联电	中国台湾	58.9	7.1
4	格罗方德	美国	58.8	7.1
5	中芯国际	中国大陆	37.0	4.5
6	高塔半导体	以色列	12.7	1.5
7	力积电	中国台湾	11.5	1.4
8	世界先进	中国台湾	11.0	1.3
9	华虹宏力	中国大陆	9.3	1.1
10	东部高科	韩国	7.5	0.9

资料来源：拓墣产业研究所。

由表 4 可见，前十大企业累计市场份额达到 95.9%，市场集中度很高，这与技术门槛和资金门槛都高有关。台积电一枝独秀，占到市场份额的一半以上。中国大陆有两家企业进入前十，其中中芯国际排第五、华虹宏力排第九，但市场份额太小，且呈下降趋势（2017 年分别为 5.8% 和 1.5%），说明对产业链的自主可控能力在减弱。中芯国际是国内技术水平最高的集成电路制造企业，目前是 14 nm 水平，而台积电是 5 nm，整整相差两代。

3. 封装测试产业的自主可控能力

近年来，我国集成电路封装测试产业发展情况如表 5 所示。

表 5 近年来我国集成电路封装测试产业发展情况

年份	销售额 / 亿元	增长率 /%	在集成电路产业中的占比 /%
2015	1384.0	10.2	38.3
2016	1564.3	13.0	36.1
2017	1889.7	20.8	34.9
2018	2193.9	16.1	33.6
2019	2349.7	7.1	31.1
2020	2509.5	6.8	28.4

资料来源：中国半导体行业协会。

由表 5 可见，我国集成电路封装测试产业的销售额近年来增长放缓，在整个集成电路产业中的占比明显下降。

2020 年全球前十大封装测试代工企业排名如表 6 所示。

由表 6 可见，前十大企业累计市场份额达到 84.1%，比集成电路制造产业的市场集中度低了一些。中国台湾企业表现抢眼，共有五家企业上榜。中国大陆企业共有三家上榜，分别位居第三、第五和第六，合计所占市场份额为 21%，且技术上不存在代差。与设计环节和制造环节相比，我们在封装测试环节的控制能力较强。

表6 2020年全球前十大封装测试代工企业排名

排名	公司名称	总部所在地	销售额/亿美元	市场份额/%
1	日月光	中国台湾	93.3	30.1
2	安靠	美国	45.3	14.6
3	长电科技	中国大陆	37.1	12.0
4	力威科技	中国台湾	25.3	8.2
5	通富微电	中国大陆	15.6	5.1
6	华天科技	中国大陆	12.2	3.9
7	京元电子	中国台湾	9.6	3.1
8	南茂	中国台湾	7.7	2.5
9	欣邦	中国台湾	7.4	2.4
10	联合科技	新加坡	6.7	2.2

资料来源：拓璞产业研究所。

（二）两个相关支撑产业的自主可控能力

1. 设备产业的自主可控能力

2020年全球前十大半导体设备生产企业排名如表7所示。

表7 2020年全球前十大半导体设备生产企业排名

排名	公司名称	总部所在地	销售额/亿美元
1	应用材料	美国	163.7
2	阿斯麦	荷兰	154.0
3	泛林	美国	119.3
4	东京电子	日本	113.2
5	科天	美国	54.4
6	爱德万测试	日本	25.3
7	网屏	日本	23.3
8	泰瑞达	美国	22.6
9	日立高新	日本	17.2
10	先域	荷兰	15.2

资料来源：美国半导体产业调查公司VLSI。

由表7可见，集成电路设备产业基本上被美国、日本和荷兰所垄断。阿斯麦生产的EUV光刻机目前是10 nm以下工艺的最关键设备，且无其他企业的设备能替代。由于受《瓦森纳协议》限制，中芯国际一直得不到该设备，从而限制了其工艺升级。上海微电子生产的光刻机仍停留在90 nm水平。在关键设备中，只有中微半导体生产的等离子刻蚀机能进入世界顶级行列。在该环节，我国的自主可控能力很弱。

2. 材料产业的自主可控能力

材料是集成电路产业的"脖子"，一旦被卡，整个产业链就会面临断链危险。2019年7月，日本对向韩国出口的三种半导体材料实施限制，将韩国惊出一身冷汗。目前最重要的材料硅被日本信越化学等五家企业掌控，市场占有率高达94%（李传志，2020）。工业和信息化部对国内30多家企业的调查显示，在130多种关键基础材料中，32%在我国为空白，52%依赖进口（朱雷等，2019）。近年来，我国虽然在大硅片和光刻胶领域有所突破，但在该环节的自主可控能力仍然很弱。

（三）设计工具IP核和EDA的自主可控能力

1. IP核的自主可控能力

集成电路设计离不开IP核，因为它可以大幅提升芯片设计的效率。全球主流芯片架构均掌握在国外企业手中。我国所用IP核主要靠ARM和Synopsys提供。2019年，在全球前十大IP厂商中，ARM的市场占有率超过40%，国内企业芯原股份位居第七，市场占有率只有1.8%。在该环节，我国的自主可控能力很弱。

2. EDA的自主可控能力

集成电路设计严重依赖EDA。美国企业新思科技、铿腾电子和明导是EDA龙头企业，共占据全球60%的份额，并占据我国95%的份额，国产EDA只占5%，龙头企业是华大九天。可见在该环节，我国的自主可控能力还很弱。

综上所述，目前我国已建立了集成电路全产业链，中低端芯片基本能够自给。但由于起步晚，自主创新能力薄弱，核心技术受制于人，导致高端产品严重依赖进口。综观整个产业链，美国、日本、韩国、荷兰等对全球集成电路产业链的控制能力都很强，而我国只在相对不太重要的封装测试环节基本能做到自主可控，其他六个环节都不同程度地存在安全风险，尤其是设备和材料两个环节，一旦被其他国家"卡脖子"，整个产业链将面临断裂危机。为实现高质量发展，全面提升集成电路产业链自主可控能力迫在眉睫。

四、提升我国集成电路产业链自主可控能力的对策

（一）政府的角度

综观世界各国集成电路产业的发展历史可知，集成电路产业的发展离不开政府的深度参与。我国集成电路产业链要实现自主可控，也离不开政府的支持和引导。

1. 加强顶层设计

为实现集成电路产业链自主可控的目标，就要发挥我国的制度优势，集中力量办大事。国家集成电路产业发展领导小组要负责产业发展的顶层设计和统筹协调工作，通过整合国家资源，引导地方资源和社会资源，解决资源分散、产业布局不合理、地方各自为政、效率低下及资源浪费等问题，把好钢用在刀刃上。要认真总结第一期国家集成电路产业发展基金使用的经验教训，用好第二期发展基金。

要实现整个产业链的自主可控，就要做到产业链各环节的自主可控，

为此需要在产业链的每个环节都至少培育一个"链主",并针对每个"链主"制定一个周密的顶层设计方案,支持其做大做强。过去的做法是每个环节支持三个企业,但弊端显而易见:一是各环节的情况不同,都支持三个企业有点"一刀切"的感觉;二是没必要支持三个企业,有些环节只需支持一个企业就行,如制造环节,其他环节最多支持两家企业也就够了。这样做的好处是可以集中优势资源,取得更好的效果。

2. 支持基础研究

集成电路产业链自主可控是一个长期的系统工程。要想摆脱长期跟随和受制于人的被动局面,除了继续重视应用研究外,还要在基础研究领域有所突破。集成电路产业基础研究对产业链的自主可控极其重要,我国台湾地区之所以能后来居上,成为全球集成电路产业链的重要"玩家",与长期重视基础研究有很大的关系。例如,林本坚发明的浸润式微影系统方法将摩尔定律延伸了多代。

长期以来,我国政府重视应用研究,忽视基础研究。在追赶阶段,这样的政策有其合理性。但如今,我国已是世界第二经济大国,经济增长更多要依靠创新驱动,需要更加重视基础研究。要实现集成电路产业链自主可控,需要在基础研究领域进行更多的探索,努力在核心技术领域有持续的突破。无论是国家集成电路产业发展基金,还是"01 专项"和"02 专项",都没有支持基础研究。因此,政府有必要出台新的重大专项,在核心架构、高端装备、关键材料等领域提供支持,让更多从事底层技术研发的学者能够潜心研究。

3. 推动各环节的战略联动

为实现集成电路产业链自主可控的目标,国产替代是一个有效的手段。长期以来,我国集成电路产业链自主可控能力不强,除封装测试环节,其他各环节都不同程度地存在被国外企业垄断的情况。而推动各环节国内企业的战略联动,摆脱"两头在外"的困扰,对于打破这些垄断、应对供应链出现的挑战、实现自主可控意义重大。中芯国际在这方面做得比较好,对于国内企业生产的设备和材料,只要能达到技术要求,就优先使用国内的,尽量与上下游国内企业保持密切联系,从而降低经营风险。这一做法值得其他企业效仿。

近年来,国家设立的"01专项"和"02专项"在集成电路的多个环节产生了一批成果,具备了替代国外产品的条件。为推广应用,政府也想出了一些办法,例如,使用国产材料时,如果第一次使用出现失败,损失由政府承担,这极大地推动了材料领域与制造、封装测试领域的互动,促进了材料领域的发展。在这方面,政府能做的有很多,可以利用其影响力,帮助组建全产业战略联盟,打破上下游壁垒,推动产业链垂直整合,建立自主可控的产业生态链。

4. 重视人才培养

人才缺乏是制约我国集成电路产业发展的一个重要因素。比如,长期以来国内企业不能生产12英寸硅片,而这又是发展趋势。为此,张汝京先生(上海新昇创办人)从美国硅谷挖来一些人,2017年上海新昇造出了12英寸硅片,打破了国外企业的垄断。由此可见人才对集成电路产业链自主可控的重要性。当然,完全靠引进也不是长久之计,根本办法还是自己培养人才。

过去我国对集成电路人才的培养有所忽视,相关专业设在一级学科"电子科学与技术"的下一级学科下,由于地位低,得不到重视,限制了学科的发展。经过专家多年的呼吁,教育部将"微电子科学与工程"设为一级学科,这是一个好的开端。但还不够,国家还应建立类似比利时微电子研究中心那样的机构，解决高校、科研院所和企业之间的衔接问题。

（二）企业的角度

企业是产业的构成主体，我国集成电路产业链要实现自主可控，离不开企业的努力奋斗和健康发展。

1. 坚持自主研发

集成电路产业是技术为王的产业，要想在产业链上拥有话语权，就必须有过硬的核心技术作为支撑。以光刻机为例，它是集成电路产业最关键的设备。世界上能生产的企业只有寥寥几家，过去的"霸主"是日本企业尼康和佳能，但其自身技术进步缓慢，而后起之秀阿斯麦在技术上突飞猛进，导致"霸主"易主。阿斯麦凭借唯一能生产 EUV 光刻机的优势，在高端领域的市场占有率高达 80%（李传志，2020）。该公司 2020 年年报显示，全年营业收入为 139.79 亿欧元，净利润为 35.54 亿欧元，分别增长 18.3% 和 37.1%（中国半导体论坛，2021）。

当前，受西方发达国家对外政策的影响，在集成电路产业链的不同环节上，都可以见到技术封锁的身影，从而严重阻碍了我国集成电路产业的健康发展。众所周知，核心技术是买不来的，只能坚持自主创新。因此，我国集成电路企业尤其是产业链各环节排名靠前的企业，要充分利用政府的政策支持，加大对技术的自主研发力度，开展关键核心技术攻关，努力寻求突破，从根本上解决"卡脖子"问题，帮助产业链实现自主可控。

2. 深化对外技术合作

集成电路产业的技术发展很快，使得排错难度越来越大、试错成本越来越高，这客观上要求企业开展技术合作。比如，美光与英特尔联合开发 NAND 技术，2015 年推出 3D XPoint 存储技术。事实证明，良好的技术合作可以大幅度提升企业的自主创新能力，而自主创新能力越强，就越能找到实力强的合作伙伴，从而形成一种良性循环。因此，我国集成电路企业在追求自主研发和自主创新的同时，还要利用好国际和国内两种资源，在互利互惠的基础上积极开展与国内外企业、科研院所和高校的合作，努力掌握核心技术。

2015年，苏州中昇宏芯与IBM合作，推出国内第一款基于POWER技术的服务器芯片。长江存储、兆易创新、福建晋华三家存储器企业都与海外企业开展了合作。近年来，受西方国家对外政策影响，类似的合作越来越难。但是，企业可以另辟蹊径，与国内科研院所和高校开展合作。比如，上海微电子是国内唯一能生产光刻机的企业，但精度亟待提高，而中国科学院是我国实力最强的研究机构，二者合作有望打破阿斯麦对EUV光刻机的垄断，解决设备环节的"卡脖子"问题，全面提升产业链的抗风险能力。

3. 积极开展企业并购

开展企业并购是集成电路企业做大做强的重要手段。2008年以来，全球集成电路企业兼并重组的步伐加快。据IC Insights统计，2015年全球半导体产业中并购交易额达到创纪录的1033亿美元（王阳元，2018）。近年来，受国际政治的影响，这方面的审查趋严，交易额有所下降，并购难度加大。

我国集成电路企业要想尽快做大做强，占领产业链的制高点，并购是一条捷径。通过并购国外拥有先进技术的企业，可以提升自身技术水平，增强国际竞争力。这方面的成功案例不少。2014年年底，在国家大基金的支持下，长电科技成功收购比自己经营规模大两倍的新加坡封装测试企业星科金朋，上演了一出"蛇吞象"的大戏，长电科技一举跻身世界前三。近年来，尽管跨国并购越来越难，但是也并非不可能，欧洲、韩国、日本等都有一些技术实力较强但经营困难的企业，国内企业在国家大基金和地方资金的支持下，都可以尝试进行并购。

4. 加强知识产权保护

集成电路产业是技术密集型产业，为了获得先进技术，企业倾注了大量的人力、物力、财力，因此，加强知识产权保护非常重要。申请专利和布图设计登记是集成电路企业进行知识产权保护的两个主要手段。根据《中国集成电路产业知识产权年度报告》（2020版），2020年该领域专利共计4.74万件，同比增长13.7%，其中，83%由我国权利人申请，17%由国外权利人申请。2020年集成电路布图设计专有权数量达到1.1万件，同比增长114.9%，其中98.6%由我国大陆权利人申请，表明我国该领域知识产权保护有了长足的进步。

国内集成电路产业链各环节有实力的企业肩负着实现产业链自主可控的重任。这些企业一方面要加强国内知识产权保护，经常举办或积极参与宣传和保护知识产权的活动，带动产业链上下游企业形成尊重知识产权和维护知识产权的氛围；另一方面，要加强在国外特别是在美国的专利布局。据统计，截至2020年年底，在集成电路领域，我国在美国累计申请专利最多的是豪威集团，共有1917件专利，而同期三星半导体是189147件，差距不是一点点，说明国内企业仍需加倍努力。

5. 大力引进高端人才

集成电路产业是人才密集型产业，具有国际视野和全局性眼光的高端人才更是稀缺资源，对于企业在产业链中的地位有着至关重要的影响。例如，原台积电员工梁孟松2017年加入中芯国际，使得中芯国际在没有EUV光刻机的劣势条件下仍实现了14 nm芯片的量产。

高端人才短缺是制约我国集成电路企业发展的最大瓶颈。美国硅谷是集成电路产业高端人才的集聚地，近年来，由于中美之间的产业竞争不断加剧，在硅谷就业的华裔高端人才常常遭到不友好的对待，不少人产生了回国工作的打算。我国台湾地区集成电路产业的国际竞争力很强，在设计、制造、封装测试三个环节都人才济济。如今国家已开通人才绿色通道，清除了台湾地区集成电路人才在大陆就业的政策障碍。企业要抓住这个难得的历史机遇，通过创造良好的工作和生活条件来吸引高端人才加入。

参考文献

[1] 中国半导体行业协会.2020年中国集成电路产业销售额为8848亿元［EB/OL］.贤集网，2021-03-26.

[2] 李传志.中国集成电路产业链研究［M］.北京：经济科学出版社，2020.

[3] 徐小琴.测控设备自主可控发展建设探讨［J］.飞行器测控学报，2015（2）：133-139.

[4] 张堂云，张晓磊.培育链主，提升产业链供应链自主可控能力［J］.中国招标，2021（10）：80-82.

[5] 人民网.工信部副部长：130多种关键基础材料中32%在中国仍空白［EB/OL］.澎湃新闻，2018-07-17.

[6] 朱雷，王轶滢，戴梅.一文看懂中国集成电路材料现状［EB/OL］.SIMIT战略研究室，2019-06-30.

[7] 中国半导体论坛.ASML已经发布了2020年第四季度及全年的业绩［EB/OL］.电子发烧友网，2021-01-27.

[8] 王阳元.集成电路产业全书：上册［M］.北京：电子工业出版社，2018.

[9] 上海硅知识产权交易中心，中国半导体行业协会知识产权工作部.中国集成电路产业知识产权年度报告（2020版）［EB/OL］.上海市集成电路行业协会，2021-03-30.

二等奖作品

股权结构视域下公司治理机制提升企业竞争力的实现路径

◆ 谭文凤

一、引言

2021年8月2日,《财富》世界500强企业排行榜单在全球发布,143家中国企业登上榜单。2021年中国上榜企业数量再次超过美国(122家),连续两年居首,且排行榜TOP5中有3家中国企业。中国经济持续稳定恢复、稳中向好,中国企业在全球的竞争力不断增强。

公司内部治理机制包括股权结构、董事会治理和管理层激励。股权结构能够反映和协调利益相关者之间的权益,股权主体的治理行为直接或间接影响公司经营,故股权结构设计的合理性决定了公司经营状况的好坏。当下企业之间的竞争愈演愈烈,设计科学的、有效的、符合公司实际的股权结构成为企业竞争的基础。因此,研究股权结构与公司竞争力之间的关系具有重要的意义。

二、理论基础

(一)股权结构理论

产权理论认为,企业所有权具体表现为股权结构。股权结构是股份公司总股本中不同性质的股份所占的比例及其相互关系。当公司规模扩大，融资需求增加，投资人越来越多时，在公司总股份不变的情况下，对不同性质的股份以及占比进行分配，就形成股权结构。

委托代理的概念最早由美国经济学家罗斯（Ross，1973）提出："如果当事人双方，其中代理人一方代表委托人一方的利益行使某些决策权，则代理关系就随之产生。"社会大生产使得生产分工进一步细化，出现一大批具有专业知识技能的职业经理人，企业的所有者将经营权委托给有精力、有能力的代理人，并对其进行监督与约束。

委托代理理论是基于股权分散的公司治理背景而构建的。一些学者发现，从世界上大部分国家的企业来看，股权是集中的。La Porta 等（2000）发现，除了投资者保护较为完善的经济体外，世界上普遍存在集中型股权结构。公司存在控股股东，其通过现金流权和控制权的分离，使得自身可以用较少的资本侵占中小股东的利益，损害企业的价值。

（二）企业竞争力理论

国外学者主要研究企业竞争力的影响因素。企业竞争力理论可分为两类：一类是以资源为基础的竞争优势观（Wernerfelt，1983），另一类是以活动为基础的竞争优势观（Porter，1985）。以资源为基础的竞争优势观，如俄林（Ohlin，1933）的资源禀赋差异论、波特（Porter，1985）的五力分析模型、帕拉德和哈默（Prahalad 和 Hamel，1990）的核心能力观点等理论，都认为企业对具有独特性、异质性的资源加以利用后可以形成较强的核心竞争力。关于以活动为基础的竞争优势观，则波特的价值链分析最具代表性，其认为应对价值链中影响企业竞争的环节进行调控，从而将企业竞争优势最大限度地发挥出来。

国外有关企业竞争力的研究起步早，并不断成熟完善。然而，关于企业竞争力的定义，目前国内外尚未有统一的界定。

维纳·艾莉（Verna Allee, 1998）在《知识的进化》一书中指出，企业竞争力是指一个企业通过其产品在市场上所反映出来的生产力，企业竞争力的核心就是比较生产力。

中国学者曹建海（2000）认为，企业竞争力是由企业一系列特殊资源组合而形成的占领市场，获得长利润的能力。

在比较优势理论、资源观和能力观的基础上，可以将企业竞争力解释为：企业使用人力资源对经营过程中所吸纳的物力资源（包括资本、知识、产权等）进行充分利用而形成的可持续竞争优势。

三、公司治理机制提升企业竞争力的实现路径

根据前面的理论，可得出股权结构与企业竞争力存在正向相关性。本文梳理出了股权结构通过一系列公司治理机制实现企业竞争力提高的逻辑路径，如图1所示。

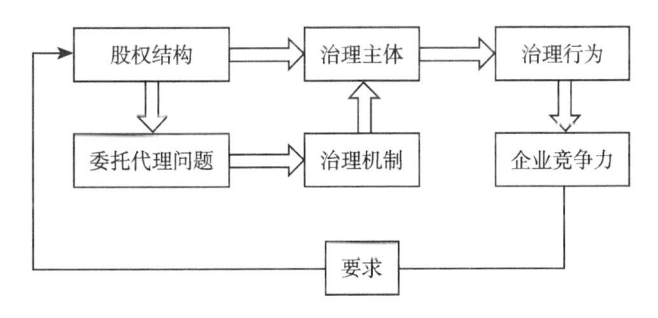

图1 公司治理机制提升企业竞争力的逻辑路径

根据图1所示，股权结构的差异性导致委托代理问题的不同。委托人为追求自身利益最大化，对代理人采取一定的治理机制，约束、监督、激励和规范主体的治理行为，以提升企业竞争力。随着企业竞争地位的

不断提高，企业对股权结构进行改革，使股权结构与企业战略目标相符合，最终形成公司治理的良性循环。

对该实现路径的分析具体如下。

（一）委托代理问题

由于股东和经理层之间存在信息不对称，同时经理层有不同于股东的利益和目标，因此两者之间存在委托代理问题（第一类委托代理问题）。当前公司普遍采取集中型股权结构（La Porta等，2000），公司的委托代理问题变为控股股东与中小股东之间的利益冲突（第二类委托代理问题）。

两类委托代理问题并不是替代关系，有时是共存状态。冯根福（2004）针对我国股权结构较为集中的现实，首次提出双重委托代理问题的分析框架。本文基于该观点，以两类委托代理问题为切入点，探析其对我国上市公司竞争力的影响。

（二）治理机制

不同的股权结构决定着股东对管理层和大小股东之间激励、约束、监督和规范的积极性。

1. 激励机制

高度集中型的股权结构具有"激励效应"，剩余索取权和剩余控制权激励控股股东积极参与企业的经营管理。大小股东授权和董事会持股机制对董事会制定公司决策和监督管理层具有极大的激励作用。管理层持股使得管理层个人目标趋向股东目标，从而减少其市场短视行为和投机行为，使其为企业的长远发展付出更多的努力。

2. 监督机制

董事会和监事会在股权高度集中的结构下才能有效发挥监督作用。

当公司内部存在绝对控股股东时，其对经理层的监督成本远小于收益，因而会有充足的动机成立董事会和监事会并授权他们监督管理层。但当公司股权分散时，大小股东缺乏动力监督公司内部人员，监督机制就会因动力不足而无法运行，甚至出现监督人员持股腐败现象，进而侵蚀公司治理的成果。

3. 约束机制

股权的高度集中有益于控股股东集权约束管理者，相关机制包括公司的各项规章制度以及来自国有股东的约束。公司会制定用于规范内部人行为的规章制度，以解决外部法律难以约束公司内部人行为的问题。我国上市公司多为国有企业，国有股能够给公司带来政府监督，对其他股东和内部人进行有效的行政约束，防止出现治理主体因谋求个人利益而侵占其他利益相关者权益甚至国家经济利益的现象。

4. 决策机制

在高度集中的股权结构下，同股同权的分配原则有利于大股东在股东大会上集中行使投票表决权，通过代表自身利益的决议，监督董事会和经理层。但掌握实际控制权的大股东也容易代表其背后的利益集团而做出侵害中小股东权益的决策，这样"一股一票"原则就成为大股东的"帮凶"。

（三）治理主体

股份制企业的特点是投资主体多元化，不同身份属性的投资主体是股权结构中的"股权主体"。按企业资金来源划分，股权主体有国有股东、机构股东、个人股东、法人股东等。若以公司所有者进行划分，即实际掌握剩余索取权和剩余控制权的投资人为主体，此时股权主体新增了董事会成员和高层管理者。为此，本文将股权主体定义为治理主体，即参与到公司治理过程中的人员。股东、董事会和管理层,三者的委托代理关系决定了公司的股权结构,影响了公司竞争优势的培育。

(四)治理行为

股权赋予治理主体权力以实施治理行为,从而对企业竞争力产生影响。在股权分散结构中,持股比例相近的股东公平参与到公司治理中,相互制衡形成稳定的治理竞争优势。分散股权带来高昂的代理、决策和监督成本,当股东收益无法弥补治理成本时,其倾向于"用脚投票",或搭别人的便车,这无益于公司运营。在相对集中的股权结构下,掌权大股东有动力去监督和约束经理层的经营行为,中小股东联合可与大股东形成制衡局面。大股东可将部分股份用于激励董事会和经理层,促使他们做出最佳治理行为。股权高度集中能让大股东集权实现公司治理目标。但过度集中不利于中小股东权益的实现,使得公司决策被垄断,决策民主化和治理科学化难以保证,最终影响企业竞争力。

(五)企业竞争力

股权结构不是一成不变的组织制度,其随股份公司的发展而完善。本文将股权结构作为研究的起始点,认为企业成长推动股权结构完善。李业(2000)将企业生命周期分为孕育期、初生期、发展期、成熟期和衰退期五个阶段。企业处于不同的生命周期时,股权结构也不一样。孕育期的企业几乎没有治理意识,所有权和经营权合一;进入初生期,企业内部两权开始分离,但企业的控制权和经营权仍在内部人手中;发展期中投资者的多元化使得两权彻底分离,形成相对集中的股权结构;当企业吸纳和配置资源的能力达到顶峰且有盈余时,其会通过"一股独大"使得企业进一步做大做强,加速进入成熟期;企业进入成熟期后,治理结构的臃肿和治理人员的冗余会阻碍企业处理资源和信息,企业唯有采用紧缩型战略渡过低潮期。

企业制定的经营战略目标会对股权结构提出要求。差异化战略要求企业适当提高股权集中度，这样掌握信息优势和充足资源的大股东会支持董事会和经理层做出提高创新投入产出的决策并加以执行。集中化战略需要股东合理配置人力物力资源，集中力量支持该战略的实施。所以，不管是竞争战略还是成长战略，都需要股权结构的支持，而战略推动企业进一步发展，使得股权结构得到完善，为企业下一阶段的战略决策制定和实施提供资源支撑。

四、中国上市公司股权结构现状分析与竞争力提升措施

（一）中国上市公司股权结构的现状

股权结构对企业竞争力存在"激励效应"。但在现实的企业经营中，各内部利益集团会因为追求自身利益而损害其他利益相关者的权益，使企业出现"隧道效应""堑壕效应"等不利于企业竞争的内部治理问题，导致股权结构与企业竞争力之间呈负相关状态。

中国上市公司的股权普遍高度集中，集团股东"一股独大"。当控股股东与分散的中小股东利益不一致时，控股股东会出现"隧道挖掘"行为（Johnson等，2000），即控股股东通过证券回购、资产转移、转移定价等手段将公司的资金转移到自己的手中，使得中小股东利益受到侵害的行为。

经理人持股激励机制容易导致管理层权力膨胀不受监管的问题。管理层持股高是"堑壕效应"出现的主要原因。"堑壕效应"是指管理者通过行使控制权以获得隐性收益，降低企业价值，造成对股东利益的损害。

我国上市公司普遍采取高度集中型的股权结构，该结构下极易出现

大股东"隧道效应"和管理者"堑壕效应",从而激化委托代理问题,最终影响企业的竞争力。

(二)股权结构视域下提升企业竞争力的措施

通过对中国上市公司现状的分析,发现目前我国上市公司的股权结构不完善,导致企业的竞争力较弱。鉴于此,本文提出以下建议。

一是完善企业的股权结构。企业应根据竞争战略和成长战略,适度调整内部股权结构。差异化和集中化战略需要企业提高股权集中度。不同的成长战略对股权分配的要求具有差异性。

二是健全企业的治理机制。应通过健全企业的激励、监督、约束、决策等机制,协调企业内部各利益集团之间的关系,解决治理主体之间的委托代理问题,形成和谐的内部治理环境。

三是建立企业的竞争力评价体系。竞争分析是企业战略制定中的重要一环,应建立起企业专属的竞争力评价体系,并由企业内部经营人员操作评价系统,从而提高评价的针对性。

五、结语

本文基于理论研究解释股权结构,提出企业竞争力的定义:企业使用人力资源对经营过程中所吸纳的物力资源(包括资本、知识、产权等)进行充分利用而形成的可持续竞争优势。股权结构引发股权主体之间的委托代理问题,委托人和代理人之间建立治理机制,治理主体的治理行为以提升企业竞争力为目标。企业经营战略对股权结构提出了不同的要求,股权结构与企业竞争力之间形成相互推动的良性循环。鉴于我国上市公司在一定程度上存在"隧道效应""堑壕效应"等问题,本文有针对性地从股权结构、治理机制和企业竞争力评价体系三个方面提出对策。

参考文献

［1］艾莉. 知识的进化［M］. 刘民慧, 等译. 珠海: 珠海出版社, 1998.

［2］卞琳琳. 公司治理与竞争力的关系: 基于中国上市公司的实证研究［D］. 南京: 南京农业大学, 2009.

［3］波特. 竞争优势［M］. 陈小悦, 译. 北京: 华夏出版社, 1997.

［4］曹建海. 过度竞争论［M］. 北京: 中国人民大学出版社, 2000.

［5］冯根福. 双重委托代理理论: 上市公司治理的另一种分析框架——兼论进一步完善中国上市公司治理的新思路［J］. 经济研究, 2004（12）: 16-25.

［6］佘霜. 公司治理机制与企业竞争力关系研究: 以江苏民营上市公司为例［D］. 南京: 南京财经大学, 2011.

［7］宁向东. 公司治理理论［M］. 2版. 北京: 中国发展出版社, 2006.

［8］宋言东. 基于企业竞争力的公司治理机制［D］. 徐州: 中国矿业大学, 2008.

［9］李业. 企业生命周期的修正模型及思考［J］. 南方经济, 2000（2）: 48-51.

［10］王奇波, 宋常. 国外关于最优股权结构与股权制衡的文献综述［J］. 会计研究, 2006（1）: 83-89.

［11］杨洋. 基于公司治理的企业成长研究［D］. 南京: 东南大学, 2014.

［12］Ross S.The economic theory of agency: the principal's problem［J］. American Review, 1973（63）: 134-139.

［13］La Porta R, Lopez-de-Silanes F, Shleifer A, et al.Investor protection and corporate governance［J］. Journal of Financial Economics, 2000, 58（12）: 3-27.

［14］Johnson S, La Porta R, Lopez-de-Silanes F.Tunneling［J］. American Economic Review, 2000, 90（2）: 22-27.

［15］Ohlin B.Interregional and international trade［M］. Cambridge，MA：Harvard University Press，1933.

［16］Prahalad C K，Hamel G.The core competence of the corporation［J］. Harvard Business Review，1990，May-June：79−91.

［17］Wernerfelt B. A resource-based view of the firm［J］. Strategic Management Journal，1983（5）：795−815.

［18］Qian Yingyi，Weighast B R. China's transition to market: market-preserving federalism，Chinese style［J］. Journal of Policy Reform，1996，1（2）：149−185.

心理契约视角下00后新生代员工离职行为分析

◆ 刘欣娜

一、引言

2021年10月21日,"00后的辞职报告能有多绝"这一话题登上微博热搜,引发了人们对00后新生代员工离职行为的高度关注。相关数据显示,00后总人口约为1.63亿人,2022届高校毕业生人数超过1000万人,再创历史新高,而2022届高校毕业生基本是00后。大批00后进军职场的同时,其离职行为和高流动性引发了企业用工成本增加、企业运转效率降低、创新动能不足等一系列问题。因此,关注00后新生代员工的离职行为,探索减少他们离职行为的对策具有一定的现实意义。

理论研究表明,员工离职行为与心理契约的破裂和违背息息相关。本文将从心理契约的视角切入,分析00后新生代员工的离职行为,并依据心理契约的三维度理论提出对策建议。

二、文献综述

(一)关于新生代员工的研究

新生代在西方被称为Y代,它的提出与小说 *Generation X* 有关。在小

说 *Generation X* 的影响下，媒体把 20 世纪 70 年代出生的人定义为 X 代。学者们在 X 代的基础上延伸出 Y 代的概念：Hansford（2002）将 1980—2000 年出生的人称为 Y 代（杨骏，2008），Piktialis（2006）认为 Y 代是 1980 年后出生的群体，后来学者们用 Y 代指代 20 世纪 80 年代出生、伴随着计算机及互联网技术发展成长起来的一代。可见，00 后新生代员工是属于 Y 代的。

（二）关于新生代员工离职问题的研究

近年来，很多学者开始关注新生代员工的离职问题，研究视角涉及心理契约、激励机制、价值取向和组织认同等方面。但大部分学者的研究对象主要是 80 后和 90 后新生代员工。随着 00 后逐渐进入职场，00 后新生代员工的管理问题也引起了人们的关注，学者们开始着手探讨 00 后新生代员工的管理问题。但总体上看，学者们对 00 后新生代员工离职行为的研究还不多。

（三）关于心理契约的研究

20 世纪 60 年代，心理学家 Argyris 在《理解组织行为》一书中提出了"心理契约"的概念，认为心理契约主要指组织和员工双方在雇佣关系中对彼此责任和义务的主观理解与期望。国内外学者的研究都倾向于认为心理契约是双向的，它不仅强调员工对组织的责任，还强调组织对员工的责任和承诺的履行。心理契约虽然不是有形的规章制度，但在组织中起着非常重要的作用。心理契约的研究范围较为宽泛，涉及心理契约的建立、发展、破裂、违背以及心理契约的内容、维度、类型等诸多问题。

心理契约破裂指个体对组织未能完成其在心理契约中应承担的责任的感受、认知和评价。心理契约违背指个体在组织未能充分履行心理契约的认知基础上产生的一种情绪体验和情感反应（Morrison 和 Robinson，1997）。心理契约的破裂和违背与离职率存在正相关关系。Conway 和

Briner（2002）对22项心理契约破裂的影响后果进行了研究，发现心理契约破裂或违背与离职意向高度相关（杨骏，2008）。陈晓红和于珊（2008）对中小企业的员工进行研究发现，发展破裂和交易破裂均对离职倾向有显著的正向影响。

MacNeil和Rousseau经过研究发现，心理契约包括交易和关系两个维度，认为交易型心理契约比较看重工作过程中的经济收益，而关系型心理契约比较看中工作过程中的情感满足（杨骏，2008）。Rousseau和Tijorimala通过研究发现了交易、关系、团队成员三个不同的维度，认为团队成员维度是指在团队发展过程中各个成员和团队应该为彼此的发展承担起相应的责任（杨骏，2008）。

（四）文献述评

有学者从心理契约的视角研究过新生代员工的离职问题，但目前研究的对象多数是80后和90后新生代员工，针对00后新生代员工离职行为的研究很少。因此，本文以00后新生代员工为对象，从心理契约的视角出发研究其离职行为。

三、00后新生代员工离职行为调查

本研究针对00后新生代员工的离职行为进行了问卷调查，重点考察00后员工离职率、职业变迁率、离职意向、离职行业分布和离职原因等内容。调研小组于2021年10月25日通过问卷星发放了223份问卷，剔除存在数据缺失、规律填写等问题的无效问卷，最后回收有效问卷130份。

（一）00后新生代员工离职现状

1. 离职率

离职率是用以衡量企业内部人力资源流动状况的一个重要指标，通过对离职率的考察，可以了解企业对员工的吸引力和员工的满意情况。问卷数据显示，00后新生代员工一年内的离职率为70%，其中初中学历的00后新生代员工一年内的离职率为87.50%，高中学历的00后新生代员工一年内的离职率为74.19%，大学本科及以上学历的00后新生代员工一年内的离职率为67.03%。由此可见，目前00后新生代员工一年内的离职率较高，并且00后新生代员工的离职率与学历息息相关，学历越低，离职率越高。

麦可思研究院发布的2016—2020届本科生毕业半年内的离职率变化趋势和2016—2020届高职生毕业半年内的离职率变化趋势显示，2016—2020年本科生和高职生毕业半年内的离职率基本保持平稳，分别约为22%和42%。由此推断，未来00后新生代员工的离职率仍将处在较高水平。

2. 职业变迁频率与离职意向

（1）职业变迁频率。职业变迁频率是指个人在单位时间内变换工作的次数，职业变迁频率越高，其职场忠诚度就越低。

问卷数据显示，00后新生代员工从工作至今离职0次的占16.13%，离职1次的占25.81%，离职2次的占41.94%，离职3次的占16.13%。其中，一年内离职0次的占25.81%，离职1次的占45.16%，离职2次的占22.58%，离职3次及以上的占6.45%。可见，超过半数的00后新生代员工在一年内离职过1~2次，其流动性很强，职场忠诚度较低。

（2）离职意向。离职意向是指个体在一定时期内变换其工作的可能性，离职意向越高，表明组织内部管理存在的问题越多。

问卷数据显示，00后新生代员工在一年内产生过1~3次离职想法的占52.31%，产生过4~6次的占23.08%，产生过7~9次的占9.23%，产生过10次及以上的占3.08%。可见，00后新生代员工的离职意向比较强烈，组织对 00 后新生代员工的管理存在一定的问题。

00 后新生代员工较高的职业变迁频率和离职意向不仅说明他们和组织的心理契约十分不稳定，容易破裂和被违背，而且给了组织一个预警，那就是像"打压式管理""权威式管理"等管理方式已经不适合 00 后新生代员工了，组织应该积极探索针对 00 后新生代员工的管理方法和管理模式。

（二）00 后新生代员工离职原因分析

1. 优越的成长环境使心理契约的违背成本降低

从经济环境看，根据《腾讯 00 后研究报告》，90 后在同年龄段时的平均存款约为 815 元，而 00 后的平均存款约为 90 后同年龄段时的 2.3 倍，约为 1840 元。00 后有较大的经济自主权，这不仅缘于中国经济的高速发展，还与他们祖辈的世代奋斗分不开。由于家庭消费能力提高，00 后有更多出国旅游的机会。随着 00 后不断接触多元文化，他们的视野比 80 后和 90 后更加开阔，思维更加活跃，也更能适应变化，对职业变迁的态度更加宽容。所以无论是组织违背心理契约开除员工，还是员工违背心理契约主动离职，他们都已经习以为常了，对此的态度更加平和。

从科技环境看，00 后出生在网络时代，成长在移动互联网与社交媒体高速发展的时期。他们是"互联网的原住居民"，享受着人工智能、5G 技术、大数据、云计算等高新技术的红利。因此，他们获取就业信息的渠道更多了、速度更快了、内容更丰富了，就业选择增加了，进入一些行业就业的成本降低了。由于技术的发展，心理契约破裂和违背带来的负面影响减小，00 后选择主动离职的概率提高。

从家庭环境看，00 后赶上了计划生育的浪潮，独享着父母的宠爱，家庭环境更加民主，00 后在家庭的话语权较 80 后和 90 后有所提高。当他们不打算履行心理契约，主动违背心理契约，决定离职时，家庭因素的阻力变小了。

2. 独特的价值观增加了心理契约破裂的可能性

00后新生代员工独特的价值取向和性格特征是影响他们心理契约破裂的重要因素。他们十分注重自己的价值实现，不惧怕挑战，如果现在从事的工作无法达到自己的目标，他们就会对组织产生怀疑，导致心理契约破裂，产生离职、重新寻找自我的想法，而且很可能付出行动。问卷调查数据显示，因工作内容过于简单，缺乏价值感而选择离职的00后新生代员工占48.1%。

00后新生代员工更加现实，他们意识到原生家庭的资源是影响未来发展的一个重要因素，不再羞于利用家庭资源去发展自己的兴趣和事业。当心理契约违背，他们被动或主动离职，想重新找份工作时，如果原生家庭无法为他们提供需要的资源，他们就会通过关系网和移动互联网积极获取用于发展自己的资源。

3. 低薪资刺激心理契约破裂

00后新生代员工由于存在自我意识强等个体特征，很容易对组织产生过高的期望，从而引起心理契约的破裂和违背，增加离职行为的出现概率。中青校媒调查显示，00后大学生期待的平均月薪资为7000~15000元。但从2017—2021年的数据来看，本科毕业生的月薪资总体在4500~6500元。由于00后新生代员工实际得到的薪资与期待值有较大差距，加上00后互联网研发实习生月薪过万的刺激，所以00后新生代员工对企业的评价容易出现失误，认为企业以低报酬来换取他们的劳动力，觉得付出与回报不成比例。

4. 行业的特殊性促使员工主动或被动违背心理契约

问卷调查结果显示，在任职期间离职过的00后新生代员工中，从事制造业的占比最高，高达29.11%，接下来依次为电力、热力、燃气及水生产和供应业，住宿和餐饮业，金融业，农、林、牧、渔业和教育业。

制造业，电力、热力、燃气及水生产和供应业，住宿和餐饮业的入职门槛较低，对学历要求不高。其中制造业离职率最高，除了因为组织有时需要降低用工成本，不能履行心理契约承诺，主动违背心理契约，导致00后新生代员工被动离职外，还因为其岗位工作条件艰苦，劳动强度大，不能吸引00后新生代员工长期从事这项工作，导致00后新生代员工主动离职。

现在大部分的00后还在读书，而辍学或者是高中学历的00后新生代员工职场竞争力不足，最有可能从事上述离职率较高的工作。这些00后新生代员工受教育程度不够高，整体的知识储备相对不足，意志也相对薄弱。所以，当在工作中遇到困难时，他们很容易对组织产生不满，觉得组织对其心理契约承诺尚未履行或尚未完全履行，导致心理契约破裂。冲动之下，他们还可能主动违背心理契约，产生主动离职行为。

5. 国情国策的变动导致员工被动违背心理契约

国情和国家政策也是影响00后新生代员工心理契约破裂和违背不可忽视的因素。问卷调查数据显示，29.51%的00后新生代员工因新冠肺炎疫情影响而离职。由于新冠肺炎疫情席卷全球，大量企业深受影响，无法正常运转，为了保障企业的生存，不少企业通过裁员的方式节省开支。企业主动违背心理契约的举措，造成部分工作经验不足的00后新生代员工被动违背心理契约，被动离开职场。

问卷调查数据显示，10.77%的00后新生代员工从事教育培训行业。

而我国在2021年实施了"双减"政策,使得教育培训结构大量减少。这不仅使目前从事教育培训行业的00后新生代员工面临被动离职危机,也使即将进入职场的00后减少了一项就业选择。

四、心理契约视角下00后新生代员工离职行为的理论分析

从00后新生代员工离职的角度出发,我们可以把心理契约违背分为员工主动违背和被动违背两种。主动违背心理契约是指员工由于某些原因,率先违背对组织的承诺,选择主动离职。被动违背心理契约是指组织由于某些原因,率先违背对员工的承诺,将员工开除,员工被动离职。

通过对心理契约违背的解析,可以将00后新生代员工的离职行为形成过程分解为心理契约建立、心理契约履行、心理契约破裂、心理契约违背、产生离职行为(见图1)。在00后新生代员工离职行为的形成过程中,最重要的环节是心理契约违背,它是离职行为产生的根源。

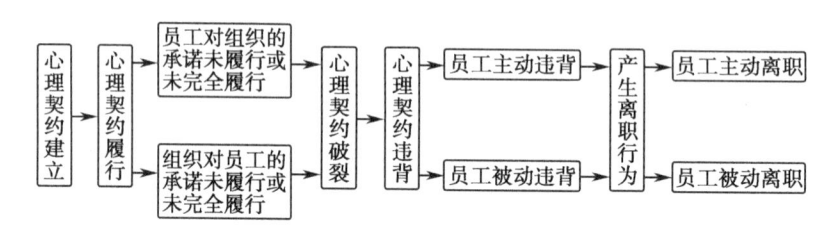

图1 心理契约视角下00后新生代员工离职行为形成过程

根据上述对00后新生代员工离职行为的调查和离职原因的分析可知,00后新生代员工在心理契约履行过程中会因其成长背景、价值观、学历和对薪资的期待等个体原因,使心理契约破裂,从而可能导致心理契约违背,产生主动离职行为。而组织也会因员工能力不足、用工成本

高、国情和国家政策等因素,使心理契约破裂,导致员工被动违背心理契约,从而产生被动离职行为。

减少00后新生代员工离职行为的发生,关键是减少心理契约违背的发生。而研究心理契约的违背,需要追溯到心理契约的履行。心理契约在履行过程中出现的问题主要体现在两方面:一方面是员工对组织的承诺未履行或未完全履行;另一方面是组织对员工的承诺未履行或未完全履行。根据00后新生代员工离职原因可推知,员工和组织不能按照心理契约履行承诺与对方不能够满足其心理需求息息相关。

心理契约理论中关于交易、关系和团队的三维度理论较为全面地概括了00后新生代员工与组织对彼此的心理需求。所以基于心理契约的三维度,针对00后新生代员工的离职行为,本文提出00后新生代员工与组织对彼此的三个心理需求,即交易需求、关系需求和团队需求。

交易需求是指00后新生代员工和组织双方对彼此的物质需求,00后新生代员工期望组织能够为其提供高额报酬、绩效奖励、培训和职业发展等,组织期望00后新生代员工能通过主动工作、提高专业知识和素养来提高组织的生产效率。关系需求是指在社会情感交换的基础上,00后新生代员工期望组织能够保证长期雇佣、为其提供实现自我价值的机会和给予更多的个体关注等,组织期望00后新生代员工能够为组织长期工作、接受组织内部的工作调整和保持对组织的忠诚等。团队需求是指00后新生代员工和组织双方都希望所处或所带领的团队是一个和谐、配合高效、沟通顺畅的团队。

为了提高00后新生代员工对组织的认可度和满意度,提高00后新生代员工的工作效能,完善组织的管理模式,促进组织高效运转,减少00后新生代员工离职行为的发生,下面将从交易需求、关系需求和团队需求的角度提出对策建议。

五、减少00后新生代员工离职行为的对策建议

（一）员工积极履行心理契约，满足组织的三维度需求

1. 基于心理契约，把握组织的交易和团队需求

基础性工作虽然简单、重复，但是做好这一工作是组织对员工最基本的心理契约诉求，组织要求员工掌握基本技能、了解组织的基本状况和具备初步的团队合作能力。针对组织的交易和团队需求，00后新生代员工可以在基础性工作上做出一些努力，例如，学习和熟练掌握开展业务所需的基本技能，与团队成员配合完成团队任务，观察整个组织的业务和架构，发现组织存在的底层问题，从领导的角度思考问题的对策等。

00后新生代员工可以在完成基础性工作的过程中提高自己的能力，加深对组织业务和人员结构的了解，同时根据自己的价值取向和目标，分析自己在组织的定位，然后据此来发展和完善自己。00后新生代员工可以通过自己的努力，让自己成为能够满足组织交易和团队需求的员工，提高自己的职场竞争力，降低因被动违背心理契约而导致离职的风险。

2. 基于心理契约，把握组织的关系需求

组织一般都喜欢积极主动、有自主学习能力和认真工作的员工。00后新生代员工可以针对组织在心理契约中的关系需求，在组织开展新业务和新项目时积极争取。一般来说，新开展的业务和项目大部分都处于试验阶段，对工作经验没有太多要求，重要的是学习能力和适应能力。所以如果有机会和相关负责人接触，可以适当地向其推荐自己。虽然承接额外的工作会增加工作压力，但这也是一次机遇，把握好可以提高自己的竞争力。

(二)组织积极履行心理契约,满足员工的三维度需求

1. 完善入职测评制度,初步建立起符合三维度需求的心理契约

00后新生代员工和组织对心理契约内容的认识存在偏差,是导致心理契约在履行时出现问题的重要原因之一。而招聘阶段是00后新生代员工和组织初次打交道的时期,所以组织应该重视招聘流程,努力完善入职测评制度。

在招聘初试时,组织应留出较多的时间与员工进行双向沟通,了解00后新生代员工对薪资和自我价值实现的要求,即交易需求。在招聘复试时,组织除了注重考查00后新生代员工的专业技能是否合格外,还应通过职业性格测试,初步判断00后新生代员工的性格特点是否满足本组织的关系需求,同时重点考核00后新生代员工的团队配合度,判断其是否满足组织的团队需求。

2. 开展丰富的技能培训,做好职业生涯规划指导,满足双方需求

组织可以在00后新生代员工正式入职前采取多样化的技能培训方式,拓宽培训内容覆盖面,教授不同职位的理论和实践知识,让00后新生代员工感受和体验不同职位的特点,再让他们根据自身的发展需求选择自己喜欢的职位。在培训过程中,组织要不断增加00后新生代员工对组织和行业发展状况的了解,指导他们做好职业生涯规划,将他们的个人发展和组织的发展对接,努力做到在满足自身交易和关系需求的同时,满足员工的交易和关系需求。

3. 建立良好的沟通渠道,满足员工的关系需求

组织管理者应该多与00后新生代员工进行沟通,关注员工的情感变化,了解员工的关系需求。在对话过程中,组织可以了解00后新生代员

工的工作风格和职业价值观，分析组织在00后新生代员工管理上存在的问题，然后制定有利于保持其敬业度和幸福感的措施，不断优化组织环境。

组织应该给予00后新生代员工更多的发展机会，尝试适当放权，让00后新生代员工做一些低风险性的决策。00后新生代员工通过参与决策可以挑战自我，实现自我价值，并提升组织归属感。同时，组织要关注00后新生代员工的工作进展，适时给予帮助和鼓励，激励员工不断进步。

（三）政府介入，推动心理契约的履行

为了增强00后新生代员工和组织对心理契约的认可和推动他们对心理契约的履行，满足彼此的期许，政府可以通过"有形的手"对他们给予帮助。例如：政府可以对深受新冠肺炎疫情影响的企业给予一定的补贴；鼓励企业吸纳00后新生代员工，推动企业新血液的注入，增强社会创新动能。

参考文献

[1] 陈晓红，于珊．中小企业雇员心理契约破裂与组织效果关系研究[J]．湖南师范大学社会科学学报，2008（3）：104-108．

[2] 纪海楠．XL集团新生代员工战略性人力资源管理研究[D]．昆明：昆明理工大学，2008．

[3] 沙云玉．关于新生代员工心理契约、组织承诺、员工满意度的文献综述[J]．中国集体经济，2021（23）：74-77．

[4] 吴珊瑚．心理契约视角下的离职模型研究[J]．企业经济，2012，31（4）：93-95．

[5] 杨骏.80后知识型员工个性特征与激励因素偏好特点研究[D].杭州:浙江大学,2008.

[6] Piktialis D.The generational divide in talent management[J]. Workspan, 2006, 49(3): 10-12.

[7] Argyris C. Understanding organizational behavior[M]. London: Tavistock Publications, 1960.

[8] Morrison E W, Robinson S L. When employees feel betrayed: a model of how psychological contract violation develops[J]. The Academy of Management Review, 1997, 22(1): 226-256.

顺德逢简水乡美食产业发展现状研究

◆ 何子晴　萧婉怡

本文基于问卷调研和实地访谈结果，梳理了广东省佛山市顺德区杏坛镇逢简水乡美食产业的发展现状，并分析了逢简水乡其他旅游资源现状如基础设施建设现状、水资源现状、水上游船资源现状、文化创意资源现状等对美食产业的影响，在此基础上，提出了促进当地美食产业发展的对策建议，从而为家乡的现代化建设贡献自己的力量。

一、逢简水乡美食产业的发展状况

（一）对逢简水乡美食产业的初步了解及其发展历程

1. 对逢简水乡美食产业的初步了解

逢简村坐落于美食之都顺德区杏坛镇，村里河道纵横交错，是著名的桑基鱼塘基地。自西汉起就有人在此繁衍生息，后来发展成一方集市，到唐朝时已成村落，历史文化积淀深厚。逢简水乡保留有传统的顺德美食风韵，当地美馔滋味非常。秉承顺德菜系特色，逢简水乡内的私房顺德菜融合了新鲜的时令良材、特色配料与私厨巧手，让人回味无穷。除了私房顺德菜，顺德著名小吃在这里应有尽有，如正宗大良双皮奶、姜撞奶、龟苓膏、芝麻糊、均安蒸猪、均安鱼饼、陈村粉、特色鱼面、传统竹升面、凉拌鱼皮等。在水乡两岸行走之际，一条条挂在竹竿上的鳊鱼、鲮鱼、鲩鱼时时掠过眼前，飘逸着香味，挑逗着游人的嗅觉。在逢简水乡，游客除了可以坐船欣赏宋明清三代的各式古石桥，领略各式祠堂和百年金桂的风采之外，还有一大重头戏便是品尝这里的美味佳肴。逢简水乡的美食产业作为当地的支柱产业，坚持传承与创新相融合，近年来发展迅速。

2. 逢简水乡美食产业的发展历程

2005年，逢简水乡依托其丰富的旅游资源，如明远桥、刘氏大宗祠等，成为顺德新十景之一。此后十几年间，逢简水乡获得"广东省旅游名村""全国文明村"等多个称号，名气越来越大，吸引了越来越多的游客。随着大量游客的涌入，当地美食产业得到了发展。在逢简水乡发展初期，村民乱摆乱卖、自行定价的现象十分普遍。这不仅给游客留下了不好的印象，而且扰乱了整个逢简水乡美食产业的发展。为此，政府着力整治这种乱象，对商贩进行规范管理。在整顿初期，仅有50多家正规美食商铺，整顿之路道阻且长。近些年，在政府的支持和商家的努力下，逢简水乡美食产业规模不断扩大，现已有200多家正规美食商铺，囊括甜品类、面食类、凉拌类、煎炸类等美食品类，深受游客喜爱。

（二）实地调研，深入了解逢简水乡美食产业的发展状况

1. 新冠肺炎疫情前和疫情下逢简水乡美食产业的发展状况

作为顺德本地人，笔者时不时会和家人前往逢简水乡游玩。笔者发现，在新冠肺炎疫情前，无论是干货特产店、甜品店还是饭店，都是客似云来，络绎不绝，尤其是一些百年传承老店、受邀参与过美食节目录制的店，更加吸引游客慕名而来。而现在受到新冠肺炎疫情的影响，游客数量有所减少，美食产业自然受到影响，导致店家的信心不足，消极怠工，甚至造成了美食产业的恶性竞争。

2. 采访结果汇总

（1）店家采访结果汇总。一些店家比较"佛系"，即使受新冠肺炎疫情的影响较大，也没有焦虑，更没有选择放弃不做，而是抱着能接多少客就接多少客的心态，但不会去考虑长远问题和改进问题。一些店家则是愤懑不平，很留意同行的发展与外部情况的变化，认为逢简水乡美食产业竞争激烈，存在恶性竞争，景区路标标识不明晰，有关部门的宣传工作、管理工作不到位。

（2）逢简村村民采访结果汇总。当地居民的日常生活虽然会受到大量游客涌入的影响，如幼儿园、小学附近的人员复杂，但总体来说他们还是支持逢简水乡的旅游经济发展，尤其是支持美食产业这个支柱产业，希望水乡的美食产业能把顺德特色美食发扬光大。同时认为水乡的美食店铺大同小异，分布密集，希望能合理布局以及完善基础设施建设。

（3）游客采访结果汇总。多数游客认为逢简水乡的美食产业发展较好，店铺环境干净整洁，产品符合口味且有本地特色，价格也适中，没有"宰客"的现象。但也有游客表示，逢简水乡的美食产业同质化现象突出，选择的弹性很小。另外，商铺没有明确的路标指示也会让游客感到不便，导致旅游体验不佳。

（4）村委会采访结果汇总。村委会表示逢简水乡的旅游规划较为完善，公共卫生间数量充足，指示牌也会放在关键位置，可能是游客没能发现，如果是按照旅游路线走的话，很少会出现找不到的情况。

二、逢简水乡其他旅游资源现状对美食产业的影响

（一）基础设施建设现状对美食产业的影响

根据游客、店家的反映以及调研队的实地考察，发现逢简水乡存在

路牌标识、公共卫生间等基础设施建设不完善的问题。

1. 路牌标识少且指示不清晰，游客难以定位美食商铺

调研发现，在进士牌坊处，路牌仅标识了进士牌坊后的直街美食街，而未标识两旁的美食餐馆，导致大部分游客在寻找美食时涌入进士牌坊后以小吃为主的美食街，而未能发现在两旁的餐馆，从而未能很好地实现游客的分流以及满足游客的需求。路牌标识少且指示不清晰也导致游客难以确认自己所在的位置以及与某一美食商铺的具体距离，最终往往要靠导航才能走出去，导致游客旅游体验不佳。

2. 公共卫生间数量少且分布不合理，甚至出现私人收费卫生间

调研发现，逢简水乡仅有6个公共卫生间，其中在游客聚集地附近仅有1个公共卫生间，且位置隐秘，而其他5个公共卫生间远离游客聚集地，这远远不能满足游客的需求。

此外，很多美食门店的卫生间需要游客付费后才可以使用，使得游客认为缺乏人情味，从而降低游客对逢简美食门店的喜爱程度。同时，在就餐后不方便清洗或者不能解决大小便问题都会减少游客的消费意愿，从而不利于美食产业的发展。

3. 美食店铺分布过于密集

调研发现，部分游客认为逢简水乡的店铺规划不合理，整个景区里美食门店扎堆，只有少数几家精品店、酿酒店、布料店等。这导致游客在逢简水乡游玩时的体验丰富度降低，感到单调之味，从而影响美食产业的可持续发展。

（二）水资源现状对美食产业的影响

在逢简水乡，河道纵横交错，河涌数量众多。由于逢简水乡会安排环卫工人定时清理河面垃圾，大部分游客也没有往河里乱扔垃圾的习惯，

因此河面干净清澈，河涌整体环境较好，水质较优。优质的水环境时刻向游客透露着一个信息：逢简水乡内的食物也是干净新鲜的。

（三）水上游船资源现状对美食产业的影响

由于逢简水乡整体被河道环绕，走遍河道便是走遍水乡，因此，水上游船深受游客喜爱。许多游客愿意购买船票坐一次水上游船，尝试从不同的角度去探索水乡全貌，顺着河流去感受水乡的恬静、古朴。在游船上，每到一个地方，船夫便会介绍这个地方的建筑文化及美食商铺分布，并做出适当推荐，从而使得游客对当地的美食有一个大概的认知，进而带动当地美食产业的发展。

（四）文化创意资源现状对美食产业的影响

在网络信息传播平台上发布美食视频、展示美食图片、分享美食探店，是当今十分流行且有效的美食宣传手段，是美食文化交流的重要方式。目前，逢简水乡在微信公众号、微博等网络信息传播平台拥有官方账号。但调研发现，微博账号于2016年后再无消息，且逢简水乡在抖音、快手等流量众多的短视频平台未开通官方账号，致使一部分通过网络搜寻资源的潜在游客流失，也使得逢简水乡的美食资源未能尽数呈现到游客眼前，导致美食文化交流效果不佳。可见，逢简水乡的文化交流平台建设仍有待完善。

新奇有趣、精致可爱的文创产品往往能激发游客对其相关产业的兴趣，引导游客对其相关产业进行更深入的了解。但显然，逢简水乡的文创产品资源较为缺乏，目前还没有一套完整的顺德美食文创产品。由于没有相关的文创产品去刺激游客探索当地的美食，在一定程度上阻碍了当地美食产业的发展。

三、问卷调查结果及分析

为了更好地了解逢简水乡美食产业的发展现状,我们制作了游客、店家两个版本的调查问卷。其中,对于游客问卷采取线上随机发放和线下随机发放的方式,对于店家问卷则采取线下随机发放的方式。本次调查共发放游客问卷33份(其中线上问卷28份、纸质问卷5份),店家问卷4份,问卷有效回收率为100%。我们对所有问卷数据进行了统计分析,并根据分析结果提出了一些建议,以供参考。

(一)游客问卷调查结果及分析

1. 调查对象样本分析

本次发放游客问卷33份,样本总量为33人,其中:男性7人,占比为21.21%;女性26人,占比为78.79%。从调查对象的年龄分布情况来看,18~30岁占69.70%,31~40岁占12.12%,41~60岁占18.18%。分析数据可知,本次调查的对象以青壮年为主。

2. 被调查者了解逢简水乡美食文化的渠道分析

问卷数据显示,通过亲朋好友推荐了解到逢简水乡美食文化的人最多,占比高达72.73%,其次是通过观看纪录片《寻味顺德》了解,占比为54.55%,而通过新闻报道和网络视频了解的人占比均接近1/3。

多数人通过亲朋好友介绍了解到逢简水乡的美食文化,而他们的亲友也许是来过逢简水乡的游客,也许是逢简村村民。因此,逢简水乡应以其良好的生态环境为基础,深挖当地历史文化特色,保留制作顺德美食的传统手艺,并在保护的基础上开发资源,从而提升游客旅游体验以及村民的归属感,进而扩大逢简水乡的宣传面。

此外,过半的被调查者是通过纪录片《寻味顺德》了解到逢简水乡美食文化的,因此逢简水乡可以邀请专业团队来拍摄逢简水乡的美食,并将视频投放到互联网上,从而让更多人了解逢简水乡的美食文化。

3. 被调查者对各类顺德美食的熟悉程度分析及最喜欢的美食类型分析

调查数据显示,在各种顺德美食中,被调查者熟悉程度最高的是双皮奶和均安蒸猪,占比分别为78.79%和66.67%(见图1)。另外,多数被调查者最喜欢的美食类型为甜品类,占比高达60.61%,其次是煎炸类和凉拌类,占比都在15%上下(见图2)。由此可见,被调查者对甜品类的美食商铺更感兴趣。

4. 被调查者光顾过的逢简美食商铺数量分析及选择美食商铺时的考虑因素分析

问卷结果显示:有18位被调查者去过1~5家逢简当地的美食商铺,占比为54.55%;有9位被调查者没有去过逢简当地的美食商铺,但表达

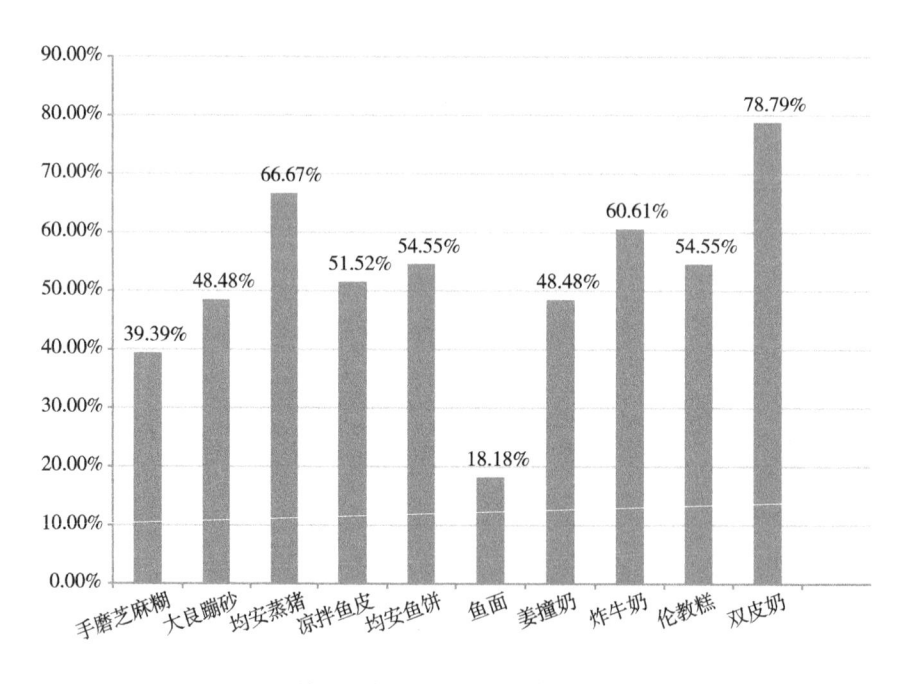

图1 被调查者对各类顺德美食的熟悉程度

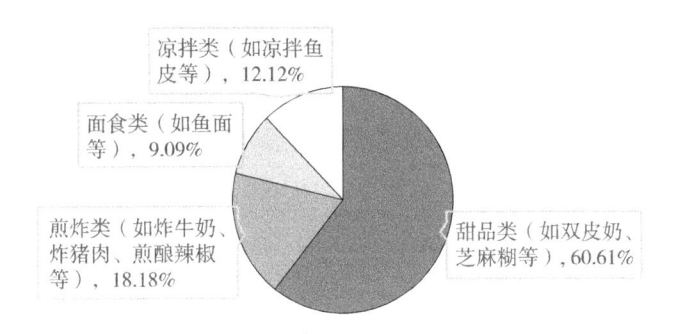

图2 被调查者最喜欢的美食类型

出想去的念头，占比为27.27%；去过6~10家的被调查者有4人，占比为12.12%；有2位被调查者去过16家以上，十分熟悉逢简当地的美食商铺，占比为6.06%。

被调查者在选择美食商铺时注重什么因素呢？在33人的调查样本中，有30人表示注重食品味道，占比高达90.91%，也有过半的人注重商铺环境和食品价格，分别有23人和19人，占比分别为69.70%和57.58%，而有9人表示会关注商铺人流量，占比为27.27%。由此可见，美食商铺可以在保留顺德美食传统味道的基础上提升美食口感，满足更多人的口味。

5. 顺德美食是否符合被调查者的心理预期及再次体验意愿分析

问卷数据显示，在33人的总体样本中，有30人表示逢简当地的顺德美食符合心理预期，占比高达90.91%，但也有3人表示未达到预期，占比为9.09%。当问及是否愿意再次来到逢简水乡体验顺德美食时，有31人表示愿意再来，占比达93.94%，但也有2人表示不会再来，占比为6.06%。由此可见，逢简水乡的顺德美食对游客的吸引程度较高。

6. 被调查者对逢简水乡美食产业现存不足的看法分析

调查结果显示：有57.58%的被调查者表示逢简水乡美食商铺的环境

不佳，基础设施仍需完善；有51.52%的被调查者表示食物的味道与想象中的顺德美食有出入；有48.48%的被调查者表示美食种类单一，缺乏创新；也有27.27%的被调查者表示美食卖相不好。

7. 被调查者对逢简水乡美食产业的改进建议分析

问卷调查显示：有84.85%的人表示美食商铺可以研发更多的美食新品，打造自己的特色美食；有63.64%的人表示美食商铺需要改善环境，完善基础设施；也有45.45%的人表示美食商铺应提高服务水平。

（二）店家问卷调查结果及分析

1. 新冠肺炎疫情对逢简美食商铺经营的影响分析

问卷调查显示，66.67%的受访店家表示新冠肺炎疫情对美食商铺经营的影响大，33.33%的受访店家认为对美食商铺经营的影响一般。由此可见，新冠肺炎疫情对逢简水乡美食产业的发展产生了较大的影响。

2. 美食商铺地理位置对经营收入的影响分析

为了考察美食商铺地理位置的不同是否对其经营收入产生一定的影响，调研队选择了位于景区入口处美食街的商铺、位于人流量最大的进士牌坊下直街的商铺以及位于景区边缘的人流较为稀疏的商铺进行调研。问卷结果显示：位于人流量最大的进士牌坊下直街的商铺大部分对自己的经营收入状况感到非常可观或良好，占比为76.92%；位于景区入口处美食街的商铺大部分对自己的经营收入状况感到良好，占比为57.14%；而位于景区边缘的人流较为稀疏的商铺都认为自己的经营收入状况一般或紧张。由此可见，不同的地理位置对美食商铺经营收入的影响还是非常大的。

3. 美食商铺类型对经营收入的影响分析

为了分析不同的美食商铺类型对经营收入的影响，调研队选择了甜品小吃店、饭店和特产干货店作为调查样本。调查结果显示：有66.67%的甜品小吃店觉得在景区的收入状况良好，有33.33%的甜品小吃店则认为收入状况一般；有14.29%的饭店觉得收入状况良好，其余85.71%的饭店则表示收入状况一般或紧张，尤其是新冠肺炎疫情前后收入波动大；有75%的特产干货店认为收入状况良好，其余25%的店铺则认为收入状况一般。笔者分析认为：甜品小吃店价格相对便宜，且分散在景区各处，方便游客在游览过程中品尝，因而收入状况保持良好；饭店价格相对昂贵，一般只适合群体游客，加上新冠肺炎疫情的影响，游客对卫生问题的顾虑较多，因而其收入波动大，收入状况不容乐观；而特产干货店深受外地游客喜爱，且分散在不同的地点，因而同样保持良好的收入状况。由此可见，不同的美食商铺类型对经营收入的影响还是非常大的。

4. 被调查店家对逢简水乡美食产业不足之处的看法分析

问卷调查显示：有92.31%的被调查店家觉得逢简水乡美食产业存在恶性竞争；有30.77%的被调查店家觉得当地美食产业缺乏创新，开发意识不足；有30.77%的被调查店家觉得缺乏政策支持；有7.69%的被调查店家觉得客源少。由此可见，逢简水乡美食产业竞争激烈、同质化严重、缺乏创新、政策支持力度不足、客流少的问题突出。

5. 被调查店家对如何更好地发展当地美食产业的建议分析

问卷调查显示：有92.31%的被调查店家希望相关部门请专家出谋划策或收集群众意见；有92.31%的被调查店家希望相关部门利用互联网平台加大宣传力度，扩大市场；有76.92%的被调查店家希望相关部门可以完善旅游区基础设施建设；有46.15%的被调查店家希望相关部门可以提供更多资金支持；有7.69%的被调查店家希望相关部门出台政策支持当地美食文化的传承和发展。由此可见，大部分被调查店家希望相关部门能倾听他们的心声，做好宣传工作，尤其是在新冠肺炎疫情期间，他们更需要相关部门的政策支持。

6. 被调查店家对逢简水乡日后美食产业发展持有的态度分析

问卷调查显示：91.67%的被调查店家表示必须支持家乡美食产业的发展，认为美食产业是当地的支柱产业；剩下 8.33%的被调查店家则表示无所谓，并不关注。由此可以看出，大部分被调查店家对逢简水乡日后美食产业发展的态度还是积极的。

（三）问卷调查结论

通过对上述问卷结果以及采访内容的整理与分析，得到了以下几点结论。

（1）逢简水乡的游客主要来自经济发达的珠三角地区，且多数游客认为逢简水乡发展较为成熟、完善。

（2）尽管逢简水乡美食产业的总体发展态势向好，但仍存在着以下几个问题：美食商铺过度聚集；美食产业同质化现象突出；店家之间存在恶性竞争；美食种类单一，缺乏创新；店铺环境不佳。

（3）逢简水乡的基础设施建设有待进一步完善，如旅游路线不清晰、垃圾桶和公共卫生间数量少、路标指示牌数量少等。这些问题导致游客旅游体验不佳，也对美食产业的发展产生了负面影响。

（4）逢简水乡的宣传力度不足，宣传渠道仅局限于微信公众号、新闻报道等，很少涉及微博、抖音等大流量平台。

（5）逢简水乡店铺规划不合理，美食商铺过于密集，在一定程度上影响了游客的旅游体验。

（6）村委会与店家、村民的联系不够密切，较少收集群众意见，未能及时解决店家、村民反映的问题。

四、对策与建议

（一）实现美食产业的差异化发展，共同创新特色美食产业

逢简水乡可邀请专家出谋划策，开展关于美食产业如何实现持续性发展的讲座以及培训，实现当地美食产业的差异化发展，共同创新当地特色美食产业。对于店家自身来说，则应秉持传承与创新并重的理念，在坚守好顺德特色菜系内核的基础上，进一步改进菜品的味道、卖相。建议每家美食店铺都打造属于自身的精神内核，这才是支撑一家店铺实现可持续发展的秘诀。

（二）营造和谐共商的竞争环境，共同促进景区和谐发展

对于店家自身来说，必须坚持诚实守信、公平竞争原则，不搞恶性竞争、价格战，营造和谐共商的竞争环境；同时要学习相关营销知识，不断改进自身销售策略；最重要的是，店家应加强与村委会及相关部门的沟通，有问题积极找村委会及相关部门解决。对于村委会来说，平时可举办多种类型的社区交流活动，从而改善店家之间的关系，共同促进景区和谐发展。

（三）完善景区路牌标识，满足文化旅游需求

首先，应完善景区标识导视系统，同时在景区标识导视系统使用过程中注重维护和保养，并对变化区域及时做出更新，保证标识导视系统功能的实现；其次，可以推出VR全景景区地图，更全面地展示景区的环境、设施、服务等以及周围店铺的信息，带给游客全新的旅游体验；最后，可以招募志愿者现场为游客提供更多的服务信息。

（四）完善基础设施建设，营造良好的旅游氛围

景区应增加公共卫生间数量以及合理规划公共卫生间布局，并提供公共卫生间布点图。公共卫生间位置应相对隐蔽，但要易于寻找，方便到达。此外，在客流量多的地段可相应增加公共卫生间数量，同时增设残疾人厕位。景区公共卫生间应全天候清洁，保持卫生间无异味，地面无秽物。景区还应加大力度查处私人卫生间乱收费的行为，营造良好的旅游氛围。

（五）强化科技应用支撑，实现旅游景区多维度宣传

应将传统媒体和网络媒体有机结合，采用图、文、声、像等多种宣传形式，传递多感官信息，从而大大增强宣传实效，吸引更多的消费群体，带动当地美食产业的发展。

（六）合理规划景区店铺，改善游客旅游体验

景区应在美食店铺密集区适当增加文创店、精品店、服装店等，并且在适当的位置增设便利店或自动售卖饮料机，解决游客反映的口渴问题。对于景区稍微偏僻的位置，可适当增加店铺数量，防止客流扎堆分布，改善游客的旅游体验。

（七）加强村居联动，共同创新发展

村委会应积极收集群众意见，并给予有效的反馈，与群众形成亲密的关系，积极为群众服务。在新冠肺炎疫情期间，村委会及相关部门应该思考如何重振商家的信心，鼓励商家更好地经营与发展，一起渡过难关，共同创新发展当地特色美食产业。

（八）打造本土文化交流平台，形成特色鲜明的旅游文化

景区可以盘活古建筑资源，利用古祠堂、古民居等建设非遗展示馆、村史馆、书画院，并投资举办当地文化艺术展览，打造文化交流发展平台。同时景区可以坚持举办水乡文化节、非遗文化节等各类文化节庆活动，打造水乡旅游特色名片。另外，可以设计以水乡特色、顺德特色美

食为主题的文化创意产品,如明信片、文化衫等,从而形成特色鲜明、具有品牌影响力的旅游文化。

(九)建立旅游人才储备团队,打造特色旅游服务

景区应注重乡村旅游人才培养,加强乡村旅游行业指导。应有计划地进行旅游人才的引进与开发,选拔当地有文化知识并对旅游事业感兴趣的村民进行培训,建立旅游人才储备团队,打造特色旅游服务,提升旅游品质。

参考文献

[1] 苗凯. 传统村落基础设施评价研究[D]. 广州:华南理工大学,2017.

[2] 贺春艳. 顺德逢简水乡游客体验的 ASEB 分析[J]. 顺德职业技术学院学报,2006(1):87-90.

[3] 马瑞. 基于 SWOT 分析的顺德逢简水乡旅游可持续发展探析[J]. 旅游纵览(下半月),2017(2):151-152,154.

深圳都市圈高等教育融合发展研究

◆ 梁音琦

一、引言

2021年4月，广东省政府对五大都市圈的范围进行了明确，正式划定了深圳都市圈，其范围包括深圳市、东莞市、惠州市全市，以及仅含市区部分的河源、汕尾两市。划定深圳都市圈，一是为了拓宽深圳经济带，二是为了能够更好地发挥深圳的经济带动作用。

社会建设离不开高素质人才，深圳都市圈的建设更是如此。要满足区域建设对人才的需求，需要区域内的高等教育机构提供支持。然而，对于深圳都市圈内部而言，不仅不同城市之间高等教育的发展存在较大差距，而且不同高校之间的差距也非常明显，因此高等教育融合发展将成为最优的路径选择。

本文从发展现状、现实基础、发展路径切入，对深圳都市圈高等教育融合发展问题展开研究，以期通过高等教育融合发展，协调都市圈的区域发展，推进都市圈建设进程，加速粤港澳大湾区发展。

二、深圳都市圈高等教育融合发展的背景与现实价值

（一）深圳都市圈高等教育融合发展的背景

1. 深圳都市圈社会发展基本情况

2005年，广东省多部门联合编制的《珠江三角洲城镇群协调发展规划（2004—2020年）》将广东珠三角的九个城市分为三个都市圈，其中，"深莞惠"都市圈是如今深圳都市圈的最初概念。2017年，为更好地发挥珠三角城市作为核心城市对周边城市的带动作用，《广东省新型城镇化规划（2016—2020年）》正式将河源市和汕尾市的一部分地区归入"深莞惠"都市圈，通过加强东莞、惠州、河源、汕尾的互动，进一步增强城市间的联系，创建深圳带头的新时代都市圈。2020年年底，深圳在往年工作总结和来年工作计划中第一次引入了"深圳都市圈"的概念，其范围包括深圳市、东莞市、惠州市全市，以及仅含市区部分的河源、汕尾两市，至此完成了深圳都市圈概念与区域的演变。

深圳都市圈的发展潜力不容忽视。首先，深圳都市圈全域土地面积为36292平方千米，约占广东省全域的五分之一；截至2019年年底，深圳都市圈的人口总量达到了3232万人，约占广东省人口总量的三分之一。其次，2019年深圳都市圈GDP超过4万亿元，约占广东省GDP的五分之二。综合来看，不论是区域发展潜力还是经济发展支撑，深圳都市圈都具备一定的优势。深圳是粤港澳大湾区中的领头城市之一，城市发展本身具有一定基础，且受到国家大力支持。未来国家还将继续加大投入，支持深圳的经济建设，使深圳作为领头城市带动深圳都市圈的发展，打造一个区域发展的典型。

在这样的背景下，深圳都市圈对各种类型的人才产生了巨大需求，

尤其是对创新型、开拓型的高素质复合人才存在需求，这使得深圳都市圈高等教育融合发展变得更为迫切，而培育高素质复合人才将是深圳都市圈高等教育融合发展的首要任务。

2. 深圳都市圈高等教育发展现状

从教育部 2020 年发布的《全国高等学校名单》可以看出，广东省高等学校共有 168 所，其中普通高等学校 154 所，成人高等学校 14 所。而深圳都市圈内的高校（包括本科院校、职业技术院校以及成人院校）有 23 所，具体分布为：深圳有 9 所院校，其中本科有 5 所（有 2 所本科院校为合作开办形式，包括以内地与港澳台地区合作形式开办和以中外合作形式开办），专科有 3 所（1 所为民办），成人高等学校有 1 所；东莞有 7 所院校，其中本科有 3 所（2 所为民办），专科有 4 所（3 所为民办）；惠州有 5 所院校，其中本科有 1 所，专科有 4 所（1 所为民办）；河源和汕尾分别仅有 1 所专科院校，并无本科院校。具体情况如表 1 所示。

表1 2020年深圳都市圈各城市高等院校分布情况　　　　单位：所

序号	城市	高校总数	本科院校	专科院校	成人高等学校
1	深圳	9	5	3	1
2	东莞	7	3	4	0
3	惠州	5	1	4	0
4	河源	1	0	1	0
5	汕尾	1	0	1	0
	总计	23	9	13	1

资料来源：教育部《全国高等学校名单》。

从表 1 可知，当前深圳都市圈内高校多集中在深圳、东莞、惠州等地，尤其以深圳为主，而河源和汕尾两地仅各有 1 所专科院校。深圳都市圈的高等学校数量仅占全省的 14% 左右，但是 GDP 却占全省的 40% 左右，由此可知，深圳都市圈的高等教育发展远远落后于经济发展，而这样的高等教育发展现状极有可能导致各行各业人才供给不到位，难以形成支撑深圳都市圈乃至粤港澳大湾区建设的高质量人才队伍。

（二）深圳都市圈高等教育融合发展的现实价值

教育是人才培养的关键，人才是发展的第一动力。推动深圳都市圈高等教育融合发展对社会发展具有重要的现实意义。

从宏观层面看，推动深圳都市圈高等教育融合发展符合国家发展要求，有助于实现国家战略目标。《粤港澳大湾区发展规划纲要》中提及，希望深圳发挥作为经济特区、全国性经济中心城市和国家创新型城市的引领作用，加快建成现代化国际化城市，努力成为具有世界影响力的创新创意之都。而实现这一目标，必然要将深圳都市圈建设成为世界范围内顶尖的高等教育中心和国际化教育的领先地，全面提升广东省的创新和开拓能力。

从区域层面看，推动深圳都市圈高等教育融合发展，有助于改变广东省区域发展不协调的现状。在广东省开展经济扶持的背景下，深圳和粤东地区是对口关系。因此，深圳都市圈高等教育融合发展有助于实现教育上的精准帮扶。同时，深圳作为国家改革开放的"排头兵"，其发展经验对国内其他地区改革和创新以及大湾区高等教育融合发展具有很强的借鉴意义。

从城市发展看，深圳毗邻香港特别行政区，不仅是我国改革开放的先行地，还是技术创新、产业重塑与经济增长的前沿阵地。因此，可借助深圳得天独厚的优势，通过高等教育融合发展，快速改变其他城市教育落后的局面，将一线城市先进的教育理念、教育资源引入其他城市，从而实现同步接轨国际教育、更新城市教育面貌的目的，全面提升城市创新能力。

总而言之，不论是从国家战略角度，还是从区域或城市发展角度而言，促进深圳都市圈高等教育融合发展都有其必要性。

三、深圳都市圈高等教育融合发展的现实基础

深圳得天独厚的地理位置和重要的战略地位，使得深圳都市圈在高等教育方面具备成本、资源等先天优势，同时深圳都市圈内各个城市本身对教育的重视和投入，也为深圳都市圈高等教育融合发展提供了现实基础。

1. 深圳都市圈高等教育融合发展的物质基础

从各个城市本身对教育和科技研发的投入力度可以看出，深圳都市圈高等教育本身具备了较好的发展基础，良好的发展基础在一定程度上降低了高等教育融合发展的难度。

首先，教育经费支出规模大幅度增长。广东省教育厅公布的2017年、2018年、2019年全省教育经费执行情况统计数据显示，2017年、2018年、2019年广东全省的教育经费总支出分别为2522.55亿元、2805.31亿元、3217.77亿元，2017年、2018年、2019年深圳都市圈的教育经费总支出分别为801.20亿元、957.39亿元、1132.66亿元，分别约占广东全省的31.8%、34.1%、35.2%，呈现出逐年上升的趋势，其中以深圳的增长趋势最为显著。如图1所示，深圳教育经费支出规模的增长幅度是最大的，汕尾和河源两地教育经费支出规模尽管增长幅度不大，但仍呈上升趋势。

图 1　2017—2019 年深圳都市圈教育经费支出规模

资料来源：广东省教育厅《2017 年全省教育经费执行情况统计表》《2018 年全省教育经费执行情况统计表》《2019 年全省教育经费执行情况统计表》。

《2019 年全国教育经费执行情况统计公告》显示，2019 年全国公共财政教育经费与公共财政支出的比值约为 1∶6，而深圳都市圈五个城市的教育经费支出占地方公共财政支出的比重基本都高于全国平均水平（见图 2）。由此可知，深圳都市圈内各地政府非常重视教育的发展。

其次，科技经费投入规模较大。《2019 年全国科技经费投入统计公报》和《2019 年广东省科技经费投入公报》显示，2019 年全国 R&D 经费为 22143.6 亿元，占国内 GDP 的比重为 2.23%，而深圳都市圈各地 R&D 经费占地区 GDP 比重的均值约为 2.284%，高于全国平均水平。其中，深圳、东莞、惠州、汕尾、河源 2019 年全年的 R&D 经费分别为 1328.28 亿元、289.96 亿元、109.35 亿元、4.82 亿元、3.88 亿元（见图 3），占地区 GDP 的比重分别为 4.93%、3.06%、2.62%、0.45%、0.36%。由此可知，深圳都市圈内大多数城市对创新研发的重视程度较高。

单位：%

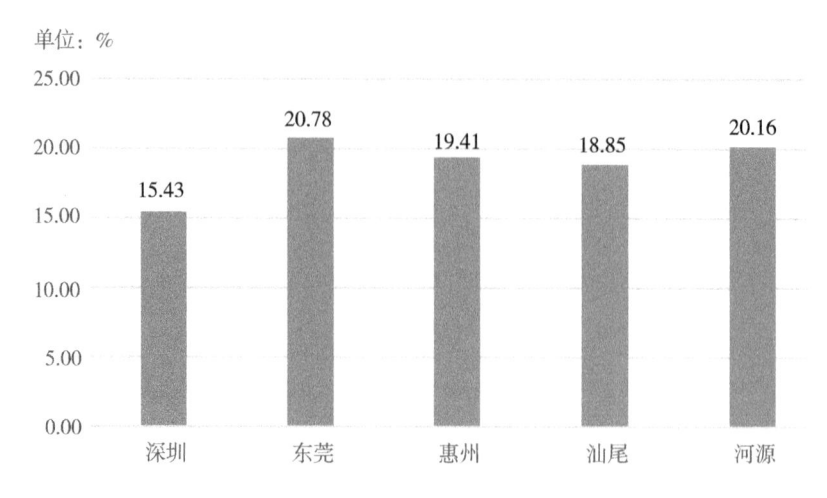

图2 2019年深圳都市圈各城市教育经费支出占地方公共财政支出的比重

资料来源：广东省教育厅《2019年全省教育经费执行情况统计表》。

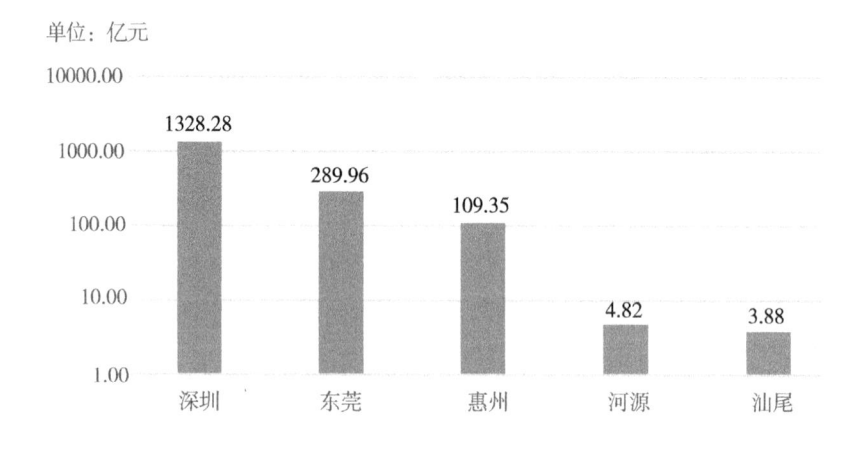

城市	深圳	东莞	惠州	汕尾	河源
比重(%)	15.43	20.78	19.41	18.85	20.16

单位：亿元

图3 2019年深圳都市圈各城市R&D经费投入

资料来源：广东省教育厅《2019年广东省科技经费投入公报》。

城市	深圳	东莞	惠州	河源	汕尾
经费(亿元)	1328.28	289.96	109.35	4.82	3.88

综上所述，尽管深圳都市圈各城市在科教方面的投入存在差异，但不论是教育经费支出还是科技经费投入，其占GDP的比重均基本超过全国平均水平，这为深圳都市圈高等教育融合发展夯实了物质基础。

2. 深圳都市圈高等教育融合发展的合作基础

改革开放以来，深圳不断探索和创新高等教育合作模式。20世纪80年代，深圳首次与香港高等教育机构在课题研究、人才培养、共建实验室和研究中心等方面开展不同程度的交流与合作。

2004年，深圳出台了《关于加快推进教育现代化的决定》，希望通过从海外正向引进、国内外共同合作以及鼓励社会资本参与办学等多样化的形式推动高等教育创造性发展。随后，深港两地共同发布了《关于加强深港合作的备忘录》，确定了深港合作的大方向、大原则。2008年，深圳与香港签署《教育合作协议》，在高等教育合作与交流方面达成共识；同年，港深两地政府签订了《落马洲河套地区综合研究合作协议书》，引入了河套地区的新型发展模式，即在高等教育的基础上加入高新技术和创意产业，为华南地区培育高端人才。

2009年6月，香港多所大学提出发展建议书，力争合作项目的有关设施能够在2020年逐步建成和运作。2010年，深港双方就河套地区的开发问题开展讨论，致力于创新开发模式以及设计共同开发的整体方案。2012年9月，教育部正式批准深圳大学与香港中文大学在深圳筹建香港中文大学深圳学院，2014年正式招收学生。2013年，广东省教育厅批准深圳信息职业技术学院作为自主考试招收香港学生的试点高职院校。2021年，《关于推进罗湖区落地香港高端办学项目合作备忘录》正式签署发布，以加强深港产学研合作。

此外，2016年，惠州与香港城市大学也签署了合作办学的相关文件，办学的方向主要是培养创新创造领域的研究生。

目前，深圳都市圈各城市结合当地高等教育的发展特点以及发展需求，不断尝试跨城市、跨区域的高等教育合作办学，探索促进高等教育发展的新型合作模式，以达到共同发展、合作共赢的目的。

截至 2021 年，深圳都市圈合作办学的项目共有 11 个，其中与深圳合作的项目有 10 个（见表 2），包括与各大名校联合开展经济类研究生和管理类研究生的培养、建立香港中文大学深圳校区等。

表 2　深圳都市圈合作办学项目（截至 2021 年）

序号	项目名称	办学层次和类别	所在城市
1	清华大学与香港中文大学合作举办工商管理（金融与财务方向）硕士学位教育项目	境外硕士学位教育	深圳
2	清华大学与香港中文大学合作举办高级管理人员物流与供应链管理学硕士学位教育项目	境外硕士学位教育	深圳
3	香港中文大学（深圳）	学士学位教育；硕士学位教育；博士学位教育	深圳
4	北京大学与香港大学合作举办经济学和金融学硕士研究生教育项目	硕士学位教育	深圳
5	北京大学与香港中文大学合作举办金融学专业硕士研究生教育项目	硕士学位教育	深圳
6	北京大学与香港科技大学合作举办工商管理硕士学位教育项目	境外硕士学位教育	深圳
7	香港城市大学（东莞）	本科学位教育；硕士学位教育；博士学位教育	东莞
8	中科院深圳理工大学	硕士学位教育	深圳
9	香港大学拟到深圳市合作开办香港大学(深圳)	—	深圳
10	清华大学深圳国际研究生院	硕士学位教育；博士学位教育	深圳
11	香港中文大学（深圳）音乐学院	本科学位教育	深圳

资料来源：教育部、广东省教育厅和深圳市教育局。

此外，深圳市政府也十分重视高等教育与产业的融合发展，并且出台了相关政策文件，以加大对高等教育与产业融合发展的扶持力度。例如，深圳《关于加快高等教育发展的若干意见》提出，建设并适当补贴"教育＋科技＋产业"三位一体的特色学院，并在用地方面提供支持。截至2021年，深圳高等教育与产业融合发展已取得突出成果，如大疆创新科技有限公司就是香港科技大学与深圳产业融合发展的成功典范。

四、深圳都市圈高等教育融合发展的基本要求

（一）坚持统领融合，充分发挥深圳的引领作用

缩小区域发展差距，协调区域一体化发展，人才必然是重要因素，而推动都市圈高等教育融合发展无疑是缩小区域高等教育差距，培养多功能人才的有效途径之一。深圳作为中国重要的经济城市，不仅具备金融优势、产业优势、改革优势等综合优势，还能够与其他城市进行资源合理配置和实现优势互补。因此，在推动深圳都市圈高等教育融合发展的过程中，要充分发挥深圳的统筹能力和区域影响力，将深圳先进的教育理念和改革经验与其他城市共享，全面发挥深圳在教育改革方面的引领作用。

（二）坚持创新驱动，培养都市圈内城市的创新意识

要实现高等教育的高质量融合发展，实际解决各城市的发展痛点，创新无疑是最好的驱动力，具体包括两个方面的内容。一是合作形式的创新，不应只停留于一般的学术交流、短期访问等，可考虑高校人才联合培养、合作研发、共建实验室等，做好人才的培育和科学技术的创新，适时改革教育体制，为创新合作创造条件。二是价值理念的创新，即：首先，在思想认识上做好准备，充分认识到创新的重要性，培育创新思维，放宽视野；其次，直面缺陷、寻找痛点，把握未来方向，提前进行突破和创造；

最后，不能放弃当下的各种机会，要有所兼顾，并且适当改革和转型。

（三）坚持差异化融合，形成具有深圳都市圈特色的高等教育融合发展模式

由于深圳都市圈各城市的发展基础和发展程度不一样，所以对人才的偏好和人才培养的侧重点也是有所不同的。基础实力较好的城市更看重创新型、开拓型的高端人才，而经济实力、产业基础较为薄弱的城市更偏好基础型的职业人才。因此，兼顾各个城市的教育需求与现状也就成了深圳都市圈高等教育融合发展的一个关键点。对此，应坚持多层次、分类别的差异化融合，形成具有深圳都市圈特色的高等教育融合发展模式。

（四）坚持以开放促发展，增加高等教育融合发展的广度和深度

粤港澳大湾区是我国对外开放的"排头兵"，深圳都市圈又内嵌于粤港澳大湾区，自然其高等教育融合发展的未来趋势是走向国际化，因此，在推动深圳都市圈高等教育融合发展的过程中，必然需要不断提高其对外开放的程度。高等教育的国际化发展离不开教育系统的改革和开放，具体需要注意以下两点：一是不断扩大对高等教育内在系统的开放，对标国际化高等教育，提高整体从教人员的素质，如招聘具有国际化资质的老师、制定高激励的人才引进政策、鼓励高校教师出国学习、完善多样化的招生渠道、开设国际化课程等；二是从知识的构建、人才的培育和创新港的建设方面入手，通过高等教育的整体开放推动深圳都市圈经济的国际化，从而全面提升对外开放水平。

五、深圳都市圈高等教育融合发展的策略路径

（一）加强顶层设计

清晰的发展定位和完善的顶层设计是实现深圳都市圈高等教育融合

发展的重要前提。考虑到广东省区域发展不平衡的现实情况，以及对人才的多样化需求，在深圳都市圈高等教育融合发展的过程中，应以基础型、职业应用型、高素质国际创新型等人才类型为核心，打造多样化、多功能、多层次的人才基地。

（二）促进高等教育与产业的融合

要推动深圳都市圈高等教育融合发展，最为关键和重要的一步就是实现高等教育与产业的融合，使两者相互推进，共同成长，真正实现理论与实践的有效结合。

（三）不断推动高等教育向国际化发展

深圳都市圈高等教育融合发展不能仅以培养"基础型人才＋职业型人才＋高等人才"为核心，而应重点探索"基础＋职业＋高等"三位一体的国际化教育模式，不断提升都市圈高等教育的国际化水平。

参考文献

[1] 唐高华. 现代化国际化创新型城市建设背景下的东进战略研究[J]. 特区经济, 2018（2）：29-31.

[2] 宋丁. 关于深圳都市圈的几个思考[J]. 特区经济, 2020（6）：11-13.

[3] 王坤. 珠港澳高等教育合作的思考与建议：基于深圳的比较分析[J]. 特区经济, 2019（3）：37-41.

[4] 谢爱磊, 李家新, 刘群群. 粤港澳大湾区高等教育融合发展：背景、基础与路径[J]. 中国高教研究, 2019（5）：58-63, 69.

[5] 刘颖. 深港高等教育合作的现实特征及发展趋势[J]. 特区实践与理论, 2013（5）：16-19.

中国与CPTPP成员国服务贸易的竞争力和互补性研究

◆ 林　晓　刘国华

一、引言

2020年1月，RCEP全面伙伴关系协议生效。2021年9月16日，中国正式申请加入《全面与进步跨太平洋伙伴关系协定》（以下简称CPTPP）。CPTPP规定了严格的原产地标准，可能导致我国丧失部分贸易竞争优势，从而加速订单和产能向CPTPP成员国境内转移。CPTPP确立的高标准的经贸规则将倒逼我国对照标准加快进行实质性改革。如果未来CPTPP组织不断发展壮大，但中国始终不能加入，则将面临被孤立的局面。

当前，我国必须适应经济全球化新趋势，准确判断国际形势新变化，深刻把握国内改革发展新要求，加快构建开放型经济新体制，以对外开放的主动赢得经济发展的主动、赢得国际竞争的主动。

虽然中国现阶段未加入CPTPP，但本文将前瞻性地研究中国与CPTPP成员国服务贸易的竞争力和互补性，为中国主动防范化解风险，推进开放再出发提供政策建议。

二、相关文献综述

本文围绕服务贸易的竞争力和互补性，主要从以下四个方面对相关文献进行梳理。

一是服务贸易整体竞争力分析。张怡涵（2019）通过计算2010—2017年国际市场占有率、TC指数和RCA指数对中国服务贸易的国际竞争力水平进行了测度；通过对发展现状的分析发现，中国服务贸易存在逆差不断扩大、结构发展不平衡等问题，中国服务贸易的竞争力水平较低，不具备竞争优势；另外，以波特"钻石模型"中的相关影响因素为基础，选取五个因素作为服务贸易的影响要素，利用 EViews 对整理和计算得出的数据进行回归检验，分析不同因素对中国服务贸易竞争力的影响；最后针对分析结果提出优化产业结构、提升传统服务贸易竞争力、增强自主创新能力、提高服务业外资利用率等政策建议，以提升中国服务贸易的国际竞争力。杨文婧等（2021）通过分析中国服务贸易的宏观变量（供给变量、需求变量），发现中国服务贸易整体存在总量扩大但增长速度放缓、服务贸易传统产业的优势不断下滑、服务贸易市场相对集中以及服务贸易逆差等问题，提出政府加入支持力度、服务业内部相互扶持等建议，以提高中国服务贸易的竞争力。

二是服务贸易具体行业竞争力分析。孙佳璐（2019）通过国际市场占有率（MS）、贸易竞争力指数（TC）、显示性比较优势指数（RCA）对中国和澳大利亚两国服务贸易的国际竞争力进行了比较分析，发现中国在与商品相关的服务、旅游服务、建筑服务、电信服务、计算机服务等领域具有较强的竞争力，并且大多以资源密集型、技术密集型服务为主。侯杰等（2021）在分析和对比中国与其他国家服务贸易综合竞争力指数的基础上,基于"钻石模型"理论构建了中国计算机和信息服务贸易竞争力影响因素的指标体系,并且运用灰色关联度模型对影响因素进行了研究,得出人力资本、技术水平、全球化指数、第三产业的劳动生产率为高关联度指标,居民消费水平、第二产业的劳动生产率、全球治理指数、计算机和信息服务贸易依存度为中关联度指标,ICT技术服务业外资依存度、信息化水平为低关联度指标,最后提出加强人才建设、合理布局计算机和信息服务开放市场等建议,以推动中国计算机和信息服务贸易竞争力的提升。

三是服务贸易竞争力影响因素和提升策略研究。王琼林(2021)通过计算和分析中国服务贸易的市场占有率、TC指数、RCA指数和出口优势变差指数,提出了继续优化服务贸易出口结构、对不同行业分类别采取措施、提高国内人均可支配收入、打造产业集群等策略,以提升服务贸易竞争力。户艳辉(2022)基于1999—2019年的数据,分析了中美两国的服务贸易状况,指出中国与美国之间仍然存在巨大差距,中国传统服务贸易比较优势减弱,并提出开展区域合作、警惕中美服务贸易争端扩大、重视技术进口方式、实现地理结构多元化等建议。邹鸿擎(2021)认为中国的服务贸易行业逐渐显露出巨大的发展潜力,成为中国经济增长的热点,但也面临着前所未有的巨大竞争压力,提出要积极发挥政府与行业协会的作用、推动产业结构调整、注重人才的培养与引进等建议。

四是中国与伙伴国服务贸易互补性研究。陈福炯等(2021)基于结合度指数、竞争力指数和互补性指数,以UNCTAD数据库为依托,定量分析了中国与OECD成员国服务贸易的竞争性与互补性,发现中国与OECD成员国的服务贸易竞争较大,但服务贸易关系日趋增强。杜方鑫等(2021)基于UN Comtrade数据库EBOPS2002标准分类数据,分析了中国与

RCEP 伙伴国服务贸易的竞争性与互补性，发现中国与 RCEP 伙伴国的服务贸易既有竞争性也有互补性，市场发展前景较为广阔。孙艳林等（2020）基于联合国贸发会议（UNCTAD）数据库中 2005—2016 年的数据，运用贸易互补性指数和出口相似度指数测算了中国与"一带一路"沿线国家服务贸易的互补性与竞争性，发现中国与沿线国家在运输和旅游服务方面存在较大的服务贸易合作前景，但其他服务贸易的互补性整体较低。

虽然关于服务贸易竞争性和互补性的研究文献很多，但是针对中国与 CPTPP 国家的服务贸易研究并不丰富，并且大多数研究为 2019 年之前的。本文将基于 UNCTAD 数据库中截至 2020 年的贸易服务数据，通过计算 TC 指数、RRCA 指数和 RTCI 指数，并结合 SWOT 分析法和"钻石模型"，对中国和 CPTPP 国家服务贸易的总体竞争力进行分析，然后在此基础上进一步分析服务贸易各行业的竞争力和互补性。希望通过本文的研究，使关于中国与 CPTPP 国家服务贸易的研究文献得到丰富，并对推动中国与 CPTPP 国家服务贸易的发展有所裨益。

三、中国与 CPTPP 成员国服务贸易竞争力分析

本文从进出口贸易差额和出口贸易占比两个维度分析服务贸易竞争力，选用 TC 指数、RRCA 指数来分析中国与 CPTPP 成员国总体和分行业的服务贸易竞争力状况。

（一）中国与 CPTPP 成员国总体服务贸易竞争力分析

由表 1 可知，2017—2020 年，大多数 CPTPP 国家的服务贸易竞争力指数在上升，TC 指数和 RRCA 指数在 2017—2019 年大体上均呈现增长势头，表现为由微弱劣势逐步向微弱优势发展。2020 年受全球新冠肺炎疫情影响，两指数都出现波动，部分国家两指数趋弱，部分国家趋强，

但是 RRCA 指数则表现出"强者越强，弱者越弱"的特点，即中国、加拿大、日本等国的 RRCA 指数在 2020 年继续上扬，说明这些国家在疫情期间对 CPTPP 国家总体服务贸易出口具有比较优势。

表 1　2017—2020 年中国与 CPTPP 成员国总体服务贸易 TC 指数和 RRCA 指数

国家	TC 指数 2017 年	TC 指数 2018 年	TC 指数 2019 年	TC 指数 2020 年	RRCA 指数 2017 年	RRCA 指数 2018 年	RRCA 指数 2019 年	RRCA 指数 2020 年
中国	−0.34	−0.33	−0.28	−0.15	0.62	0.65	0.65	0.71
日本	−0.02	−0.02	−0.02	−0.10	1.10	1.08	1.13	1.16
加拿大	−0.08	−0.08	−0.07	−0.03	1.00	0.99	0.99	1.09
澳大利亚	−0.03	−0.03	−0.01	0.12	1.20	1.13	1.07	1.02
越南	−0.13	−0.11	−0.07	−0.49	0.32	0.31	0.31	0.14
新西兰	0.12	0.10	0.08	0.03	1.57	1.51	1.43	1.20
新加坡	−0.03	0.02	0.02	0.04	1.62	1.64	1.66	1.77
墨西哥	−0.15	−0.17	−0.12	−0.25	0.78	0.79	0.81	0.78
秘鲁	−0.12	−0.18	−0.20	−0.41	0.97	0.95	0.99	0.79
文莱	−0.39	−0.47	−0.49	−0.55	0.65	0.61	0.61	0.53
智利	−0.16	−0.19	−0.22	−0.28	0.87	0.87	0.86	0.80

资料来源：根据 UNCTAD 数据库数据计算整理得到。

注：①贸易竞争力指数（Trade Competiveness，TC）是分析国际贸易竞争力的常用指标，主要测量的是进口额和出口额，公式为 TC= $(X_{ij}-M_{ij})/(X_{ij}+M_{ij})$。TC 指数用一国进出口差额占进出口总额的比重来表示，X_{ij} 和 M_{ij} 分别表示 i 国 j 产业的出口额和进口额。TC 指数为 0 表示竞争力为平均水平，指数为 −1 表示只进口不出口，指数为 1 表示只出口不进口，越接近 1 表示竞争力越大，TC 指数为［−1，−0.6］时有极大的竞争劣势，为（−0.6，−0.3］时有较大的竞争劣势，为（−0.3，0］时有微弱的竞争劣势，为（0，0.3］时有微弱的竞争优势，为（0.3，0.6］时有较强的竞争优势，为（0.6，1］时有极强的竞争优势。②区域显示性比较优势指数（Regional Revealed Comparative Advantage，RRCA）是衡量竞争力大小的常用指标，以一国某行业出口占比与某区域组织内该行业出口占比的比值来表示，公式为 RRCA = $(X_{ik}/X_k)/(X_{ir}/X_r)$。其中：$X_{ik}$ 表示 k 国 i 产业出口值，X_k 表示 k 国总出口值；X_{ir} 表示 i 产业在 r 区域组织内的出口总值，X_r 表示 r 区域组织的总出口值。RRCA 指数在不同区间代表不同的比较优势，其中大于 1 表示 k 国的产品或产业 i 在区域 r 内具有比较优势，小于 1 则表示具有比较劣势。

从 TC 指数来看，2020 年中国和 CPTPP 国家服务贸易的竞争优势并不明显，该年只有新西兰、新加坡、澳大利亚有微弱的竞争优势，文莱、越南和秘鲁有较大的竞争劣势，中国和其他国家均具有微弱的竞争劣势，说明中国与多数 CPTPP 国家的服务贸易进口在服务贸易中的比重仍然较大。

从 RRCA 指数来看，新加坡、新西兰、澳大利亚、加拿大、日本具有比较优势，而中国、越南、墨西哥、文莱、秘鲁、智利具有比较劣势，特别是越南和文莱两国在 CPTPP 成员国中具有很强的比较劣势。从变化趋势来看，新加坡、加拿大、中国、日本四国在 2017—2020 年比较优势上升较快，呈现下降趋势的国家特别是 2019 年以来明显下降的国家有新西兰、秘鲁、文莱、澳大利亚、越南，智利则表现相对平稳，保持在 0.8 左右的水平。

总体数据分析表明，从各国总体服务贸易竞争力来看，新西兰、新加坡、澳大利亚、日本、加拿大具有比较优势，而越南、文莱、智利、中国、墨西哥、秘鲁等国则具有比较劣势，且都属于发展中国家，在国际产业链中处于中低端位置，特别是服务贸易对外依赖程度大，所以需要在未来的 CPTPP 框架下进一步调整自己的服务贸易战略，推进服务贸易内容和形式的进一步优化，切实增强自己的贸易核心竞争力，力求实现服务贸易的利益最大化。CPTPP 国家的服务贸易不具有明显的竞争优势，特别是 2019 年以来，部分国家出现 RRCA 指数下降的情况，这说明部分国家的服务贸易容易遭受冲击，但是总体上变化幅度不大，大部分国家能维持 RRCA 指数均值，甚至加拿大、日本、新加坡等国家的 RRCA 指数逆势增长，这反映了 CPTPP 国家服务贸易发展趋好的状况。

（二）中国与 CPTPP 成员国分行业服务贸易竞争力分析

服务贸易涉及运输、旅游、建筑、保险、金融、电子计算机和信息、知识产权、其他商业服务等多个行业，其中运输、旅游、建筑为传统服务贸易行业，保险、金融等为新兴服务贸易行业。整体来看，中国与 CPTPP 成员国分行业服务贸易 TC 指数普遍不高（见表2）。

表2 2020 年中国与 CPTPP 成员国分行业服务贸易 TC 指数和 RRCA 指数

国家	运输 TC 指数	运输 RRCA 指数	旅游 TC 指数	旅游 RRCA 指数	建筑 TC 指数	建筑 RRCA 指数	保险 TC 指数	保险 RRCA 指数
中国	−0.24	0.88	−0.77	0.41	0.49	1.07	−0.39	0.89
日本	−0.15	0.90	0.32	0.96	0.15	0.98	−0.65	0.48
加拿大	−0.26	0.90	−0.04	1.73	−0.17	0.60	−0.41	0.88
澳大利亚	−0.48	0.64	0.59	2.32	1.00	1.43	−0.19	1.21
越南	—	—	—	—	—	—	—	—
新西兰	−0.25	0.62	0.62	1.04	—	—	−0.94	0.05
新加坡	0.00	0.63	−0.14	0.45	0.46	0.75	0.11	0.64
墨西哥	−0.70	0.27	0.51	0.98	—	—	−0.27	0.68
秘鲁	−0.54	0.30	0.03	0.54	—	—	−0.22	0.49
文莱	−0.22	0.95	−0.44	1.00	0.22	0.88	−0.77	0.34
智利	−0.28	0.87	−0.13	1.70	—	—	−0.10	1.33

国家	金融 TC 指数	金融 RRCA 指数	电子计算机和信息 TC 指数	电子计算机和信息 RRCA 指数	知识产权 TC 指数	知识产权 RRCA 指数	其他商业服务 TC 指数	其他商业服务 RRCA 指数
中国	0.15	0.82	0.28	1.17	−0.62	0.44	0.20	1.16
日本	0.19	0.84	−0.36	0.74	0.21	1.11	−0.18	0.86
加拿大	0.01	0.78	0.18	1.09	−0.36	0.79	0.11	1.09
澳大利亚	0.28	0.99	−0.04	0.89	−0.60	0.50	−0.13	0.86
越南	—	—	—	—	—	—	—	—
新西兰	0.08	0.64	−0.23	0.64	0.00	0.83	−0.33	0.55
新加坡	0.59	0.91	−0.06	0.57	−0.34	0.39	0.01	0.64
墨西哥	−0.35	0.40	−0.75	0.21	−0.95	0.04	−0.98	0.02
秘鲁	—	—	—	—	—	—	—	—
文莱	−0.90	0.08	−0.91	0.08	−1.00	0.00	−0.98	0.02
智利	−0.57	0.32	−0.23	0.71	−0.95	0.06	−0.11	0.88

资料来源：根据 UNCTAD 数据库数据计算整理得到。

注："—"表示数据缺失。

从 TC 指数来看，在三大传统服务贸易行业，大部分 CPTPP 国家在运输行业具有微弱的竞争劣势，墨西哥具有极大的竞争劣势，秘鲁具有较大的竞争劣势；墨西哥、新西兰、澳大利亚、日本等国在旅游行业的竞争优势较强，中国具有极大的竞争劣势；中国在建筑行业具有较强的竞争优势，澳大利亚具有极强的竞争优势，TC 指数值为 1。在新兴服务贸易行业，CPTPP 各国在保险行业的竞争力普遍不强，新西兰和文莱具有极大的竞争劣势；中国、日本、澳大利亚等国在金融行业有微弱的竞争优势，新加坡有较强的竞争优势；中国在电子计算机和信息行业具有微弱的竞争优势，墨西哥和文莱具有极大的竞争劣势；中国和 CPTPP 国家在知识产权行业普遍具有竞争劣势；中国、新加坡、加拿大在其他商业服务行业具有微弱的竞争优势，墨西哥和文莱具有极大的竞争劣势。

从 RRCA 指数来看，在运输行业，中国和 CPTPP 国家普遍存在比较劣势；在旅游行业，澳大利亚、加拿大、智利、文莱、新西兰等国具有比较优势，中国具有比较劣势；在建筑行业，中国、澳大利亚具有比较优势；在保险行业，澳大利亚和智利具有比较优势；在电子计算机和信息、其他商业服务行业，中国具有比较优势，并且领先 CPTPP 国家；在知识产权行业，日本具有比较优势。

分行业数据分析表明：中国在建筑、金融、电子计算机和信息、其他商业服务行业具有微弱或者较强的竞争优势，在旅游、运输、保险、知识产权行业具有竞争劣势；中国在建筑、电子计算机和信息、其他商业服务行业具有比较优势，在其他行业具有比较劣势。具体分析如下。

中国在电子计算机和信息行业竞争力较强的原因可用"钻石模型"来解释：中国信息科技研发总投入增速领先全球，资金投入大；大力发展新兴技术，科技实力较强；中国网民数量近十亿，中国智慧城市建设等的开展扩大了中国国内的信息消费需求；产业规模大，拥有字节跳动、腾讯、百度等在全球信息科技领域领先的公司，科技竞争力比较强；政府的金融、财政支持力度大，信息产业从业人员多且素质高；推出科创板和注册制，放宽融资和再融资条件，降低企业上市门槛；完成了大量的信息及相关基础设施建设，为电子计算机和信息行业的发展提供了巨大的推动力。以上因素使得中国在电子计算机和信息行业具有比较优势。

中国在建筑行业竞争力较强的原因是：中国第二产业规模大，国内市场广阔；建筑原材料成本和劳动力成本相对较低，大量的资本积累为海外工程承包、工程设计提供了充足的资金支持；近年来中国完成了很多"偏、险、难"重大工程项目，建筑业相关技术不断进步；"一带一路"倡议的实施为建筑行业"走出去"发展提供了较好的机遇。

金融、知识产权行业为知识密集型行业，由于中国经济发展和高等教育普及起步相对较晚，因此金融行业法律法规体系和知识产权保护规则还不够健全，在资金规模、产业规模、人才建设和相关政策方面存在短板，使得无论是竞争力还是比较优势都比较微弱。但2020年由于新冠肺炎疫情影响，服务贸易数字化转型加快，跨境支付迅速发展，加上疫情积压订单和海外订单数量大，使得中国在金融行业的TC指数、RRCA指数表现较好。

运输和旅游为传统服务贸易行业，由于中国对其的基础设施投入不足，缺乏专业人才，同时行业发展起步较晚，管理体系、管理观念、管理模式等不够完善，因此两大传统服务贸易行业供需不平衡。2020年，大部分国家为了防控新冠肺炎疫情，对本国旅游服务行业进行了限制，国际旅游业的发展遭受严重打击。中国在疫情期间严格执行防控政策，一定程度上影响了旅游服务行业的发展，同时，疫情期间大部分国家限制进出口，运输服务行业也受到了较大的冲击，从而导致两大行业服务进口大于服务出口，出现了竞争力较低的局面。

此外，作为新兴服务贸易行业的其他商业服务行业，由于在中国的发展时间还比较短，发展模式和管理体系欠完善，所以竞争优势较弱，但其发展潜力巨大，发展前景广阔，因而比较优势很强，这也反映了国际服务贸易发展的多样性。另外，在世界各国防控新冠肺炎疫情的大背景下，传统服务贸易行业动力不足、增长放缓，新兴服务贸易行业将会是未来各个国家竞争的焦点和进一步推动服务贸易发展的新引擎。

四、中国与CPTPP成员国服务贸易互补性分析

区域贸易互补性（Regional Trade Complementarity Index，RTCI）是衡量区域内两个国家贸易互补性程度与贸易紧密关系程度的指标。本文分别从区域总体与分行业两个方面对中国与CPTPP成员国服务贸易的互补性进行分析。

（一）中国与CPTPP成员国总体服务贸易互补性分析

由表3可知，2013—2020年中国与CPTPP成员国总体服务贸易RTCI指数均小于1，表明互补性低于国际市场平均水平，其中中国与日本、澳大利亚、加拿大三国的RTCI指数处于（0.5，1）之间，表明中国与这三国在总体服务贸易上具有较强的互补性。虽然中国与越南、文莱等国家在总体服务贸易上的互补性在减弱，但与CPTPP大多数国家的RTCI指数呈现缓慢增长的趋势，其中，与加拿大、澳大利亚的RTCI指数总体在上升，与新加坡、日本的RTCI指数增长明显，表明互补性越来越强。2020年受到新冠肺炎疫情的影响，中国与CPTPP大部分国家服务贸易的

互补性有所减弱，但与日本、加拿大的互补性逆势增强。总体来说，目前中国与CPTPP成员国总体服务贸易RTCI指数虽然不高，但增长的趋势和潜力是存在的，服务贸易合作前景未来可期。

表3 2013—2020年中国与CPTPP成员国总体服务贸易RTCI指数

国家	2013年	2014年	2015年	2016年	2017年	2018年	2019年	2020年
日本	0.61	0.63	0.68	0.67	0.67	0.67	0.71	0.86
加拿大	0.68	0.64	0.63	0.61	0.62	0.65	0.65	0.72
澳大利亚	0.83	0.75	0.75	0.72	0.71	0.76	0.77	0.62
越南	0.09	0.09	0.09	0.08	0.07	0.07	0.07	0.07
新西兰	0.21	0.20	0.21	0.21	0.21	0.22	0.23	0.22
新加坡	0.24	0.25	0.29	0.28	0.28	0.29	0.30	0.31
墨西哥	0.06	0.06	0.06	0.06	0.06	0.06	0.06	0.05
秘鲁	0.11	0.11	0.12	0.12	0.12	0.12	0.14	0.13
文莱	0.30	0.25	0.22	0.24	0.18	0.18	0.17	0.13
智利	0.11	0.11	0.11	0.11	0.11	0.11	0.11	0.12

资料来源：根据UNCTAD数据库数据计算整理得到。

注：区域贸易互补性的计算公式为 $RTCI_{ijk}=RRCA_{xik}\times RRCA_{mjk}$。其中：$RRCA_{xik}$表示$i$国$k$产业的区域出口比较优势，即$i$国$k$产业出口金额与$i$国出口总额的比值除以区域$k$产业出口金额与区域出口总额的比值；$RRCA_{mjk}$表示$j$国$k$产业的区域进口比较劣势，即$j$国$k$产业进口金额与$j$国进口总额的比值除以区域$k$产业进口金额与区域进口总额的比值。RTCI指数大于1，表明出口国与进口国的贸易互补性高于国际市场平均水平，两国贸易关系比较紧密；RTCI指数在（0.5，1）之间则表示具有较强的贸易互补性。

（二）中国与CPTPP成员国分行业服务贸易互补性分析

由于各国在分行业服务贸易中具有不同的竞争优势，所以分行业服务贸易的互补性存在差异。总体来看，中国与CPTPP成员国在电子计算机和信息、建筑、其他商业服务、保险、金融等行业具有较强的互补性，在旅游、知识产权和运输行业的互补性较弱（见表4）。

表4 2020年中国与CPTPP成员国分行业服务贸易RTCI指数

国家	旅游	保险	其他商业服务	运输	电子计算机和信息	建筑	知识产权	金融
日本	0.46	1.15	1.31	0.96	1.40	1.11	0.38	1.15
加拿大	0.30	0.94	1.06	0.94	1.05	2.05	0.50	1.15
澳大利亚	0.13	0.79	1.33	1.09	1.31	0.00	0.59	0.84
越南	—	—	—	—	—	—	—	—
新西兰	0.36	2.26	1.99	1.38	1.78	—	0.55	2.36
新加坡	5.79	2.94	2.64	2.15	3.51	14.54	1.89	1.36
墨西哥	0.44	1.22	2.85	1.66	2.47	—	1.03	3.07
秘鲁	4.34	2.62	—	2.88	—	—	—	—
文莱	0.41	1.18	2.33	0.91	2.43	1.37	0.74	2.21
智利	0.32	0.74	1.30	0.96	1.56	—	0.73	2.04

资料来源：根据UNCTAD数据库数据计算整理得到。

注："—"表示数据缺失。

由表4可知，在旅游行业，中国与新加坡、秘鲁的RTCI指数最高，分别达到5.79、4.34，表明互补性最强；在保险行业，中国与CPTPP各国RTCI指数的平均值为1.53，高于国际市场平均水平，表明具有较为紧密的贸易关系；在运输、电子计算机和信息、建筑、金融和其他商业服务行业，中国与CPTPP国家RTCI指数的平均值超过了1，表明贸易关系比较紧密；在知识产权行业，中国与CPTPP各国都具有较强的互补性，但与日本的互补性不强，RTCI指数仅为0.38。

由上述分析结果可知，中国与CPTPP成员国分行业服务贸易的互补性普遍较强，尤其是在电子计算机和信息、金融、建筑和其他商业服务等行业。为防控新冠肺炎疫情，很多国家采取了限制人员流动等措施，使得旅游、运输等服务贸易受到重创，导致在这些行业中国与CPTPP国家的互补性较弱。但是由于居家办公、在线教育、网络社交等网络信息交流服务快速发展，同时中国的经济结构不断调整、升级，加上良好的市场环境和政府对科技创新的支持等，中国在电子计算机和信息、其他商业服务等行业与 CPTPP 国家存在较强的互补性。由于知识产权行业在中国起步晚，相关法律法规还不够健全，执法体系不够完善，人们的知识产权意识淡薄，因此在该行业中国与 CPTPP 国家的互补性较弱。

五、中国开展服务贸易的 SWOT（矩阵）分析

SWOT 分析是一种企业竞争态势分析法，是市场营销的基础分析方法之一，用于在制定发展战略前对自身进行深入全面的分析以及做好竞争优势的定位。本文将使用 SWOT 分析法，结合上文的数据（见表 1 至表 4）和中国与 CPTPP 成员国总体与分行业服务贸易的竞争力和互补性分析结果，对中国开展服务贸易进行优势（Strengths）和劣势（Weaknesses）分析，并指出所面临的机会（Opportunities）与威胁（Threats），最后结合分析结果给出 SO、WO、ST、WT 战略选择（见表 5）。

表 5　中国开展服务贸易的 SWOT 分析

	优势（Strengths）	劣势（Weaknesses）
	（1）市场优势：拥有 14 亿人口的超级市场 （2）劳动力优势：我国劳动力成本较低 （3）产业规模优势：在政策支持下形成一批全球领先的互联网科技企业 （4）技术领先优势：科学技术取得阶段性突破，完成 5G 技术战略储备 （5）战略优势：全面改革开放和双循环发展战略	（1）知识产权保护起步较晚，体系不完善，相关法律人才短缺 （2）传统服务贸易行业发展不平衡，旅游业进口依存度高

续表

机遇（Opportunities）	SO 战略选择	WO 战略选择
（1）国家对新冠肺炎疫情控制迅速，我国较早进入经济恢复期 （2）总体服务贸易互补性呈现增强趋势，贸易市场蕴含巨大发展潜力 （3）在大部分行业与CPTPP国家的贸易互补性强，合作领域广阔 （4）中国信息化技术产业基础逐步增强，掌握了核心5G技术 （5）中国与大部分CPTPP国家签订了自贸协定	（1）把握新冠肺炎疫情下国际市场发展的空缺，抓住服务贸易市场先机 （2）充分发挥科技产业和5G核心技术优势，推动数字经济贸易发展 （3）利用国内市场优势和国际贸易关系，进一步拓展全球性贸易市场	（1）提升服务业发展水平，拓宽服务贸易领域 （2）加强国际贸易合作，利用国外先进产能倒逼行业改革发展 （3）重视贸易人才培养，提高服务人员素质 （4）强化服务贸易管理，建立健全相关体制
挑战（Threats）	ST 战略选择	WT 战略选择
（1）总体服务贸易互补性不强，区域竞争激烈 （2）新冠肺炎疫情导致世界经济发展不稳定，贸易风险增大 （3）服务贸易产业结构失衡，高端领域竞争力不足 （4）CPTPP部分国家对中国态度不友好 （5）CPTPP经贸规则标准高，中国面临加入困难 （6）CPTPP规定了严格的原产地标准，会使中国丧失部分贸易竞争优势	（1）加强前沿科技攻关，打破科技封锁，提升服务贸易竞争力 （2）加快形成双循环发展格局，抵御国际贸易风险 （3）未雨绸缪，尽早实现与CPTPP规则的对接 （4）加强与CPTPP成员国的贸易战略合作关系，提高准入概率，增强风险抵御能力	（1）完善知识产权保护体系，加大执法力度，提高知识产权竞争力 （2）政府全面把握全球政治经济发展态势，制定服务贸易长线发展战略 （3）促进服务贸易进出口结构改革，推动服务贸易产业优化升级 （4）推进多边区域合作关系的发展，与世界各自贸区建立友好伙伴关系

六、政策建议

基于对中国与 CPTPP 成员国服务贸易的竞争力与互补性的研究，本文提出以下四点建议。

（1）通过数字化转型为服务贸易赋能。在数字时代，"跨境链接""跨界链接"的成本大大降低。应利用中国产业发展齐全的优势，应用大数据、5G 等信息化技术为服务贸易赋能，同时向 CPTPP 国家输出服务和技术，推动中国在国际标准制定中掌握话语权。

（2）通过自贸区建设推动服务贸易竞争力提升。自贸区是链接国内国外双循环的关键枢纽和重要载体，要赋予自贸区更大的改革自主权，完善自贸区的容错和激励机制，将自贸区建设融入国家开放发展战略，使自贸区成为国内经济参与国际经济大循环的"桥头堡"，充分发挥其改革试验田作用，实现在为中国经济增长提量的同时，在经济提质方面为中国服务贸易竞争力的提升提供强劲动力。

（3）加快推进 DEPA（《数字经济伙伴关系协定》）的谈判。DEPA 协定是当前最为全面和完善的区域数字经济协定之一，为数字经济尤其是贸易领域制定了前瞻性标准。加入 DEPA 对中国扩大数字经济海外市场规模、实现数字贸易便利化、加快数据跨境流动与创新、构建数字经济合作伙伴关系有重要作用，有助于中国在数字经济领域进行进一步的探索和改革，减少数字经济发展障碍，形成更加开放包容的服务贸易发展格局。

（4）加大对现有自由贸易协定成果的利用。根据商务部统计的数据，截至 2019 年，我国已与 25 个国家签订了 17 个自贸协定，CPTPP 成员国中也有 8 个国家与中国签订了自贸协定，再加上 RCEP 和"一带一路"倡议的推进，我国应对 CPTPP 具备广阔的回旋空间。

参考文献

[1] 张怡涵. 我国服务贸易的国际竞争力分析及影响因素研究[D]. 北京：首都经济贸易大学，2019.

[2] 杨文婧，魏丛. 国际服务贸易影响因素与我国服务贸易国际竞争力问题探究[J]. 今日财富，2021（14）：21-22.

[3] 孙佳璐. 中国和澳大利亚服务贸易国际竞争力比较研究[D]. 上海：东华大学，2019.

[4] 侯杰，齐新鑫. 数字贸易背景下中国计算机和信息服务贸易竞争力及影响因素研究[J]. 科技与金融，2021（8）：82-91.

[5] 王琼林. 中国服务贸易的国际竞争力分析[J]. 全国流通经济，2021（17）：29-31.

[6] 广艳辉. 中美服务贸易分行业测算[J]. 统计与决策，2022，38（6）：154-158.

[7] 邹鸹擎. 中国服务贸易国际竞争力的比较分析[J]. 中国商论，2021（8）：22-24.

[8] 陈福炯，杨楚婷，程大中. 中国与OECD服务贸易竞争性与互补性分析[J]. 天津商务职业学院学报，2021，9（3）：3-13.

[9] 杜方鑫，支宇鹏. 中国与RCEP伙伴国服务贸易竞争性与互补性分析[J]. 统计与决策，2021，37（8）：132-135.

[10] 孙艳琳，王诗慧，刘琴. 中国与"一带一路"沿线国家服务贸易的互补性和竞争性[J]. 武汉理工大学学报（社会科学版），2020，33（1）：103-114.

新工科背景下通识教育课程建设问题及对策分析——基于广东省理工科院校的调查分析

◆ 侯临春

一、引言

随着时代的发展和产业的升级，当今社会对新时代人才提出了更高的要求。2018年，教育部发布《关于加快建设高水平本科教育 全面提高人才培养能力的意见》，提出本科教育应该"坚持学生中心，全面发展"的原则。在新工科高等教育不断改革的趋势下，理工科院校过度专业化、学科间交叉性弱的人才培养弊端日益突出。新工科人才培养需要发挥协同育人效应，而通识教育是提升当前工科学生人文素养和科学素养的关键，对理工科学生的全面发展和理工科院校的本科教育教学具有重要意义。

建设通识教育课程能够修正理工科院校功利性、实用性培养的弊端，促进理工科院校学生的全面协调发展。目前，广东省理工科院校通识教育还处于初期发展阶段，在实施过程中面临许多问题。本文通过对广东省理工科院校通识教育课程建设现状进行研究，深化了对理工科院校通识教育课程建设的认识，有助于广东省理工科院校找到符合自身发展实际的通识教育实施路径，丰富理工科院校的实践基础。

二、广东省理工科院校通识教育课程建设现状分析

截至 2021 年 9 月 30 日,教育部公布的广东省普通本科高等学校共有 37 所,其中理工科院校占据 1/3 以上。广东省理工科院校实施通识教育能够促进培育复合型、通识型、创新型人才,满足产业升级和岗位置换的需求,进而实现广东省理工科院校的全面发展。本部分将对广东省理工科院校通识教育课程建设现状进行分析,明确当前通识教育课程建设中存在的问题。

（一）调查问卷设计

本次调查的主要目的是了解广东省理工科院校通识教育课程建设的现状。调查问卷采用了单选、多选和填空三种题目类型,涉及培养目标、课程设置、师资力量、教学模式四个维度。调查问卷问题设置情况如表 1 所示。

表 1 调查问卷问题设置

1—3 题	个人基本情况
4—5 题	对通识教育培养目标的了解情况
6 题	选修通识教育课程的原因
7—9 题	通识教育课程设置及教学情况
10—13 题	通识教育的课堂反馈及影响
14—17 题	对课程任教老师的满意程度及改进意见
18—20 题	对教学模式的满意程度及其他看法

为保障调查问卷的信度和效度,笔者将设计好的调查问卷在小范围内进行了试用,以便发现问题,及时做出修改。本次问卷调查借助微信这一大型社交平台,以发出问卷链接和二维码的形式收集数据。本次调

查共发放问卷 200 份，调查对象均来自广东省理工科院校，包括广东工业大学、东莞理工学院、佛山科学技术学院、广东理工学院、广东白云学院等。本次调查共回收问卷 200 份，其中有效问卷 193 份，有效回收率为 96.5%。笔者利用问卷星后台系统和 Excel 对 193 份有效问卷进行了全面整理和分析。

（二）调查结果分析

1. 培养目标方面

调查结果显示，在对通识教育的内涵与培养目标的了解上，有 60.87% 的学生对通识教育有了解但不充分，而有将近 1/3 的学生不了解或不是很了解通识教育到底是什么。由此可见，在广东省理工科院校有较多学生对通识教育的含义了解不充分，对自己所上的通识教育课的目标并不清楚。

2. 课程设置方面

调查结果显示，在通识教育课程设置是否符合学生需求方面，有超过半数的学生认为通识教育课程对自己有一定影响，符合自身发展需求，但也有 32.61% 的学生认为通识教育课程对自己没什么影响，不能满足自身发展需求。此外，调查对象反映，广东省理工科院校通识教育课程在培养学生综合素养、实践动手能力、沟通表达能力方面是较为欠缺的。

3. 师资力量方面

调查结果显示，有 56.52% 的学生表示通识教育课老师的上课效果一般，还有 10.87% 的学生认为老师只是在照本宣科，感到无趣。另外，有学生在问卷中反映，学校通识教育课总是换老师，不同老师的上课效果参差不齐。整体来看，广东省理工科院校的大部分学生认为通识教育课老师的整体素质是不符合要求的。

4. 教学模式方面

调查结果显示,对学校现行的通识教育教学模式感到比较满意和不太满意的学生各占据了41.30%。调查还发现,广东省理工科院校中有一些是通过网络课程方式来实施通识教育,而有43.48%的学生认为这样做会缺少师生交流,并且有39.13%的学生认为这样做可以光明正大地划水摸鱼,无法保证课堂质量。由此可见,广东省理工科院校通识教育现行的教学模式仍存在许多问题,需要不断改进。

三、广东省理工科院校通识教育课程建设存在问题及分析

通过对广东省理工科院校通识教育课程建设现状的问卷调查,结合相关文献资料,本文总结归纳出了广东省理工科院校通识教育课程建设中存在的问题,具体如下。

（一）通识教育目标定位不明确

在新工科高等教育全面改革的背景下,虽然广东省大部分理工科院校已认识到实施通识教育符合经济发展和产业升级的需要,但是对通识教育目标的定位仍不够明确,没有依据理工科院校的特色、学科优势、学生特点等制定出更为明确的、具体的、动态的、发展性的通识教育人才培养目标,从而导致学生对学校通识教育课的目标不明确,使课程效果大打折扣。

（二）通识教育课程设置不合理

广东省大多数理工科院校还是把学校重点资源投入到了核心学科,设置的通识教育课程数量较少,使得通识教育效果大打折扣。此外,通识教育课程蕴含大量的跨学科知识内容,强调学科专业知识之间的融合性、综

合性、交叉性等。但广东省理工科院校通识教育课程的结构及内容较不合理，通识教育课程和专业课程雷同问题较为严重，通识教育课程缺乏对学生个性和兴趣的关注，不利于培养学生的创新能力和创新精神。

（三）通识教育师资力量相对薄弱

广东省诸多理工科院校的老师仅从事专业课教学和科研，受单一专业教育的影响，老师们对通识教育的认识不够全面客观，在课程设计上也不能做到融会贯通，只是把专业课程的教学方式移植到通识教育课程上，从而导致课程效果大打折扣，使得许多学生认为通识教育课老师只是在照本宣科。

（四）通识教育教学模式有待改进

随着信息时代的到来，广东省许多理工科院校采取线上视频方式实施通识教育，但线上教学模式在很大程度上并不能保证课堂质量，不少学生会因为无人监督而投机取巧。另外，线上教学模式大多采取课堂知识讲授方式，缺乏趣味性，学生与老师之间也没有当面沟通交流的渠道，从而不能很好地达到提升学生综合能力的目标。

四、广东省理工科院校通识教育课程建设优化路径

（一）树立明确的通识教育目标

广东省理工科院校要结合学校特色、学科特点、学生需要与理工科院校人才培养需求，明确通识教育的培养目标。哈佛大学发布的《自由社会中的通识教育》指出，通识教育应着重培养人"有效的思考、交流思想、作出恰当判断以及辨别价值"这四种能力（徐志强，2021）。因此，广东省理工科院校在通识教育课程建设中要注重培养学生跨学科、跨领域、跨文化的综合能力，培育创新精神，并细化课程小目标，最终

达到促进学生全面发展的目的。

（二）优化通识教育课程设置

广东省理工科院校要注重通识教育课程的整体性和系统性，强化学科知识的内在联系。此外，要关注学生的需求和兴趣爱好，突出个性化课程。总的来说，广东省理工科院校通识教育课程设置不仅要符合学校的校情，而且要考虑学生的需求及志向，给予学生自主选择的权利，促使其潜能得到充分的发展。广东省各个理工科院校还应打造具有自身特色的精品通识教育课程，不断提高通识教育质量。

（三）加强通识教育师资建设

首先，要积极培养和引进优秀师资，扩大通识教育师资队伍。其次，要对通识教育课程教师进行岗前培训，完善教学方法，保障教学质量。最后，要对通识教育课程教师定期开展继续教育，不断提升通识教育师资的理论素养与教学实践能力。

（四）改进通识教育教学模式

在信息化、智能化时代下，广东省理工科院校要用好新科技，借助智能化手段为通识教育赋能，大力发展线上线下相结合的通识教育教学模式，开设翻转课堂和第二课堂，使更多的学生感受到通识教育的乐趣，增强学习效果。

参考文献

[1] 汪霞，钱铭.世界一流大学通识教育课程研究：以美国大学为例[M].南京：南京大学出版社，2017.

[2] 徐志强.哈佛大学通识教育理念研究[J].河北大学学报（哲学社会科学版），2021，46（3）：95.

乡村小学党史教育的现状及优化路径研究——以石秀山小学党史教育为例

◆ 甘楚彬 黄玉江

在2021年党史学习教育动员大会上，习近平总书记特别强调："要抓好青少年学习教育，着力讲好党的故事、革命的故事、英雄的故事，厚植爱党、爱国、爱社会主义的情感，让红色基因、革命薪火代代传承。"2021年3月，教育部发布了《关于在中小学组织开展"从小学党史 永远跟党走"主题教育活动的通知》，对中小学在学科教学和实践活动中组织开展党史学习教育提出了要求和指导意见。党史中蕴含着丰富的理论知识和宝贵的发展经验，在教育相对落后的乡村小学开展党史教育，不仅是开展党史学习教育工作的重要内容，也是实现青少年健康成长、培养社会主义事业建设者和接班人的迫切要求。

笔者于2021年暑期到广东省湛江市吴川市长岐镇石秀山小学进行了为期半个月的支教活动。在此期间，通过走访村民、采访学生等方式对石秀山小学的党史教育情况进行了实地调研，发现了石秀山小学党史教育中存在的一些不足之处，并有针对性地提出了改进建议。

一、采访与调研

笔者通过走访当地村民，与学校党委书记、校长等领导干部开展座谈会的方式，深入了解了石秀山小学的发展历史与党史教育现状。在课后活动时间，笔者也与多位学生进行了一对一交谈，获取了孩子们对党史教育的想法与建议。石秀山村村民及石秀山小学学生的采访内容总结如下。

1. 石秀山村村民采访内容总结

笔者就石秀山小学的发展历史采访了当地村民，了解到石秀山小学是由村民自发组织建设起来的。一位参与小学建设的老前辈说，石秀山小学是"村民用单车建起来的"，令我们十分震撼，他所回忆的石秀山小学办学过程也令我们动容。可见，石秀山小学是一所凝聚无数人心血的学校，无私奉献的红色精神贯穿其建设过程。每一所乡村小学的背后都有一段独特的历史故事，我们应该充分重视乡村小学的教育发展历史，深度挖掘乡村小学建设背后的红色故事，将本土红色精神传递给下一代。

2. 石秀山小学学生采访内容总结

通过课后与学生交谈发现，石秀山小学的党史教育课程几乎为零，六年级的学生表示他们从未上过党史教育课程，对于党史的了解仅限于语文课本中的红色课文。为此，支教老师特意为他们上了一节别开生面的党史课。课堂上，他们认真听讲，积极提问，兴趣极高。课后，部分学生表示通过课堂学习已初步了解了党史相关基础知识。因此，开设专门的党史课是党史教育走进乡村小学的一个可行途径。

二、乡村小学党史教育的困境

1. 党史学习途径有限

通过与学生的沟通交流发现，石秀山村不仅没有党史博物馆等相关展馆，而且当地学生也没有上过党史教育课程，更没有相关渠道阅读有关党史的书籍。由于种种途径的限制，石秀山小学与城市小学的党史教育水平存在较大差距。

2. 教学经费有限，教学设施简陋

我们通过调查了解到，石秀山小学的教学经费有限，对教学设施的投入不足。在石秀山小学，只有五、六年级的教室配备了多媒体设备，整体教学设施与城市小学相比非常简陋，不利于党史教育的有效开展。

3. 师资力量有限，教育方式落后

我们通过调研发现，石秀山小学师资力量不足，全校仅有七位老师。老师的教龄都比较高，他们依旧沿用十几年前的教学模式，缺乏创新，导致学生对课堂知识的理解与吸收情况不太理想。而且，石秀山小学并没有专门讲授党史的教师。要讲好党史，教师需要一定的积累和专门的学习，在教学过程中，需要结合小学生的年龄特点，设计深入浅出、引人入胜的教学活动，使党史知识能够被小学生感兴趣、听得懂、记得住。但是，目前石秀山小学的教师还难以胜任这个工作。

三、乡村小学党史教育的优化路径

1. 增加乡村小学的党史教育书籍

学校可以购买党史教育方面的书籍，让孩子们在阅读中得到知识与感悟。社会上的爱心组织也可以定期向乡村小学提供相关书籍。在2021年暑假，吴川市大学生协会将第七站公益图书馆活动中所收集的1287本书籍全部赠予了石秀山小学。通过让小学生阅读党史相关书籍，不仅可以引导他们感悟党的初心使命、传承党的红色基因，也可以促使他们将自己的爱国热情转化为实际行动，从而实现"立德树人"的育人目标。

2. 完善乡村小学的红色标语

在石秀山小学的外墙有一句"永远跟党走"的标语，在教室中也有

"忠于祖国，服务祖国"的标语。随处可见的红色标语不仅便于理解和记忆，而且有很大的感召力和影响力，能够助力红色文化传播。我们查阅资料后发现，标语要想取得理想的宣传效果，需要基于标语的目标受众进行设计。乡村小学红色标语的目标受众为小学生，因此要根据小学生的理解能力来进行设计。另外，还要因地制宜、与时俱进，尽量贴近乡村生活的特点，并增加标语的温情度和时代感。

3. 在语文课教学中增加党史教育相关内容

将党史教育与语文教学进行衔接，具有一定的可行性与有效性。一方面，教师可以基于语文课本中的红色经典作品，对相关历史背景进行补充，增强学生对党史的了解，激发他们对革命领袖和英雄人物的崇敬之心；另一方面，教师可以在作文教学中把学生的视野引向更广阔的天地，让学生从红色人物故事、红色历史事件、本土红色文化等方面入手练习写作，从而更有效地传承红色基因。

4. 改善乡村小学的教育条件

教学设施的完善和师资力量的增加，是乡村小学党史教育有效开展的重要保证。当地政府应增加财政投入，加强乡村小学的教育设施建设，帮助学校建设多媒体教室或购买相关的设备器材，完善乡村小学的办学条件；同时，应出台鼓励政策，吸引更多的人才到乡村小学任教，扩大乡村小学师资队伍。

5. 呼吁新力量参与乡村小学的党史教育活动

可以建立高等院校与乡村小学的联系机制，组织大学生在寒暑假期间到乡村小学开展党史教育支教活动。例如，东莞理工学院普宁爱心支教队在石秀山小学开展了支教活动，为学生们带去了生动有趣的党史课，取得了不错的效果。

参考文献

[1] 倪蕴哲. 从小学党史, 永远跟党走: 将党史教育融入小学语文教学 [J]. 学周刊, 2021（30）: 191-192.

[2] 刘蜀滨. 小学党史教育的困境及解决路径 [J]. 基础教育参考, 2021（9）: 28-29.

[3] 王霞. 党史教育融入小学语文教学的有效路径 [N]. 甘肃经济日报, 2021-08-03（004）.

[4] 何鹏举. 党史教育在"互联网+"背景下的发展研究 [J]. 湖南省社会主义学院学报, 2021, 22（4）: 18-20.

[5] 王紫茵. 酒泉农村地区政府户外宣传标语的调查研究 [D]. 兰州: 兰州大学, 2016.

关于00后大学生追星现象的研究

◆ 曹泰畅

一、引言

（一）研究背景

近年来，随着娱乐产业、偶像产业的快速发展，粉丝追星已经成为一种不可忽视的社会现象。根据2016年搜狗和音悦台联合发布的《中国粉丝追星大数据报告》，20~29岁年龄段的粉丝数量最多，占比达到47%。其中，大学生以56%的比重独占鳌头。在追星文化的背后，还存在着大学生筹资应援、刷榜打投、机场接送等现象。因此，对00后大学生追星现象进行研究并对其进行引导十分必要。

（二）研究内容

本研究将东莞理工学院作为调查点，以00后大学生追星现象为研究重点，通过问卷调查法了解00后大学生追星的现状，然后对00后大学生追星的原因及追星折射的问题进行分析，提出引导大学生理智追星的建议，帮助大学生树立正确的追星观念。

（三）研究方法

本研究主要采用问卷调查法收集数据。笔者设计了《网络时代00后大学生追星现状调查问卷》，借助问卷星平台，面向东莞理工学院大一至大四的学生，共发放问卷156份，并运用图表统计工具分析问卷数据，从而了解当前00后大学生追星的具体情况。

二、文献综述

（一）国外研究现状

笔者对国外相关文献进行分析整理后发现，美国和韩国学者关于追星现象的研究较为深入，且研究角度较为广泛，多从心理学和社会学视角进行分析。具体情况如下。

1. 美国学者有关追星现象的研究

美国学者阿德里（Aadree，2014）通过对社会中男、女粉丝追星行为的调查发现，这两个群体在追星行为上存在一定的差异。美国学者格罗斯伯格（Groysberg，2010）指出，追星不仅会对个人产生影响，而且会对社会企业的繁荣发展和各公司之间高技术工人的人员流动性产生一定的影响。

2. 韩国学者有关追星现象的研究

由于韩国造星文化盛行，韩国学者较为关注学生追星的教育引导策略。韩国汉书大学学者김훈태（2003）认为，当前追星群体以学生为主，且明星身上的优质特征是吸引学生追星的主要因素。韩国忠南大学学者채선희（2007）通过调查发现，追星可帮助学生维持与同辈群体的关系，因此，家长和教师应积极帮助学生树立对明星的正确认识。韩国全南大学学者조영임（2011）认为，追星会影响中学生的自我情绪调节和学习成绩，适当追星可以帮助他们调节情绪，缓解压力，更快、更好地适应学校生活。韩国大邱大学学者문지선（2011）认为，追星是学生成长过程中的特殊心理现象。

综上所述，国外关于追星现象的研究有如下特点：一是利用专业理论知识进行分析。学者们从心理学和社会学等视角对追星现象进行了研究。二是关注追星现象的成因和影响。学者们不仅从心理学视角分析了追星现象的成因，还指出了追星产生的积极与消极影响。三是理论和实证研究相结合。

（二）国内研究现状

21世纪初，国内开始出现一些不理智的追星行为，甚至造成严重的社会危害，并逐渐引起社会各界的广泛关注，学术界也开始对追星现象进行探讨和研究。通过对国内相关文献的分析整理发现，国内现有研究普遍关注追星现象的特点、成因、影响等几个方面。具体情况如下。

1. 有关追星现象特点的研究

李思敏（2012）从传播学的角度指出，随着网络信息传播速度逐渐加快，追星变得不再被动，当前粉丝追星呈现自发性的特点。蔺娜（2018）认为，大学生追星现象逐渐演变为时代缩影，当前大学生追星呈现出单一性与多元化并存、理性与盲目性共存的特点。彭瑞娟和马金（2019）认为，网络时代一些大学生过度关注明星的私人生活，其追星行为具有非理性的特点。侯博（2020）认为，新媒体时代开始出现"职业粉丝"，使追星活动趋于产业化。

2. 有关追星现象成因的研究

刘飞（2008）认为，青少年追星不仅受社会环境影响，更主要的原因是其心理的日渐成熟和成长过程中价值目标的缺失。葛琛辉和徐先彩（2012）通过个案分析发现，青少年追星的主要原因是课业负担过重和错误的家庭教养方式。李春竹（2015）认为，青少年病态追星现象的出现源于我国缺乏系统的传统文化教育，导致青少年产生信仰危机。鲁婵（2017）指出，当代大学生课余时间较为充足，课余活动十分丰富，其内在情感动力和外部情感释放是维持追星的主要动力。

3. 有关追星现象影响的研究

孟令乔（2012）认为，追星对大学生的影响具有双面性，汲取明星身上的积极因素会帮助大学生形成正确的三观，反之，则会助长拜金主义和功利主义。刁莲娜等（2019）从社会学角度分析指出，大学生追星会使他们与偶像之间建立拟社会关系，认为理性追星有助于提升大学生的自尊水平，帮助他们实现理想中的自我。张亚星（2020）认为，互联网时代追星文化参差不齐，由追星带来的劣质文化传播严重阻碍了我国新兴文化产业的健康发展。

综上所述，国内关于追星现象的研究有以下特点：一是学科视角广，学者们从心理学、教育学等视角展开了深入研究；二是比较关注追星现象的特点、成因和影响；三是研究对象以学生为主，对社会人士追星现象的关注和研究较少。

三、00后大学生追星现状分析

（一）00后大学生追星的基本状况

1. 追星现象十分普遍

问卷调查显示，虽然只有约1/3的大学生在追星，但是有57.52%的大学生是有喜欢的明星的（见图1）。从图2可以看出，只有极少数大学生从不关注明星动态，绝大多数大学生会在闲暇时间关注明星相关新闻，这说明大学生追星现象是普遍存在的。

图1 你现在是否有追星

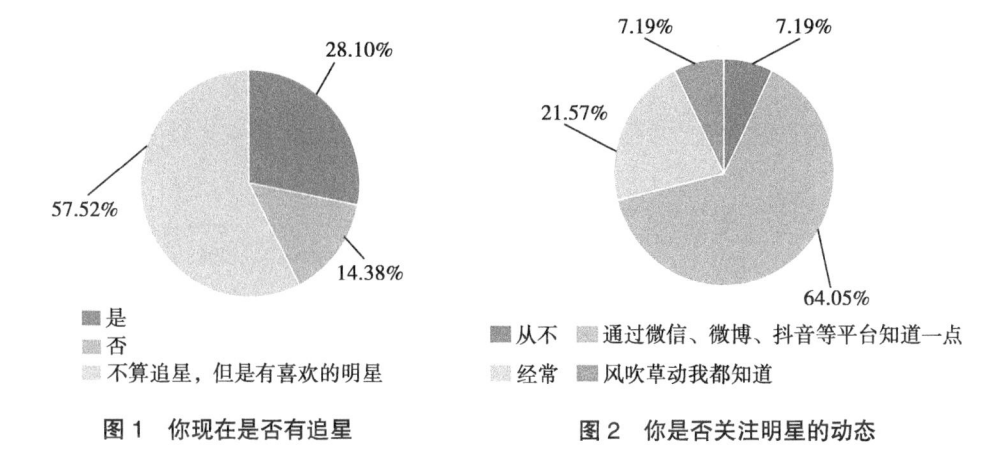

图2 你是否关注明星的动态

2. 追星对象以娱乐明星为主

图3显示，虽然大学生喜欢的明星分布在各个行业，但仍以娱乐明星（歌手、演员、偶像）为主。其中：歌手和演员占比最大；其次是偶像，占比为44.44%；居第四位的体育明星仅占20.26%；时尚圈、文学圈和科研界三者也均有涉及，但占比很小。

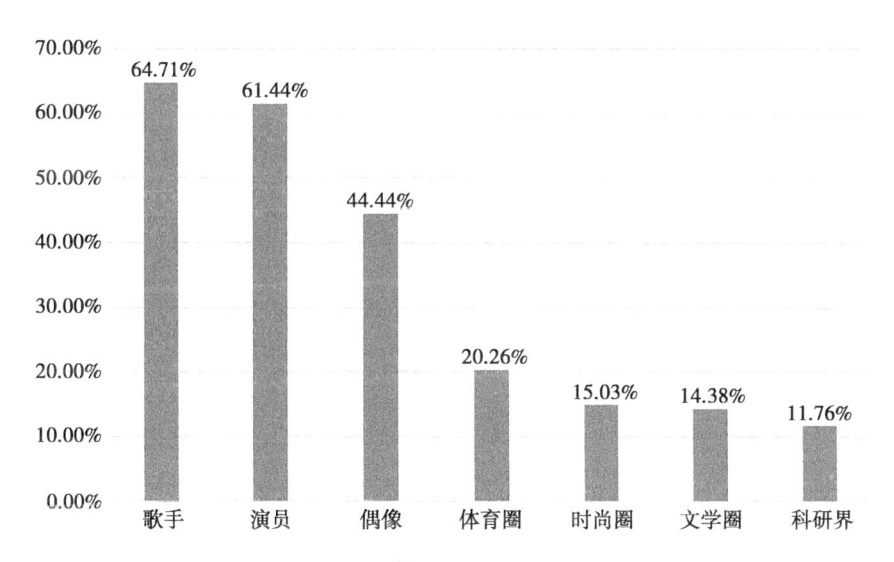

图3 你关注哪一类明星

3. 追星行为日趋理智

（1）追星频率。如图4所示，大学生追星频率以每天1小时以下为主，但不可忽视的是，每天5~8小时和每天8小时以上的追星频率也有约4%的占比。

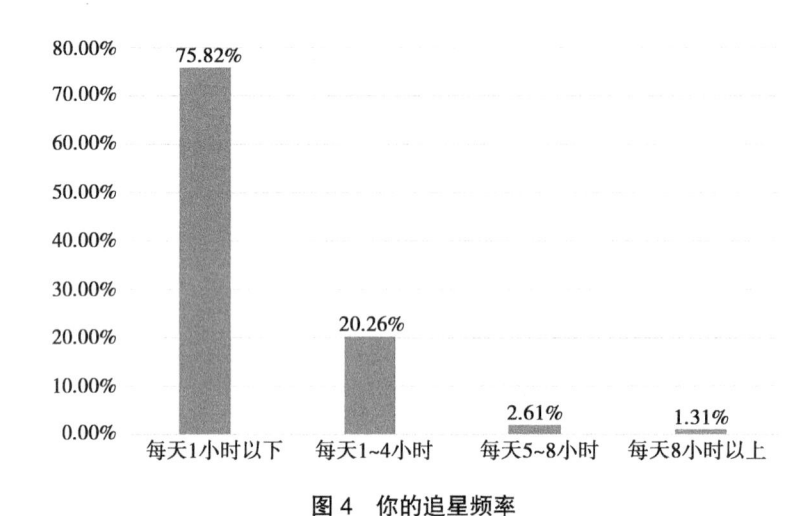

图4 你的追星频率

（2）追星消费。从图5至图7可知，大学生追星消费不是盲目购买，所购买的大部分东西是自己所感兴趣的，或者是符合自身需求、具有实用性的生活用品。笔者通过访问身边一位粉丝了解到："像饮料、零食这

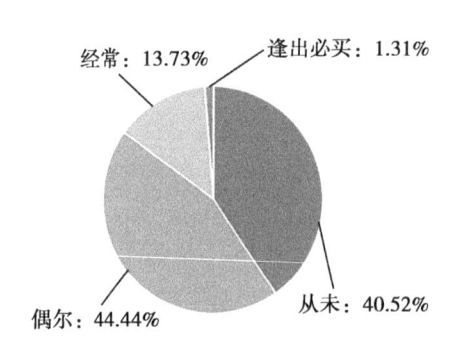

图5 你会经常购买偶像的周边吗

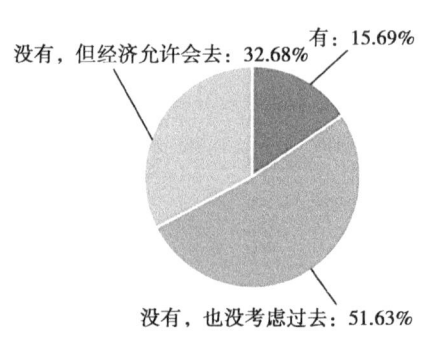

图6 你有去参加过明星的线下活动吗（演唱会、见面会等）

7.84%　0%

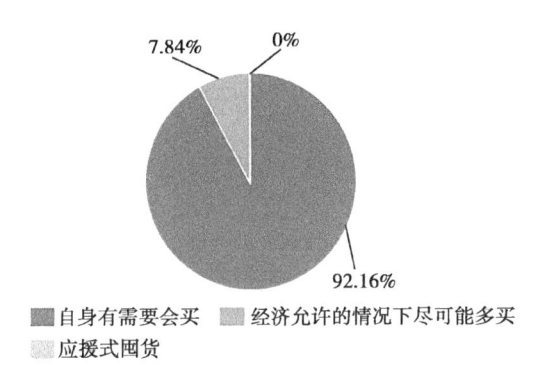

92.16%

■ 自身有需要会买　■ 经济允许的情况下尽可能多买
■ 应援式囤货

图 7　你会为偶像代言的产品买单吗

些相对化妆品价格较低的东西，我会因为有偶像的代言而选择去购买。既然价格不高，那为何不给偶像应援，同时自己也会感到开心。"由此可见，大学生的追星消费以购买实用性产品为主，他们并不会因为有偶像的代言而去盲目购买一些对自己来说没有用的东西。追星消费并不会给大学生造成经济压力，他们的追星消费在可控的范围内。

（3）对于偶像的负面新闻的看法。图 8 显示，绝大部分大学生还是比较理智的，约两成的大学生以旁观者的心态看待，近八成的大学生会选择及时止损。但也要注意，哪怕只有 1.31%，还是存在比较偏激狂热的追星大学生。

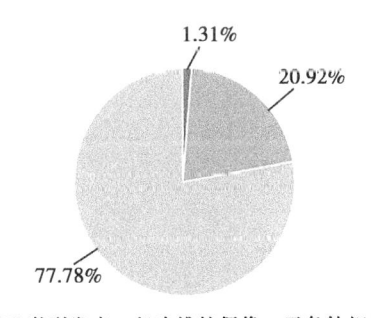

1.31%　20.92%

77.78%

■ 激烈发声，坚决维护偶像，无条件相信偶像
■ 不在意或者不关注
■ 脱粉，并慢慢走出"塌房"的痛苦

图 8　如果你的偶像做出了有违社会公德的事情，你会怎么做

（4）被明星吸引的因素。从图9可知，四个选项的占比相差不大，但个性风格和为人处事仍略高一点。可见，大学生的追星行为基于自身价值观和情感倾向，带有很强的社会属性和个人偏好。

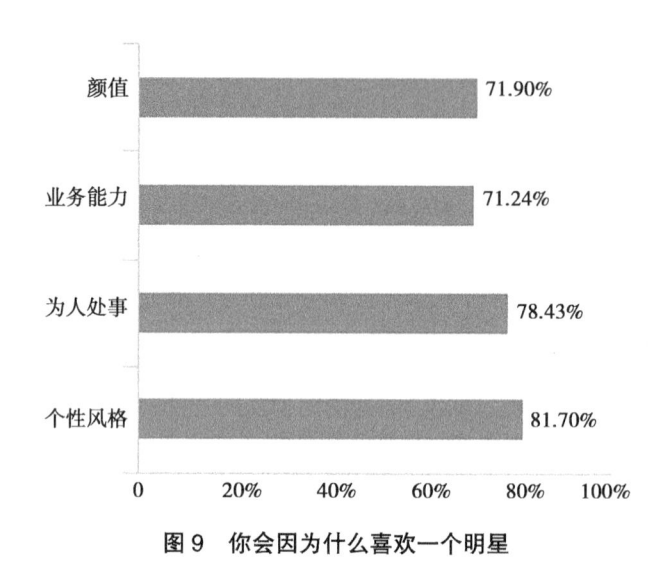

颜值 71.90%
业务能力 71.24%
为人处事 78.43%
个性风格 81.70%

图9　你会因为什么喜欢一个明星

4. 理智追星是可以获得正能量的

关于追星是否会影响自身情绪的调查显示，有58.82%即近六成的大学生选择了不会，但是仍有约四成大学生的情绪会受到明星动态的影响（见图10）。从图11可知，绝大部分大学生喜欢一个明星最长能持续的时

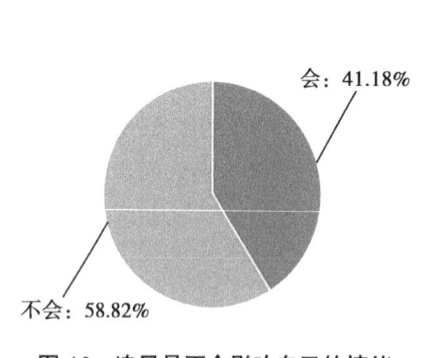

会：41.18%
不会：58.82%

图10　追星是否会影响自己的情绪

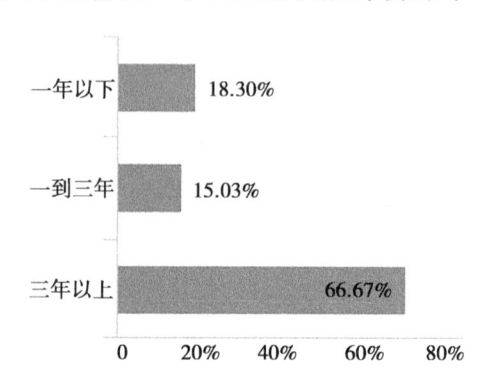

一年以下 18.30%
一到三年 15.03%
三年以上 66.67%

图11　喜欢一个明星最长能持续的时间

间为三年以上，换句话说，大学生对于明星的喜欢不是我们通常认为的"三分钟热度"，而是真的有被明星身上的某个闪光点所打动并长期喜欢。结合图12来看，因为偶像而让自身变得更好的占绝大多数，由此可以推断，理智追星是有积极影响的。

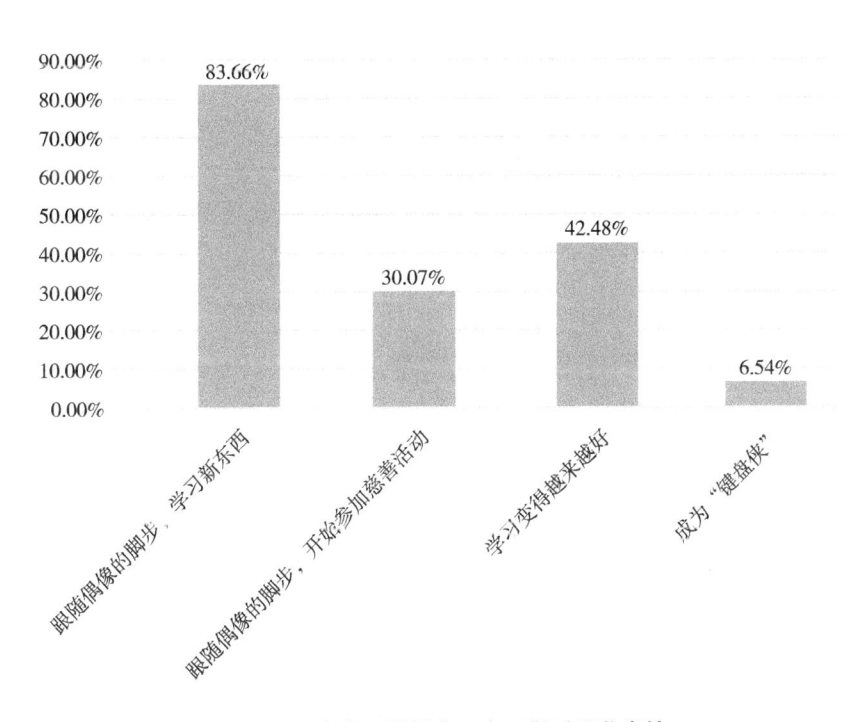

图12 因为自己的偶像，自己做过哪些事情

（二）不同类型大学生的追星现状

1. 性别上以女大学生为主

由图13可知，追星的大学生以女生为主，原因可能是女生易受感性思维的影响，而相比追星，男生的时间可能更多地用于打游戏、打篮球等。

2. 感情状况上以单身为主

从图14可知，追星的大学生中近九成为单身。一方面，有男女朋友的大学生能分配给偶像的时间会很少，而单身的大学生则有较多时间去

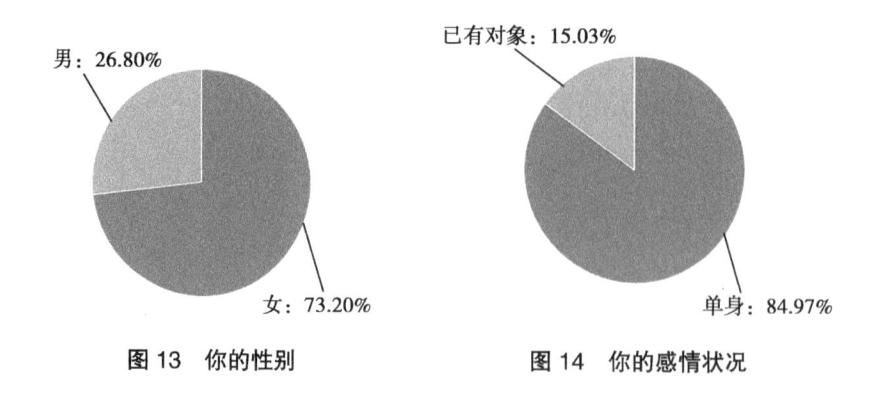

图 13　你的性别　　　　　图 14　你的感情状况

追星；另一方面，有了偶像后，会拉高找男女朋友的标准，从而加剧单身的状况。

四、00 后大学生追星的原因分析

（一）明星与大学生的同质性是引起大学生追星的重要原因

美国特拉华大学的研究者 Perse 和 Rubin（1988）调查了大学生喜欢的电视角色和他们真实的人际关系。结果表明，大学生喜欢的电视角色和他们现实生活中与亲情、友情、爱情相关的对象具有非常相似的特征。

根据强化理论，明星之所以能对大学生产生吸引力，主要在于明星与大学生有相似的特征——明星的年龄与大学生较为接近，心理和行为的相似性较高。这种相似性也容易导致大学生不理智追星。

大学生追星是一种基于自身价值观和情感倾向的学习行为。这种学习不是纯粹理性的学习行为，而是一种具有强烈社会属性和个人偏好的学习行为，这使得大学生在追星的同时也完成了对自我身份的认知和认同。

（二）精神世界的匮乏是大学生追星的催化剂

首先，相比中学生，大学生课余可自由支配的时间增多，但由于缺少如高考那样的精神追求与寄托，同时也因尚未确定未来的职业发展方向，所以容易出现精神空虚的感觉。其次，大学生大多离家求学，与家人的联络减少，其情感需要找一个地方抒发。此时，追星恰好可以弥补精神世界中的缺憾。

美国传播学者克罗斯伯格（2009）在其撰写的《这屋里有粉丝吗？——粉都的情感感受力》一文中指出："'粉丝'对于某些实践与文本的投入使得他们能够对自己的情感生活获得某种程度的支配权，这又进一步使他们对新的意义形式、快感及身份进行情感投入以应对新的痛苦、悲观主义、挫败感、异化恐惧及厌倦。""饭圈"中人与人之间是相互塑造的关系，具有一定意义的交互性，从而打破了传统意义上单向追星的概念。粉丝通过"饭圈"能够产生高度的获得感，借以填补自己在现实生活中的情感空白和价值空缺。因此，绝大部分大学生会选择追星作为课余的消遣，同时单身的女大学生是其中的主力军。

（三）追星成本低但获得感强

纽约州立水牛城大学的心理学教授 Shira Gabriel 指出："如果你非常了解一个人，甚至迷恋或爱上了他，但他对你一无所知，那么就可以说是处于拟社会关系中。这种社会关系是单向的。""人们在拟社会关系中基本上没有被拒绝的风险，如果缺乏自尊，那么在被拒绝后更容易患上自我认知障碍。因此，我们会更愿意进入那些被拒绝风险小的关系。"（Derrick 等，2009）大学生追星恰恰使其与偶像建立了一种拟社会关系，在这一关系中，大学生不用担心被拒绝。

在网络时代下，人们动动手指就可以获得海量的明星信息，比起通过购物消费换取快乐，这种快乐简单易得，很容易让人沉迷其中，以至于追星成了很多大学生课余的消遣活动之一。

五、00 后大学生追星折射的问题

（一）高校思政课程仍停留在传统的"教师授课，学生听讲"模式，未能很好地适应新媒体时代下大学生群体的需求

大学生正值青春年华，有自己喜欢的偶像是一种正常现象。但大学生的三观尚未成熟，若缺乏适当的引导和教育，他们就很容易沉溺其中，甚至走向极端。而高校思政教育正是消除这种不理智倾向的重要手段。然而，如今高校思政课上老师唾沫横飞，学生低头玩手机甚至直接伏案而睡的现象屡见不鲜，直接影响了课程效果，使得无法发挥思政教育对学生三观的引导作用。可见，将时代特点、00后大学生群体的特点与思政课程相结合并进行创新，发挥大学生群体在思政课程中的主体作用，应成为当下高校思政课程改革的重要方向。

（二）部分媒体未履行正向引导的责任，甚至营造了不健康的网络环境

对于传播媒体而言，对大众进行正向引导是其不可推卸的责任。然而，部分媒体为了抓人眼球，突显信息高潮，会选择抛开同样需要引起大众注意的"冗余信息"，导致大众对所呈现的事件产生片面化的认知。有的媒体将明星塑造得过于"高大上"，将网络中的大幅板块留给明星八卦，使得大学生也将自己的注意力更多地放在了娱乐明星身上。

（三）娱乐行业在资本的操控下逐渐偏离正确的轨道

在资本的控制下，泛娱乐化野蛮生长，一批批缺乏营养、质量堪忧的作品不断出现。没有优秀的内容，形式搞得再热闹、再花哨，那也只是表面文章。这种依靠收割注意力来获利的行为是不会为社会创造任何

正向的、增量的价值的。娱乐行业需要资本的力量来推动，但更需要正确的价值观来引导，需要坚持思想精深、艺术精湛、制作精良相统一的原则，以推动行业获得持久的生命力。因此，进行行业整顿，做到行业自律是当下娱乐行业迫在眉睫的事情。

六、引导大学生理智追星的建议

（一）政府加强对娱乐行业的监管，引导大学生理智追星

要加快填补相关法律监管上的空白，对操控"饭圈"产业链的资本、平台、演艺公司等进行治理和规范，对不当营销行为给予相应的惩处。同时，要继续落实片酬管理制度，强化与税务等相关部门的工作联动，强化信息共享，坚决打击"天价片酬""阴阳合同"。提高娱乐行业的准入门槛和失德违法的成本，加大机制监管的力度。在新时代中国特色社会主义建设过程中，必须倡导明星艺人要有"流量担当"，积极弘扬社会主义核心价值观，让德行与其所拥有的流量真正匹配，向当代大学生传递正能量。

（二）高校发挥教育作用，引导大学生理智追星

高校应借助思想政治教育教程，对大学生的三观进行正确的引导，消除其不理智追星的倾向。需要注意的是，高校在对大学生进行思想政治教育时，要学会用大学生熟悉的表达方式，学会用大学生喜欢的交流话题，学会用大学生热衷的对话平台，让他们主动接受、自觉认同、积极践行思政教育所传递的价值观念。此外，高校可以开展有针对性的价值观教育活动，引导大学生理智追星。例如：围绕理智追星开展主题班会或辩论赛，让大学生了解追星的利与弊；鼓励以大学生为主体开展相关研究，让大学生通过研究深入了解追星现状。

（三）媒体开展正能量宣传，引导大学生理智追星

媒体应坚持社会效益第一，自觉承担社会责任，坚决抵制调侃丑闻、炒作热点、制造对立等错误做法，抵制"唯流量""唯颜值"的畸形文化。媒体要主动净化报道内容，选取明星正面事迹和优秀品质加以宣传，引导大学生养成积极向上的追星心理，同时也要多报道政治家、军事家、科学家等榜样人物的先进事迹，引导大学生学习他们身上所具有的优良品质。

（四）娱乐产业强化自律，引导大学生理智追星

娱乐产业是文化产业的一部分，在注重经济效益的同时更要注重社会效益。首先，娱乐公司要自觉承担起传播正能量和引导正确价值观的责任。其次，行业协会要引导全行业遵守法律、崇尚道德、崇尚艺术，培养德艺双馨的艺术家，而非换代迅速的娱乐明星，共同构建风清气正的文娱生态，创作出经得起时间检验的文艺作品。最后，明星作为公众人物，要勇于承担社会责任，专注于本职工作，培养匠心精神，发挥正向榜样作用。

七、关于大学生追星的思考

（一）大学生追星并非洪水猛兽，我们大可不必谈虎色变

在平时的教育过程中，我们往往过分强调追星的弊端，这样容易走向一棒子打死的误区，不仅忽视了大学生的兴趣和爱好，也没有给他们起码的尊重和认可。其实，因为一个角色而受到感动，从而喜爱一个明星是人之常情，因为一个明星自身优秀的品质和道德修养而去学习和效仿也是正常与积极的。所以，大学生追星并不等同于不务正业，理智地追正向的明星是有一定积极意义的。

（二）大学生追星的行为日趋理智

美国传播学教授詹森（2009）曾将粉丝概括为两种类型：着魔的孤狼和歇斯底里的人群。前者沉迷于幻想之中，幻想自己与偶像的亲密关系，他们甚至会做出跟踪、威胁杀害偶像的极端行为；后者是指在共同的情感传染下出现集体失控行为的粉丝。

然而事实上，大学生粉丝群体中也有很大一部分是有着正确三观的热血青年，他们在追星的过程中往往会受到偶像的鼓励而表现出积极向上的力量。因此，如何抓住有效时机，做出适当引导，让大学生在兴趣和爱好的支配下，将对偶像的崇拜转化为自身进步的动力，成为高校思政教育的一个研究方向。

（三）不可否认，仍存在部分畸形不理智的追星行为

问卷调查显示：有41.18%的大学生表示会因追星影响到自身的情绪；当问及如何看待偶像做出有违公德的事情时，有两位大学生选择了"激烈发声，坚决维护偶像，无条件相信偶像"这一选项，这不得不引起我们的重视。

（四）大学生追星真正的意义

知名主持人撒贝宁曾说过一段话，令笔者感触颇深："追星其实是你在追自己。你其实是在为自己设计着一个你理想中生活的人设、状态、你的目标、你想成为什么样的人。你其实最终追来追去，你追的是自己的影子……"这段话在很大程度上表达了追星最本质的意义。对于刚刚步入成年的大学生来说，追星实际上就是一种塑造自我价值、确立自我追求的过程。大学生通过追星一步步成为更好的自己才是追星最大的意义。

参考文献

[1] 李思敏.从传播学角度探析多方推动下的追星活动：以"哈韩"现象为例[J].今传媒，2012，20（8）：134-136.

[2] 蔺娜.思想政治教育视角下高校大学生偶像崇拜心理研究[D].沈阳：沈阳航空航天大学，2018.

[3] 彭瑞娟，马金.互联网＋时代大学生追星现状及引导研究[J].科技资讯，2019，17（26）：172-173.

[4] 侯博.新媒体语境下粉丝文化的权力与对抗[D].长春：吉林大学，2020.

[5] 刘飞.青少年追星现象微探及其对策：用社会主义核心价值体系指导青少年思想道德建设[J].菏泽学院学报，2008（1）：129-131.

[6] 葛琛辉，徐先彩.青少年偶像崇拜个案分析[J].教育教学论坛，2012（S1）：260-261.

[7] 李春竹.青少年病态追星现象管窥：基于中华优秀传统文化的视域[J].青少年研究（山东省团校学报），2015（1）：23-25.

[8] 鲁婵."饭圈"与"圈饭"：大学生粉丝群体的互动机制探究[J].青少年研究与实践，2017，32（4）：85-91.

[9] 孟令乔.粉丝文化现象对大学生价值观的影响[D].大连：辽宁师范大学，2012.

[10] 刁莲娜，吴娟娟，柯静.追星背后的拟社会关系[J].产业与科技论坛，2019，18（4）：103-104.

[11] 张亚星.引导粉丝文化促进我国影视产业健康发展研究[J].新闻研究导刊，2020，11（24）：192-194.

[12] 克罗斯伯格.这屋里有粉丝吗？——粉都的情感感受力[M]//陶东风.粉

丝文化读本. 北京：北京大学出版社，2009：192-194.

[13] 詹森. 作为病态的粉都——定性的后果［M］// 陶东风. 粉丝文化读本. 北京：北京大学出版社，2009：192-194.

[14] Groysberg B.Chasing stars: the myth of talent and the portability of performance ［J］.［S. l.］: Princeton University Press，2010.

[15] Anselmo-Sequeira D.Screen-Struck: the invention of the movie girl fan［J］. Journal of Cinema and Media Studies，2015，55（1）：1-28.

[16] James C A.Communication in online fan communities: the ethics of intimate strangers［J］.Empedocles: European Journal for the Philosophy of Communication，2010，2（2）：270-280.

[17] Aadree C.Broncho Billy and the problem of the male movie fan［J］. Film History，2014（3）：57-83.

[18] Persc E M，Rubin A M. Audience activity and satisfaction with favorite television soap opera［J］. The Journalism Quarterly，1988，65（2）：368-375.

[19] Derrick J L，Gabriel S，Hugenberg K. Social surrogacy: how favored television programs provide the experience of belonging［J］. Journal of Experimental Social Psychology，2009，45（2）：352-362.

[20] 김훈태. 청소년의 대중스타 우상화와 자아정체감의 관계 연구［D］. 한서대학교교육대학원，2003.

[21] 이호룡. 초등학생들의 연예인에 대한 끌림행동:구성요인 및 관련변인［D］. 창원대학교대학원，2004.

[22] 전희연. 초등학생의 연예인 우상화 수준과 자기존중감 및 정서지능의 관계［D］. 충남대학교교육대학원，2006.

[23] 채선희. 초등학생의 연예인에 대한끌림행동과 자극추구성향 및또래동

조성의 관계[D].충남대학교교육대학원,2007.

[24] 조영임.중학생의 정서지능,연예인 우상화 및 학교생활적응[D].전남대학교대학원,2011.

[25] 문지선.중학생의 성별 자존감 및 정신건강과,연예인 우상화간의 관계[D].대구대학교교육대학원,2011.

基于 VR 技术的高校线上教育新模式探析

◆ 郑晓纯

受新冠肺炎疫情影响，我国许多高校采取了线上教育方式。虽然这种方式使高校教学更加灵活，但也增加了一些学科专业的实训操作难度。因此，如何在现有科学技术的基础上提高高校线上教育的质量，是一个重要的研究课题。

本文将首先分析高校线上教育的优势及存在的不足，然后介绍 VR 技术并分析其应用于高校线上教育的优势，接下来对 VR 技术在高校线上教育中的具体应用进行了分析，最后针对高校线上教育提出具体的优化建议。

一、高校线上教育的优势与不足

随着互联网技术的发展和智能手机的普及，特别是在新冠肺炎疫情的影响下，线上教育迅速发展，成为教育新模式。为了响应国家在疫情期间"停课不停学"的号召，各大高校也适时推出了线上教育课程，取得了一定的效果。下面笔者将具体分析高校线上教育的优势和存在的不足。

（一）高校线上教育的优势

1. 获取知识便捷，打破时空限制

不同于学校的线下学习，线上学习打破了时间和空间的限制，学生只要带上电子设备，在安静的环境中连接上互联网就可以开始一天的学习。而且线上教育的相关软件具有录播功能，录播课可以反复观看。相比之前线下上课的方式，这种学习方式更高效，学生的学习自主性更强。线上教育不仅便利了学生，也给老师带来了方便。在线下教学时，老师需要在相对固定的时间和地点进行工作，而在线上教学时，老师只需要在社交软件发布上课时间，设置好教学平台，等待学生进入直播间即可。另外，通勤时间的大大减少能让老师有更多的精力去备课，使上课效果更好。

2. 学生得到更多的关注，学习情况能够及时反馈

线上教育通过一条网线连接相隔千里的师生，但这并不会减少老师对每个学生的关注。在线上教学中，老师可以通过摄像头或者留言区关注课堂上的每个学生，因而在网络上学生们的积极性更高，活跃度更强，能够更好地与老师互动。而且老师通过平台布置学习任务，学生的完成情况可以及时反馈给老师，未完成名单也显示得一清二楚，无须老师花费时间和精力进行统计，这是传统课堂教育模式无法比拟的优势。

（二）高校线上教育存在的不足

尽管线上教育存在诸多优势，解决了新冠肺炎疫情下的高校教育难题，但是仍存在不少问题和挑战。

1. 部分课程的效果受限

以会计专业为例，会计专业是一个应用性和实践性很强的专业，在人才培养方案中安排了大量的实训课程，如财务报表登记、会计实训等，这种实训课程更适合线下教学，线上教学会大大降低学习效果。效果受限的不仅有实训课程，还有其他交流性课程。例如，人力资源管理课程中职务说明书、招聘计划书等的撰写需要小组成员分工配合，但是在线上教育平台中小组成员的交流会受到限制，造成小组成员的积极性不高，

从而影响该课程的教学效果。

2. 线上教育的条件不完善

在直播授课时经常会出现卡顿、延迟或掉线等情况，这是因为线上教育的条件不完善。首先，学生和老师相隔甚远，不同地区师生所处的网络环境差别较大，在一些偏远地区，网络覆盖率较低，网络信号不稳定；其次，在新冠肺炎疫情防控期间，大量的老师和学生集中登陆同一个在线教育平台，如钉钉、腾讯课堂，很容易超过平台承载能力，从而造成服务器瘫痪；最后，老师和学生使用的终端设备差异较大，对于线上学习也存在一定影响。

3. 线上教育的监管与评价不到位

在进行线上教育的时候，传统的班级管理方式不再适用。因为老师与学生存在于不同的空间，班级概念在线上教育平台中被虚拟化，所以线上教育更要求学生自律。虽然线上教育平台可以精准导出学生的出勤率、作业完成率之类的数据，但对于主观性较强的数据则难以获取，如学生注意力是否集中、对知识点是否理解等，从而难以准确评价学生的学习情况。

二、VR技术介绍及其应用于高校线上教育的优势

（一）VR技术的起源及应用

1. VR技术的起源

VR技术是20世纪发展起来的一项新型实用技术，集计算机技术、电子信息技术、仿真技术于一体，其基本实现方式是通过计算机模拟打造虚拟环境，从而给人以环境沉浸感。随着VR技术的不断完善，各行各业对VR技术的需求日益旺盛，VR技术的应用范围越来越广泛。

2. VR 技术的应用

旅游业：目前 VR 技术在旅游业的应用主要集中在 VR 沉浸式交互体验和旅游景区的全景展示上。基于 VR 技术的旅游是一种全新的旅游模式，能带给旅游者在以往的旅游模式中不曾有过的交互体验，更具娱乐性。在新冠肺炎疫情期间，VR 技术可以让用户"云旅游"，从而促进旅游行业的新发展。

酒店民宿：在互联网高度发达的背景下，人们订酒店或者民宿十分便利，但这并不能完全避免订好的房间与想象中的存在差异的情况。而通过应用 VR 技术，能够全方位、无死角地展现酒店的环境，让消费者更全面地了解酒店后再做出是否消费的决定。例如，美团、携程等平台已经在酒店预订中加入 VR 全景选房服务，从而极大地避免线上订房的局限性，让消费者更放心。

除了以上领域，VR 技术在天气预测、广告宣传、医药治疗、游戏等领域也发挥出极大的作用。而且近年来，VR 技术开始逐步应用于高校线上教育。

（二）VR 技术应用于高校线上教育的优势

将 VR 技术应用于高校线上教育，可以有效解决高校师生在传统线上教育平台面临的各种不适应问题，促进线上教育手段的创新，提高学习效率和效果。在传统的线上教育平台，教师通常采用 PPT 进行案例讲述或者使用图片、视频等讲解理论知识，很容易忽视学生的实际操作，导致学生对知识的掌握仅停留在形式上。以会计专业为例，依靠传统的线上教育平台是很难完成当代会计专业的人才培养要求的。会计专业是一个实践性很强的专业，不能与实际应用相脱节。以会计实训来讲，如果能在会计教学中引入 VR 技术，构建出一个会计实训的模拟环境，将很有利于培养会计专业学生们的实践操作能力。

三、基于 VR 技术的高校线上教育新模式

（一）VR 技术在高校线上教育中的应用

通过表 1 可以看出，VR 技术在高校线上教育中能够应用于不同的专业。在艺术传媒和自然科学专业，通过 VR 技术可以打造出一个立体空间，让学生能够更形象地了解三维物体的信息；在语言学专业，通过 VR 技术可以虚拟现实，从而让学生与外国友人交谈，拥有一个良好的外语环境；在财会专业，通过 VR 技术可以构建出一个仿真企业，使学生身临其境般地了解业务流程。

表 1　VR 技术在高校线上教育中的应用

学科专业	教学应用
艺术传媒	教育者可以利用 VR 技术将构思、场景等生动展示，让受教育者有遐想空间
自然科学	在生物技术专业中，学生可以借助 VR 技术在短时间内看到植物生长的过程，观察到肉眼并不能见到的微生物；在医学专业，可以借助 VR 技术模拟出人体结构，帮助学生进行手术操作，增加熟练度
语言学	教育者可以借助 VR 技术创建出仿真的外语学习环境，让学生进行语言练习，缓解学生的尴尬与紧张情绪
财会	基于 VR 技术，教育者可以打造出一个会计实训的虚拟环境，更好地开展会计课程的教学，使学生能够在一种具有真实感的场景中了解业务流程，提高自身的操作能力

（二）基于 VR 技术的教学系统——VR 课堂

基于 VR 技术设置的 VR 课堂能够深度融合教师与学生，使教与学达到高度的协调统一。VR 课堂由控制机、服务器和客户端构成。其具体运作模式是教师在控制机输入教学案例，然后利用服务器创建出一个虚拟

场景，学生通过客户端观察构建出来的场景并进行角色模拟和体验，从而以高度的参与感完成教学任务。这种教学模式可以提高学生的参与度与互动感，实现线上教学效果的优化。以会计专业为例，其VR课堂的教学操作如下。

首先，教育者结合学校会计专业的课程内容及人才培养方案，整合会计专业的教学资源，在控制机构建一个切合学校会计专业特点的虚拟教学环境。

其次，教育者将构建出来的虚拟教学环境上传到公共服务器上，做好与受教育者的资源共享，推动教学资源的传播。

最后，受教育者利用客户端接收优质的教学资源，从而实现VR技术与教学的有机融合。

例如，在会计登账的实训过程中，教育者可以构建一个虚拟环境，模拟需要登账的企业的成本核算、财务处理、纳税申报等业务流程，以便会计专业的学生更加形象直观地体验该业务。

四、提升高校线上教育质量的策略

（一）提高教师的信息化技能，增强师生互动

一方面，对年龄比较大的教师加强信息化技能培训。召集信息化人才，组建培训团队，对其进行教学软件培训，提高其软件操作的熟练度，同时制作使用手册或演示视频，并对线上教育方案进行优化，使教师能够灵活运用MOOC教学、直播教学、录播教学、远程指导等授课方式。此外，借鉴和采用VR智能课堂模式，实现线上教育多样化。

另一方面，要加强教师与学生的沟通，发挥教师的引导作用，避免

出现"学生只能依靠虚拟情境来获取知识"的局面。因此，即使借助VR技术，高校在进行线上教育时也不能忽视教师与学生的互动和交流。

（二）转变实践课程教学思维

在信息技术环境下，教师和学校要跳出传统的实践课程教学思维，创新线上课程设计，构筑网络化的实践教学场景。学校可以通过与第三方合作，开发出可以替换视频、图片的VR课程模型，再借助全景相机，根据课堂教学需要自主拍摄、编辑教学资源，真正地让技术为教学服务，帮助师生在个人电脑上搭建网络实践教学环境，实现教师演示与学生操作的线上结合，为实践课程的在线教学提供保障。

（三）强化线上教育软硬件环境的支撑

高校线上教育模式的长远发展离不开软硬件环境的支撑，为此，需要各方共同努力。从国家层面来说，应加强偏远地区的互联网基础设施建设，优化城乡网络环境，为线上教学提供网络基础保障。从学校层面来说，高校应选择承载量大的教学平台，同时积极开发基于VR技术的教育平台。从平台层面来说，目前很多常用的教学软件如腾讯会议、钉钉等的设计初衷是为企业多人会议提供服务，其功能未必完全符合线上教学需求，因此需要深入开展需求调研，不断优化服务能力，实现平台与教育的有效融合。

（四）有效开展线上教育，加强教学质量管理

高校线上教育任课教师要根据学校工作方案，结合教学实际，制订切实可行的线上教学计划，并严格执行课程安排。在课前，教师可以通过签到、点名、提问等多种方式督促学生全员参与；在课上，可以通过摄像头观察学生的注意力是否集中、对知识点是否存疑等；在课后，要对学生的出勤情况和听课效果进行评价。

参考文献

[1] 赵梓岩.后疫情时期高校线上教学提升策略探析：以广播电视编导专业为例[J].传媒论坛,2019(19):153-155.

[2] 于歆杰.以高质量在线教学应对高校疫情防控大考[J].人民论坛,2020(10):108-109.

[3] 吴岩.应对危机 化危为机 主动求变 做好在线教学国际平台及课程资源建设[J].中国大学教学,2020(4):4-16,60.

[4] 王晓翠.传媒行业参与传媒艺术教育线上建设实证研究[J].传媒论坛,2021(21):154-155.

[5] 陈晓亮.线上线下混合式教学模式的设计与思考：以学前教育绘画基础课程为例[J].武昌工学院,2021(19):170-171.

[6] 曹兵,吴桢,黄博,等.基于工程教育的土木工程专业混凝土结构设计原理课程"线上+线下"教学改革与实践[J].安阳工学院学报,2021(6):71-74.

基于犹豫模糊 FMEA-GRA 方法的返贫风险因素识别

◆ 张泽宇

一、引言

随着脱贫攻坚的完美收官，巩固脱贫攻坚成果成为今后我国贫困治理及乡村振兴工作的重点。返贫的发生不仅会造成扶贫资源的极大浪费，而且会蚕食脱贫攻坚成果。准确识别返贫风险因素是阻断返贫的前提，对巩固脱贫攻坚成果具有重要意义。为此，相关学者进行了大量的研究。庄天慧等（2011）以返贫人口占贫困人口的比重反映样本村的返贫程度，运用有序 Probit 分析了影响样本村返贫程度的因素。耿新（2020）运用返贫比例来分析返贫人口特征，并以东乡族自治县 1511 名返贫人口为样本数据，运用线性回归方法进行实证分析，发现文化程度、贫困户属性等因素对贫困人口的返贫有显著影响。肖泽平等（2020）对返贫家户的数据信息进行了统计分析，并通过返贫户所占比例对返贫家户的基本特征进行了描述性分析，进而验证得出家户的人口、规模、结构及婚育是返贫的影响因素。从上述文献可以看出，众多学者运用不同的方法进行了返贫风险因素研究，但大多只是从各因素下的返贫户所占比例方面进行分析。考虑到返贫的突发性、频繁性特征（段小力，2020），为了有效预防返贫的发生，需要在发生前对返贫风险因素进行识别。

失效模式与影响分析（Failure Mode and Effects Analysis，FMEA）是常用的风险评估方法，通常用来分析潜在风险以预防问题的发生，其从风险发生的频率（Occurrence，O）、严重程度（Severity，S）和监测难度等级（Detection，D）三个维度描述风险，相较其他评价方法，具备较好的风险识别能力（龙丹冰等，2021），从而被相关学者用于风险识别的研究中（尤建新等，2019；张美珍等，2019；陈晓君等，2021）。但传统的FMEA方法存在一定的缺陷。首先，以精确值描述专家意见信息，无法体现专家在决策过程中的犹豫性和模糊性。其次，依据由O、S、D相乘得到的风险优先级数（Risk Priority Number，RPN）来度量风险顺序，易出现具有相同RPN值而难以判断风险顺序的情况（肖承学等，2020）。

基于上述FMEA方法的缺陷，相关学者引入TOPSIS（欧阳中辉等，2020）、VIKOR（汪伦焰等，2020）、灰色关联分析方法（门峰，2008；门峰和姬升启，2008；李新月等，2017；聂文滨等，2018；聂文滨等，2019）等对其进行改进。由于专家信息评价本质上是群体决策的过程，运用灰色关联分析方法能够减少因知识结构和经验等因素导致的部分专家评价与群体综合评价的差异，保证专家群体决策的可靠性（周衍平等，2019），因而该方法被学者广泛使用。门峰等（2008）首先结合模糊集理论建立评价失效模式的模糊语言术语集和对应的模糊数，并由FMEA小组对各种失效模式做出评价，然后利用灰色关联理论计算各种失效模式的关联度，通过排序来确定失效模式的风险顺序。李新月等（2017）综合采用三角模糊数、灰色关联分析和决策试验与评价实验室法对失效模式的风险进行排序。聂文滨等（2018，2019）依据逼近理想解法计算各失效模式的灰色关联贴近度，并进行风险排序。虽然上述文献都在一定程度上改进了 FMEA 方法，但仍存在一些问题。首先，在描述专家意见信息方面，虽然能够体现对评价对象评价的模糊性，但仍然无法体现专家在评价过程中的犹豫性。其次，利用灰色关联方法克服了具有相同 RPN 值而难以判断风险顺序的缺陷，但忽视了传统灰色关联分辨系数对结果的影响。

为了弥补上述缺陷，本文提出改进的犹豫模糊 FMEA-GRA 方法。首先，引用 Torra（2010）提出的犹豫模糊集（Hesitant Fuzzy Set，HFS）来描述专家意见信息，其允许元素的隶属度有多个可选值，能够有效反映专家在返贫风险评价过程中基于不同时间维度下风险不同的考虑而存在的犹豫性，从而避免决策信息的流失。其次，为克服仅仅以 RPN 值来判断风险顺序的局限性，提出基于平均解思想的灰色斜率关联度以确定各种返贫风险的最终关联度排序。该方法无须考虑分辨系数的影响，并且以平均解为参考解，可以避免传统理想解因某一指标因素距离目标值的偏差较大而掩盖其他指标因素的贫困真实表征信息，进而造成贫困瞄准和测度上的偏差（齐文平等，2020）。

综上所述，考虑到返贫的突发性、频繁性特征，准确识别返贫风险因素至关重要，为此，本文提出改进的 FMEA-GRA 方法。该方法保留了 FMEA 方法识别风险的优势，又进一步利用改进的灰色斜率关联度方法评估各因素。本文将以云南省作为评价对象，运用该方法分析云南省的返贫风险因素。

二、返贫风险因素识别

准确识别返贫风险因素是阻断返贫的前提，对巩固脱贫攻坚成果具有重要意义。庄天慧等（2011）从村级发展环境的角度分析了影响样本村返贫程度的因素，结果表明，村级自然条件是影响返贫程度的最主要因素，经济条件是影响返贫程度的重要因素，村级社会条件中的医疗条件对返贫程度影响显著。耿新（2020）聚焦民族地区返贫人口的特征及影响因素，认为民族地区返贫风险可分为能力缺失型返贫风险、政策型返贫风险、环境型返贫风险、发展型返贫风险四种。肖泽平等（2020）对数据进行了统计分析，并通过返贫户所占比例对返贫家户的基本特征进行了描述性分析，进而验证得出家户的人口、规模、结构及婚育是返贫的影响因素。章文光（2019）认为收入不达标是返贫的主要成因，自然灾害高发、意外事故伤残、大病重疾隐患、产业经营失败以及就业不稳定是返贫的风险点。本文通过参考相关文献，并结合云南省已脱贫地区的实地考察情况，选取了最主要的 11 个返贫风险因素，即遭受自然灾害（章文光，2019）、劳动力缺失（章文光，2019）、教育支出大（耿新，2020）、技能不足（耿新，2020）、社会政策不完善（耿新，2020）、环境政策趋严（耿新，2020）、自主脱贫意识不足（耿新，2020）、重大疾病发生（章文光，2019；耿新，2020）、人均可支配收入低（庄天慧等，2011）、就业不稳定（章文光，2019；耿新，2020）、市场风险应对能力不足（耿新，2020）。返贫风险因素的主要原因和可能导致的后果如表 1 所示。

表 1 返贫风险因素分析

序号	返贫风险因素	主要原因	可能导致的后果
FM_1	遭受自然灾害	遭受地震、洪涝、泥石流等自然灾害	造成房屋损毁、人员受伤等损失
FM_2	劳动力缺失	因遭遇交通事故、工伤事故等突发状况或年迈体弱而丧失劳动力	因丧失劳动力，无力负担家庭而返贫

续表

序号	返贫风险因素	主要原因	可能导致的后果
FM_3	教育支出大	因供子女去外地读大学而导致教育费用支出高	因教育费用支出过高而返贫
FM_4	技能不足	技术培训力度小，导致技能水平低下	导致无法谋生，从而返贫
FM_5	社会政策不完善	社会保障制度不完善	因社会保障制度不完善而返贫
FM_6	环境政策趋严	实施退耕还林等生态政策	失去赖以发展的资源，造成经济损失，从而返贫
FM_7	自主脱贫意识不足	存在懒汉思想	无法持续性脱贫，导致返贫
FM_8	重大疾病发生	长期在高污染环境下工作等	因重大疾病发生而失去收入来源，从而返贫
FM_9	人均可支配收入低	因多种原因造成可支配收入降低	收入降低直接导致入不敷出，从而返贫
FM_{10}	就业不稳定	因某些原因无法长期在外工作	无法获得稳定的收入，从而返贫
FM_{11}	市场风险应对能力不足	缺乏相应的专业知识及应对措施	因市场条件的不利变动造成巨大经济损失，从而返贫

三、犹豫模糊集

在返贫风险因素的评价中，考虑到传统的FMEA方法以精确值描述专家意见信息，无法体现专家在决策过程中的犹豫性和模糊性，本文引入Torra（2010）的犹豫模糊集来描述专家的意见，以充分考虑专家的观点，防止信息的遗漏。

定义1：设 X 为一个给定集合，称 $A=\{[x,h_A(x)]|x\in X\}$ 为 X 上的犹豫模糊集，其中 $x\in X$ 的所有可能隶属度构成的集合用 $h_A(x) \subset [0,1]$ 表示。$h_A(x)=\{\gamma|\gamma\in h_A(x)\}$ 为一个犹豫模糊元（Hesitant Fuzzy

Element，HFE），那么 $h_A(x)$ 的补集为 $h_A^c(x)=\{1-\gamma|\gamma\in h_A(x)\}$。为了表达方便，记 h 为犹豫模糊元，γ 为犹豫模糊元中的隶属度。

定义2：一般情况下，$h_A(x_1)$ 和 $h_A(x_2)$ 这两个犹豫模糊元中包含的隶属度个数不同，即 $l(h_A(x_1))\neq l(h_A(x_2))$，令 $l_{x_i}=\max\{l(h_A(x_1)),l(h_A(x_2))\}$。为了能够比较 $h_A(x_1)$ 和 $h_A(x_2)$，需要将元素较少的模糊数进行扩展，直到两者长度相等。扩展方法取决于决策者的风险偏好倾向：风险偏好者（乐观主义者）将增添模糊元中元素的最大值，风险规避者（悲观主义者）将增添模糊元中元素的最小值。

四、犹豫模糊 FMEA-GRA 方法

（一）问题描述

在进行返贫风险因素的评价时，设有 m 个风险因素，$FM_i=\{FM_1, FM_2,\cdots,FM_m\}$，$n$ 个风险因子，即严重度（S）、发生率（O）和探测度（D）。专家根据 n 个风险因子对 m 个风险因素进行打分。由于各专家在决策过程中基于不同时间维度下风险不同的考虑会产生意见分歧，所以本文引入犹豫模糊集来描述专家意见，从而更好地描述专家在决策时的不确定程度。下文以算法步骤的形式介绍该方法。

（二）算法步骤

步骤一：建立犹豫模糊矩阵。根据表1可以看出，存在效益型和成本型两种类型的返贫风险因素。效益型风险因素是指该因素值越大，返贫风险越高；成本型风险因素是指该因素值越小，返贫风险越高。由于存在不同类型的风险因素，因此，本文利用犹豫模糊集的补集原理对数据进行处理，使得因素值越高，返贫风险越大。对数据处理之后的犹豫模糊矩阵如下。

$$H = \begin{bmatrix} h_{11} & h_{12} & \cdots & h_{1n} \\ h_{21} & h_{22} & \cdots & h_{2n} \\ \vdots & \vdots & \ddots & \vdots \\ h_{m1} & h_{m2} & \cdots & h_{mn} \end{bmatrix} \tag{1}$$

其中，$h_{ij} = \begin{cases} h_{ij}, & 若 x_i 为效益型风险因素 \\ h_{ij}^{\,c}, & 若 x_i 为成本型风险因素 \end{cases}$。

步骤二：计算平均参考解。利用式（2）计算平均参考解 AV_{ij}（Xia 和 Xu，2010）。

$$AV_j = \bigotimes_{i=1}^{m} H^{\frac{1}{m}} = \bigcup\nolimits_{\gamma_1 \in h_{1j},\, \gamma_2 \in h_{2j},\, \cdots,\, \gamma_m \in h_{mj}} \left\{ \prod_{i=1}^{m} \gamma_m^{\frac{1}{m}} \right\} \tag{2}$$

其中：$i=1, 2, \cdots, m$；$j=1, 2, \cdots, n$。

步骤三：计算距离。利用式（3）计算与参考解的距离（Xu 和 Xia，2011）。由于本文引用汉明距离，因此，在根据公式求与平均解的距离时，需要采取风险规避的方法，对原始犹豫模糊矩阵进行规范化，将元素较少的模糊数进行扩展，直到平均解与对应犹豫模糊元的长度相等，以便于运算。

$$d(h_1, h_2) = \frac{1}{n} \sum_{i=1}^{n} \left[\frac{1}{l_{x_i}} \sum_{j=1}^{l_{x_i}} | h_1^{\sigma(j)}(x_i) - h_2^{\sigma(j)}(x_i) | \right] \tag{3}$$

步骤四：计算灰色斜率关联系数。根据式（5）计算与平均解的灰色斜率关联系数。该方法以均值为参考解，为计算灰色关联的参考解提供了一个新的思路，且无须考虑分辨系数的影响，使得结果更符合实际。下面给出最初的灰色斜率关联系数公式以及在犹豫模糊环境下的灰色斜率关联系数公式。

$$\xi_i(j) = \frac{1}{1 + \left| \dfrac{\Delta x_0(j)}{r_0(j)} - \dfrac{\Delta x_i(j)}{r_i(j)} \right|}, j = 1, 2, \cdots, n \tag{4}$$

其中，$\Delta x_0(j) = x_0(j+1) - x_0(j)$，$\Delta x_i(j) = x_i(j+1) - x_i(j)$。

在犹豫模糊环境下的灰色斜率关联系数公式为：

$$\xi_i(j) = \frac{1}{1 + \left| \frac{d(AV_j, AV_{j+1})}{d(AV_j, h^*)} - \frac{d(h_i(j), h_i(j+1))}{d(h_i(j), h^*)} \right|} \quad （5）$$

其中：$i=1, 2, \cdots, m$；$j=1, 2, \cdots, n-1$；h^* 为只有零元素的犹豫模糊元。

步骤五：计算灰色斜率关联度，并根据结果对各风险因素进行排序。利用式（6）计算与平均解的灰色斜率关联度。根据求解的与平均解的关联度进行排序，关联度越大，说明二者之间的接近程度越大，反之则越小。

$$R_i = \frac{1}{n-1} \sum_{j=1}^{n} \xi_i(j) \quad （6）$$

其中：$i=1, 2, \cdots, m$；$j=1, 2, \cdots, n-1$；R_i 表示专家对各个风险因素的评估结果，R_i 越大，表明在专家评估下该风险因素相对于其他风险因素的返贫风险程度越高，反之则越低。

五、实例分析

云南省曾经是我国贫困县数量最多的省份，虽然如今已实现脱贫，但由于历史、自然等多个方面的原因，仍存在一定的返贫风险。为了预防返贫的发生，有必要精准识别云南省的返贫风险因素。

为使返贫风险因素的评价具有合理性，笔者在云南省随机选取5个村进行走访，随后邀请相关专家根据调研报告及各地实际情况，依据各个返贫风险因素发生的频率（Occurrence, O）、严重程度（Severity, S）和监测难度等级（Detection, D），打出相应的分值。由于专家在决策过程中会因考虑问题的角度不同而产生意见分歧，所以本文引入犹豫模糊集来描述专家意见信息，以防止决策信息的遗漏，然后利用所创建的犹豫模糊 FMEA-GRA 方法对返贫风险因素进行评价，最终得出结论。

（一）方法的实施

步骤一：建立犹豫模糊矩阵。根据专家对已脱贫地区返贫风险因素的打分情况，利用犹豫模糊集的补集原理，对数据进行处理，使得风险因素值越高，返贫风险越大。下面是对数据处理之后所建立的犹豫模糊矩阵 $H=(h_{ij})_{m \times n}$（见表2）。

表2 FMEA 的打分结果

	O	S	D
FM_1	{0.2, 0.3}	{0.6, 0.8, 0.9}	{0.4}
FM_2	{0.1, 0.4}	{0.5}	{0.9}
FM_3	{0.2, 0.5}	{0.8}	{0.3, 0.8}
FM_4	{0.4}	{0.6}	{0.7}
FM_5	{0.3}	{0.1}	{0.2}
FM_6	{0.6}	{0.2}	{0.6}
FM_7	{0.4}	{0.7}	{0.1, 0.6}
FM_8	{0.8}	{0.3}	{0.4, 0.9}
FM_9	{0.7}	{0.4}	{0.3}
FM_{10}	{0.9}	{0.9}	{0.1}
FM_{11}	{0.1}	{0.3, 0.4}	{0.8}

步骤二：确定平均解。根据式（2）求平均解 AV_j。

$$AV_j = \begin{bmatrix} \{0.3342, 0.3632, 0.3791, 0.4120, 0.3467, 0.3769, \\ 0.3933, 0.4275\} \\ \{0.4164, 0.4275, 0.4275, 0.4388, 0.4321, 0.4435\} \\ \{0.3467, 0.3733, 0.4081, 0.4393, 0.3791, 0.4081, \\ 0.4461, 0.4803\} \end{bmatrix}$$

步骤三：计算灰色斜率关联系数。根据式（5）计算灰色斜率关联系数。

$$\xi_i(j) = \begin{bmatrix} 0.3326 & 0.7099 \\ 0.5339 & 0.5779 \\ 0.4633 & 0.8046 \\ 0.7284 & 0.9115 \\ 0.6496 & 0.5180 \\ 0.6496 & 0.3413 \\ 0.6162 & 0.6991 \\ 0.6676 & 0.4768 \\ 0.7684 & 0.8472 \\ 0.8872 & 0.5497 \\ 0.2965 & 0.4512 \end{bmatrix}$$

其中，$\xi_i(j)$越大，表明该风险因素的返贫风险越高。

步骤四：计算灰色斜率关联度，得到各风险因素的评估结果并排序。利用式（6）确定最终的灰色斜率关联度结果并排序。

$R_i = [\ 0.5213\ \ 0.5559\ \ 0.6340\ \ 0.8200\ \ 0.5838\ \ 0.4955\ \ 0.6577\ \ 0.5722\ \ 0.8078$
$\quad\ 0.7185\ \ 0.3739\ ]$

从数据可以看出，最终排序结果为 $FM_4>FM_9>FM_{10}>FM_7>FM_3>FM_5>FM_8>FM_2>FM_1>FM_6>FM_{11}$，即技能不足 > 人均可支配收入低 > 就业不稳定 > 自主脱贫意识不足 > 教育支出大 > 社会政策不完善 > 重大疾病发生 > 劳动力缺失 > 遭受自然灾害 > 环境政策趋严 > 市场风险应对能力不足。

（二）结果与对策分析

通过识别与评估返贫风险因素，可以更有针对性地采取措施，从而预防返贫现象的发生。

由计算结果可知，云南省返贫风险高的因素主要为技能不足、人均可支配收入低、就业不稳定、自主脱贫意识不足、教育支出大等。

在技能水平方面，文化程度越高，有一技之长，其返贫可能性就越低。因此，政府相关部门要加大教育资金投入，提高教育和技能培训覆盖率，并保障教育和技能培训质量。

在人均可支配收入方面，人均可支配收入越低，其返贫可能性越高。因此，政府相关部门应做好社会保障工作，并出台相应的政策扶持产业发展，尽一切可能提高当地的人均可支配收入水平。

在就业方面，就业稳定性越高，其返贫可能性就越低。因此，政府要积极与企业合作，创造更多的就业岗位，并加强对相关人员的岗前培训，使培训内容与市场需求相适应。

在自主脱贫意识方面，脱贫意识越薄弱，其返贫可能性就越高。因此，对于具有"等、靠、要"思想，缺乏自主脱贫意识的人，政府部门应加强思想教育，积极引导，提高其自我发展意识和能力，调动其发展积极性。

在教育支出方面，教育支出越大，其返贫可能性越高。因此，政府相关部门应出台相应的减免保障性政策，以避免因教返贫的发生。

此外，社会政策不完善、重大疾病发生、劳动力缺失、遭受自然灾害等也是云南省返贫风险较高的因素。为避免因社会政策不完善而导致返贫，政府相关部门应进一步完善社会保障制度，提高社会保障水平。为避免因病返贫，政府相关部门应发挥医疗保险的兜底作用，提高治病报销比例。为避免因丧失劳动力而返贫，政府相关部门应加强监管，给予适当的补助，降低返贫发生率。为避免因遭受自然灾害而返贫，政府相关部门一方面要做好自然灾害预防工作，减少损失的发生，另一方面要做好灾后的社会保障工作，从而降低返贫发生率。

六、结语

准确识别返贫风险因素是阻断返贫的前提，对巩固脱贫攻坚成果具有重要意义。为识别和评估返贫风险因素，本文提出一种改进的犹豫模糊 FMEA-GRA 方法。该方法保留了 FMEA 方法识别风险的优势，弥补了传统 FMEA 方法难以量化风险因子等缺陷，又进一步利用基于均值思想的改进犹豫模糊灰色斜率关联度方法评估各因素。本文运用该方法，以云南省为评价对象进行返贫风险因素分析，并根据分析结果提出相应的对策。

参考文献

[1] 焦克源，陈晨，焦洋. 整体性治理视角下深度贫困地区返贫阻断机制构建：基于西北地区六盘山特困区L县的调查[J]. 新疆社会科学，2019（1）：137-145，148.

[2] 庄天慧，张海霞，傅新红. 少数民族地区村级发展环境对贫困人口返贫的影响分析：基于四川、贵州、重庆少数民族地区67个村的调查[J]. 农业技术经济，2011（2）：41-49.

[3] 耿新. 民族地区返贫风险与返贫人口的影响因素分析[J]. 云南民族大学学报（哲学社会科学版），2020，37（5）：68-75.

[4] 肖泽平，王志章. 脱贫攻坚返贫家户的基本特征及其政策应对研究：基于12省（区）22县的数据分析[J]. 云南民族大学学报（哲学社会科学版），2020，37（1）：81-89.

[5] 段小力. 返贫的特征、成因及阻断[J]. 人民论坛，2020（3）：90-91.

[6] 龙丹冰，赵一静，杨成. 以监测报警数据驱动的综合管廊运维动态风险评价[J/OL]. 安全与环境学报：1-11 [2021-06-01]. https://doi.org/10.13637/j.issn.1009-6094.2021.0429.

[7] 陈晓君，杭益，孟庆良. 基于改进FMEA模型的众包创新项目风险识别与评估[J]. 数学的实践与认识，2021，51（13）：282-294.

[8] 张美珍, 杨乃定, 张延禄. 产学研合作项目风险识别与评价研究[J]. 科技管理研究, 2019, 39 (12): 196-203.

[9] 尤建新, 刘威, 杨迷影. 用于供应商风险评价的 FMEA 改进[J]. 同济大学学报(自然科学版), 2019, 47 (1): 130-135.

[10] 肖承学, 郭健. 基于区间犹豫模糊 TODIM 的改进风险评估方法[J]. 计算机科学, 2020, 47 (6): 225-229.

[11] 欧阳中辉, 胡道畅, 陈青华, 等. 基于模糊集理论和 TOPSIS 的 FMEA 分析方法[J]. 兵器装备工程学报, 2020, 41 (11): 117-123.

[12] 汪伦焰, 马莹, 李慧敏, 等. 基于模糊 VIKOR-FMEA 的南水北调运行管理安全风险评估[J]. 中国农村水利水电, 2020 (10): 194-202.

[13] 门峰. 模糊集理论与灰色关联理论的 FMEA 方法[J]. 工业工程, 2008(4): 109 112, 117.

[14] 门峰, 姬升启. 基于模糊集与灰色关联的改进 FMEA 方法[J]. 工业工程与管理, 2008 (2): 55-59.

[15] 李新月, 高琦, 刘军. 基于模糊共因失效分析的 FMEA 风险评估方法[J]. 组合机床与自动化加工技术, 2017 (10): 62-65, 69.

[16] 聂文滨, 刘卫东, 肖胜辉, 等. 广义点关联系数在 FMEA 风险评估中的应用[J]. 机械设计与制造, 2018 (11): 1-5.

[17] 聂文滨, 刘卫东, 陈炳松. 模糊矩阵关联度与风险偏好在 FMEA 决策中的应用[J]. 统计与决策, 2019, 35 (16): 54-58.

[18] 周衍平, 赵雅婷. 基于前景理论和灰色关联的 FMEA 知识产权风险预警研究[J]. 情报杂志, 2019, 38 (12): 67-76.

[19] 田民, 刘思峰, 卜志坤. 灰色关联度算法模型的研究综述[J]. 统计与决策, 2008 (1): 24-27.

[20] 齐文平, 王艳慧, 万圆, 等. 基于 G-TOPSIS 模型的贫困农户多目标发展评价: 以云南福贡县为例 [J]. 地理科学进展, 2020, 39 (6): 1024-1036.

[21] 章文光. 建立返贫风险预警机制化解返贫风险 [J]. 人民论坛, 2019 (23): 68-69.

[22] Xia M M, Xu Z S. Hesitant fuzzy information aggregation in decision making [J]. International Journal of Approximate Reasoning, 2010, 52 (3): 395-407.

[23] Xu Z S, Xia M M. Distance and similarity measures for hesitant fuzzy sets [J]. Information Sciences, 2011, 181 (11): 2128-2138.

[24] Torra V. Hesitant fuzzy sets [J]. International Journal of Intelligent Systems, 2010, 25 (6): 529-539.

基于模糊六西格玛满意度指数和模糊公理设计的老人鞋评价方法研究——以粤港澳大湾区为例

◆ 邓文婷

一、引言

粤港湾大湾区是我国首个世界级大湾区,学者对该区域的土地、资源环境、产业和养老保障等进行了广泛的研究(刘毅等,2019),但针对大湾区老人鞋评价问题尚未有成果涉及。李琼等(2020)指出,粤港澳大湾区在2015年已进入人口老龄化阶段,且其人口老龄化系数存在波动上升的现象。因此,如何应对人口老龄化已经成为该区域重要的战略问题,各行各业应积极采取有效措施,加强对老年群体的保护与关怀。跌倒,是老年人最常见的安全问题,而鞋子是保护老年人和防止老年人跌倒的一个重要工具(Davis等,2019)。与其他鞋子相比,老人鞋需要专门针对老年人的足部形态和生活需求进行特别设计,如鞋头加宽、鞋面加护、鞋底加弹等,使其具备更高的安全性和舒适性(López等,2015)。因此,如何解决基于用户的角度评价老人鞋的问题,是一个极具价值和现实意义的研究课题。

老人鞋的评价不仅涉及定量指标(如重量、价格),还涉及定性指标（如防滑性、耐磨性、抗震性等）。因此，老人鞋的评价因素具有混合特性，且部分指标具有模糊特征。实质上，老人鞋评价是一种典型的多准则决策问题，不仅特征属性复杂多样，存在相互关系，而且由于认知差异，用户的评价意见难以达成一致，导致评价过程更为复杂，在一定程度上加大了评价的难度。Kulak 和 Kahraman 在 2005 年提出的模糊公理设计（Fuzzy Axiomatic Design，FAD）为多准则决策问题提供了一个有效的解决途径。FAD 能够将一些难以定量的因素定量化，并将定量和定性指标统一量化来计算信息量，使得计算结果更加准确，因而在工业、文化产业以及服务业等多个领域得到了广泛的应用（Chen 等，2016；Khandekar 和 Chakraborty，2016；陈通等，2017；Büyüközkan 等，2017）。

用户的满意度是影响企业成功的关键因素。一般而言，用户在评价对产品的满意度时往往不是对产品整体进行评价，而是评价自身所关注的产品的各个特征（指标）的绩效表现（Oliver，2006）。为了衡量用户满意度，Parasuraman 等（1986）引入了用户满意度指数的概念并发展了 SERVQUAL 量表。Liang 等（2020）利用 AHP 评价 O2O 外卖的顾客满意度情况。耿娜娜和邵秀英（2020）运用模糊综合评价法对皇城相府景区的游客满意度进行实证分析。马慧强等（2021）利用 SEM 与 IPA 模型对旅游公共服务的游客满意度进行研究。

本文提出了基于模糊六西格玛满意度指数和模糊公理设计的两阶段老人鞋评价方法。首先，通过对相关文献的回顾，构建老人鞋的评价指标体系。其次，运用模糊六西格玛满意度指数衡量老人鞋用户的满意度。最后，运用模糊公理设计计算企业自身的能力水平与用户满意度之间的差距，识别不能达到用户满意度的产品的质量特征（指标），确保企业能以最少的资源投入进行改进，达到指定的用户满意度。

二、构建老人鞋的评价指标体系

对老人鞋进行评价,不仅需要选用科学合理的评价方法,而且需要设计科学的评价指标。虽然研究者已构建了许多关于鞋类的评价指标,但目前尚未有适用于老人鞋的评价指标。在大部分鞋类评价研究中,鞋子的合脚性、颜色、时尚感、形状、耐穿性和价格这六个因素是普遍被考虑的。Jellema 等(2019)认为老年人的鞋子除了要具备更高的合脚性外,还要具备更高的舒适性和安全性。Tian 等(2021)考虑到老年人的骨骼和关节变形、韧带和肌腱松弛等问题,认为老人鞋应具有抗震性、耐用性、耐磨性和季节适应性,以降低老年人跌倒的风险。本文整理了老人鞋评价指标的细化标准和定义(见表1),其中包括5个一级指标、14个二级指标。

表1 老人鞋评价指标体系

一级指标	二级指标	指标说明	参考文献
基本特征（C1）	合脚性（C11）	是否适合脚部的长度和宽度	McRitchie 等（2018）；Jellema 等（2019）
	颜色（C12）	鞋身颜色,以及个别配饰的颜色分布	McRitchie 等（2018）；Brenton-Rule 等（2019）
	时尚感（C13）	是否具有时尚的外表	Jain 和 Sharma（2015）；McRitchie 等（2018）
	形状（C14）	是否专为特定的脚跟形状、脚趾形状和鞋类类型而设计	Jain 和 Sharma（2015）；McRitchie 等（2018）
舒适性（C2）	易穿性（C21）	是否容易穿脱	McRitchie 等（2018）；Jellema 等（2019）
	重量（C22）	对鞋子重量的感知	Brenton-Rule 等（2019）
	硬度（C23）	对鞋子硬度的感知	Maki 等（1999）

续表

一级指标	二级指标	指标说明	参考文献
安全性（C3）	保护性（C31）	是否具有免受撞击和挤压等伤害的保护能力	Brenton-Rule 等（2019）；Jellema 等（2019）
	牢固性（C32）	对脚部的固定能力	Brenton-Rule 等（2019）
	防滑性（C33）	对坚硬和光滑的表面以及泥土的摩擦力	Brenton-Rule 等（2019）；Jellema 等（2019）
功能性（C4）	耐磨性（C41）	鞋底的磨损速度	Brenton-Rule 等（2019）；Jellema 等（2019）
	抗震性（C42）	在步行或运动时的弹性	Jain 和 Sharma（2015）
价格/成本（C5）	购买价格（C51）	鞋子的价格	Jain 和 Sharma（2015）；Brenton-Rule 等（2019）
	购买成本（C52）	时间成本、风险成本和选择成本	Singh 和 Benyoucef（2011）；Beneke 等（2013）

三、模糊六西格玛满意度指数

有些评价指标（如防滑、耐磨、减震等功能）只能用模糊语言术语（如"好"或"坏"）来描述。此外，用户需求信息通常是不完整和不确定的。因此，收集的数据可能不精确和模糊。标准差被广泛用于衡量数据集中相对于均值的离散程度，数据中标准差过高可能表明用户的看法存在混淆或不确定性（Yang 等，2019）。Wang 等（2021）认为模糊数据提供了比清晰数据更客观和准确的测量方法。此外，通过置信区间开发的模糊隶属函数具有准确和简单的优点。因此，本文基于 Chen 等（2019）的方法提出了模糊六西格玛满意度指数：

$$M_{ts}=\frac{1-|\eta|}{\omega}+1.5 \quad (1)$$

其中，$\eta=(\mu-T)/d$，$\omega=\sigma/d$，$T=(USL+LSL)/2$，$d=(USL-LSL)/2$，

μ是均值，σ是标准差，USL是李克特量表分值的上界限，LSL是李克特量表分值的下界限。

根据六西格玛的定义（Linderman 等，2003），如果满意度达到六西格玛水平，均值μ可以从T偏移多达1.5σ（即$d=6\sigma$和$\mu-T\leqslant 1.5\sigma$），此时标准差为$\sigma=d/k$，其中k是满意度。因此，当用户对产品的满意度达到$k\sigma$水平时，

$$M_{ts} \geqslant M_{ts}(k) = \frac{1-|1.5/k|+1.5}{1/k} = k \qquad (2)$$

根据公式（2），当M_{ts}等于k时，与给定标准相关的满意度至少可以达到$k\sigma$水平。这意味着M_{ts}值越大，用户满意度越高。

为了解决数据不准确的问题，本文推导出满意度指数M_{ts}的估计值$\hat{M}_{ts}$。首先，假设受访者x的分数是从$N(\mu,\sigma^2)$产生的随机样本。那么，设$x_1, \cdots, x_i, \cdots, x_m$是一个随机样本，$\hat{\eta}$表示样本均值，$\hat{\omega}$表示样本标准差，具体如下：

$$\hat{\eta} = \frac{\sum_{i=1}^{m} x_i}{n} \text{ 和 } \hat{\omega} = \sqrt{\frac{\sum_{i=1}^{m}(x_i-\hat{\eta})^2}{n-1}} \qquad (3)$$

其中，n为样本数。

因此，满意度指数M_{ts}的估计值$\hat{M}_{ts}$可被定义为：

$$\hat{M}_{ts} = \frac{1-|\hat{\eta}|}{\hat{\omega}} + 1.5 \qquad (4)$$

随后，令

$$Z = \sqrt{n} \times [(\hat{M}_{ts}-1.5) \times (\hat{\omega}/\omega) - (M_{ts}-1.5)] \text{ 和 } \chi = (n-1)(\hat{\omega}/\omega)^2 \qquad (5)$$

在正态性假设下，Z的特征函数为$\phi_z(T)=e^{iTZ-(T^2/2)}$，$\chi$的特征函数为$\phi_\chi(T)=(1-2i\chi)^{-(n-1)/2}$。因此，$Z$遵循标准化正态分布（即$Z\sim N(0,1)$），

而 χ 遵循具有自由度 $n-1$ 的卡方分布（即 χ^2_{n-1}）。

因此，可得：

$$\sqrt{1-\alpha} = \Pr\{-Z_{\alpha'/2} \leq Z \leq Z_{\alpha'/2}\} \tag{6}$$

$$\sqrt{1-\alpha} = \Pr\{\chi^2_{\alpha'/2,n-1} \leq \chi \leq \chi^2_{1-(\alpha'/2),n-1}\} \tag{7}$$

其中，$Z_{\alpha'/2}$ 是 $N(0, 1)$ 的上 $\alpha'/2$ 分位数，$\chi^2_{\alpha'/2,n-1}$ 是 χ^2_{n-1} 的下 $\alpha'/2$ 分位数，$\alpha' = 1 - \sqrt{1-\alpha}$，$\alpha$ 是显著水平。

由于 $\hat{\eta}$ 和 $\hat{\omega}$ 是相互独立的，故 Z 和 χ 也是相互独立的。因此，可得：

$$1-\alpha = \Pr\{-Z_{\alpha'/2} \leq Z \leq Z_{\alpha'/2}, \chi^2_{\alpha'/2,n-1} \leq \chi \leq \chi^2_{1-(\alpha'/2),n-1}\} \tag{8}$$

接着，可得：

$$1-\alpha \leq \Pr\left\{(\hat{M}_{ts}-1.5)\sqrt{\frac{\chi^2_{1-(\alpha'/2),n-1}}{n-1}} - \frac{Z_{\alpha'/2}}{\sqrt{n}} + 1.5 \leq M_{ts}\right.$$

$$\left. \leq (\hat{M}_{ts}-1.5)\sqrt{\frac{\chi^2_{\alpha'/2,n-1}}{n-1}} + \frac{Z_{\alpha'/2}}{\sqrt{n}} + 1.5\right\} \tag{9}$$

根据 Buckley（2005）和 Chen 等（2019）的研究，指标 M_{ts} 的三角模糊数 $\widetilde{M}_{ts}$ 的 α-cuts 可推导如下：

$$\widetilde{M}_{ts}[\alpha] = \begin{cases} [(\hat{M}_{ts}-1.5)e_U - q \times d_Z + 1.5(\alpha), (\hat{M}_{ts}-1.5)e_L + \\ q \times d_Z + 1.5(\alpha)], \ 0.01 \leq \alpha \leq 1 \\ [(\hat{M}_{ts}-1.5)e_U - q \times d_Z + 1.5(0.01), (\hat{M}_{ts}-1.5)e_L + \\ q \times d_Z + 1.5(0.01)], \ 0 \leq \alpha \leq 0.01 \end{cases} \tag{10}$$

其中，$e_L = \sqrt{\dfrac{\chi^2_{1-(\alpha'/2),n-1}}{\chi^2_{0.5,n-1}}}$，$e_U = \sqrt{\dfrac{\chi^2_{\alpha'/2,n-1}}{\chi^2_{0.5,n-1}}}$，$d_Z = \dfrac{Z_{\alpha'/2}}{\sqrt{\chi^2_{0.5,n-1}}}$，$q = \sqrt{\dfrac{n-1}{n}}$。

根据公式（10）可得：

当 $\alpha=1$，

$$(\hat{M}_{ts}-1.5)e_U-q \times d_Z+1.5(1) = (\hat{M}_{ts}-1.5)\sqrt{\frac{\chi^2_{0.5,n-1}}{n-1}}+1.5 =$$

$$(\hat{M}_{ts}-1.5)e_L+q \times d_Z+1.5(1)。$$

因此，指标 M_{ts} 的三角模糊数为 $\widetilde{M}_{ts}=(\widetilde{M}_{lts},\widetilde{M}_{mts},\widetilde{M}_{rts})$，其中

$$\widetilde{M}_{lts}(\alpha)=(\widetilde{M}_{ts}-1.5)e_U-q \times d_Z+1.5(0.01) \tag{11}$$

$$\widetilde{M}_{mts}(\alpha)=\widetilde{M}_{lts}(1)=\widetilde{M}_{rts}(1) \tag{12}$$

$$\widetilde{M}_{rts}(\alpha)=(\widetilde{M}_{ts}-1.5)e_U+q \times d_Z+1.5(0.01) \tag{13}$$

因此，可以得到 $\widetilde{M}_{ts}$ 的隶属函数如下：

$$\widetilde{M}_{ts}^{\psi}(x)=\begin{cases} 0, if\ x<\widetilde{M}_{lts} \\ I, if\ \widetilde{M}_{lts} \leq x<\widetilde{M}_{mts} \\ 1, if\ x=\widetilde{M}_{mts} \\ R, if\ \widetilde{M}_{mts}<x \leq \widetilde{M}_{rts} \\ 0, if\ \widetilde{M}_{rts}<x \end{cases} \tag{14}$$

其中，I 和 R 取决于：

$$\begin{cases}(\hat{M}_{ts}-1.5) \times e_U^*-q \times d_Z^*+1.5=x, for\ \widetilde{M}_{lts} \leq x<\widetilde{M}_{mts} \\ (\hat{M}_{ts}-1.5) \times e_L^*+q \times d_Z^*+1.5=x, for\ \widetilde{M}_{mts}<x \leq \widetilde{M}_{rts} \end{cases} \tag{15}$$

其中，$e_L^*=\sqrt{\frac{\chi^2_{1-(\upsilon/2),n-1}}{\chi^2_{0.5,n-1}}}$，$e_U^*=\sqrt{\frac{\chi^2_{\Omega/2,n-1}}{\chi^2_{0.5,n-1}}}$，$d_Z^*=\frac{Z_{\Omega/2}}{\sqrt{\chi^2_{0.5,n-1}}}$。

表2给出了六西格玛标准下满意度、不满意度和三角模糊数的对应值。

表2　1σ至6σ下满意度、不满意度和三角模糊数的对应值

六西格玛标准	满意度/%	不满意度/%	三角模糊数
1σ	30.85375	69.14625	(0, 1, 1)
2σ	69.14625	30.85375	(0, 2, 2)

续表

六西格玛标准	满意度 /%	不满意度 /%	三角模糊数
3σ	93.31928	6.68072	(0, 3, 3)
4σ	99.37903	0.62097	(0, 4, 4)
5σ	99.97674	0.02326	(0, 5, 5)
6σ	99.99966	0.00034	(0, 6, 6)

四、模糊公理设计

公理设计能够为设计者提供一个设计框架，并将用户需求转化为技术方面的信息，从而创造出令用户满意的产品。但由于客观事物的复杂性和人类思维的模糊性，产品的功能要求和设计参数之间的关系在本质上存在不确定性。并且用户对产品需求进行表达时，容易给出语言形式的模糊评价信息。此外，用户在调查中倾向于使用语言评价变量，例如，用"非常满意"和"非常不满意"来描述他们对产品或服务的评价。由于概率密度分布函数对模糊数据无意义，难以利用传统公理设计的工具和技术处理模糊数据，因此针对该问题，有学者将公理设计拓展到模糊环境下，提出了模糊公理设计（FAD）（Kulak 和 Kahraman, 2005），并通过三角模糊数将语言变量转化成精确数值（定性转定量）（Feng 等，2021；van Laarhoven 等，1983）。三角模糊数的定义如下。

若实数集 R 上的模糊数为 $a=(a^L, a^M, a^U)$，其中 $a^L \leq a^M \leq a^U$，则称 a 为一个三角模糊数，其隶属函数 $\mu_a(x): R \to [0, 1]$ 可表示为：

$$\mu_a(x) = \begin{cases} (x-a^L)/(a^M-a^L), & a^L \leq x \leq a^M \\ (a^U-x)/(a^U-a^M), & a^M \leq x \leq a^U \\ 0, & 其他 \end{cases} \quad (16)$$

其中，a^L 表示三角模糊数 a 的下边界，a^U 表示三角模糊数 a 的上边界，a^M 表示三角模糊数 a 的中值。

若将模糊系统范围（Fuzzy System Range，FSR）表示为 (x_a, x_b, x_c)，模糊设计范围（Fuzzy Design Range，FDR）表示为 (x_k, x_d, x_d)，则共同区域为模糊系统范围的三角模糊数与模糊设计范围的三角模糊数的重叠区域（Common Area，CA）。

此时，信息含量 IC_i 可表示为：

$$IC_i = \log_2 \left(\frac{S_{FSR}}{S_{CA}} \right) \qquad (17)$$

五、两阶段老人鞋评价方法框架

针对老人鞋评价问题，本文提出一个基于模糊六西格玛满意度指数和模糊公理设计的两阶段评价方法。在第一阶段，本文先通过文献回顾确定了老人鞋的评价指标。接着，通过问卷调查和模糊六西格玛满意度指数确定了老人鞋用户对老人鞋每个特性（指标）的满意度，并根据用户满意度的计算结果确定了模糊公理设计（FAD）的模糊设计范围。在第二阶段，先根据企业自身能力水平确定产品的满意度标准，即模糊公理设计的模糊系统范围。然后利用模糊公理设计方法计算老人鞋用户在产品的每个特性（指标）上的满意度与企业能力水平的差距，即信息含量，借此找出产品的短板。本文所提出的两阶段老人鞋评价方法共分为 8 个步骤，详细说明如下。

步骤 1：通过分析相关文献，本文构建了由 5 个一级指标和 14 个二级指标组成的老人鞋评价指标体系（见表 1）。

步骤 2：根据步骤 1 构建的老人鞋评价指标体系，本文设计了一份包括3个人口统计学变量（性别、年龄和地区）和14个评价指标（每个评价指标均采用李克特五点量表进行测量，其中5=非常满意，4=满意，3=普通，2=不满意，1=非常不满意）的问卷用于收集和确定（μ, σ）。

步骤3：通过公式（11）、（12）、（13）和（14）对步骤2收集的数据进行处理，并确定每个评价指标的值。

步骤4：根据步骤3得到的模糊六西格玛满意度指数，确定每个评价指标的模糊设计范围。

步骤5：企业根据自身能力水平和表2确定可达到的用户满意度。

步骤6：通过表2将步骤5的数据转换成每个评价指标的模糊系统范围。

步骤7：依据公式（17）计算每个评价指标的信息含量。

步骤8：比较每个评价指标的信息含量并进行排序。评价指标的信息含量越小，说明在该指标上企业的能力水平与用户满意度的差距越小，表示该企业越有能力满足用户的需求。

六、粤港澳大湾区老人鞋评价实例

为了验证所提出方法的可行性和有效性，本文以W公司销售的老人鞋为例进行评价。调研小组采用线上和线下形式发放调查问卷，问卷受访者需要同时满足以下条件：①受访者所在区域必须是粤港澳大湾区且年龄在60岁及以上；②受访者必须对老人鞋具有一定的了解，且购买并体验过W公司生产的老人鞋；③考虑到受访者可能面临被科技边缘化的问题，受访者必须在对问卷内容以及如何填写线上问卷具有一定认识的人的陪同下完成问卷调查。对受访者的基本特征进行统计后发现，在128名受访者中，48.29%的受访者在60~65岁之间，并且大多数受访者是女性（64.28%），大约有三分之二的受访者来自广东省，具体如表3所示。

表3 受访者的人口统计学特征（n=128）　　　　　单位：%

类别		占比
性别	男	35.72
	女	64.28
年龄	60~65 岁	48.29
	66~70 岁	19.68
	70 岁以上	32.03
地区	广东省	60.39
	香港特别行政区	22.49
	澳门特别行政区	17.12

采用本文提出的基于模糊六西格玛满意度指数和模糊公理设计的老人鞋评价方法对老人鞋进行评价。

首先，W公司根据自身能力水平，估计其生产的老人鞋的用户满意度将达到99.99966%。接着，通过整理分析问卷调查收集的数据，计算出每个评价指标的用户满意度的(η, ω)值和每个评价指标的FDR，具体如表4所示。然后，利用公式（17）计算出每个评价指标的IC值，具体如表5所示。通过表5可知，IC值排名前五的评价指标为C42（抗震性）、C32（牢固性）、C33（防滑性）、C31（保护性）、C21（易穿性）。所以对于W公司来说，目前最关键的就是提升老人鞋的抗震性。

表4 用户满意度的(η, ω)值和评价指标的FDR

一级指标	二级指标	(η, ω)	FDR
基本特征（C1）	C11	(4.0435, 0.2667)	(4.5725, 5.0832, 5.6067)
	C12	(3.9420, 0.2882)	(4.6485, 5.1677, 5.7001)
	C13	(3.8116, 0.3114)	(4.7788, 5.3129, 5.8605)
	C14	(3.9565, 0.2753)	(4.7556, 5.2870, 5.8319)

续表

一级指标	二级指标	(η,ω)	FDR
舒适性（C2）	C21	(4.0870, 0.2572)	(4.5396, 5.0466, 5.5662)
	C22	(3.8696, 0.3128)	(4.5971, 5.1105, 5.6369)
	C23	(3.9855, 0.2852)	(4.5463, 5.0539, 5.5743)
安全性（C3）	C31	(3.8696, 0.3193)	(4.5311, 5.0370, 5.5557)
	C32	(3.8696, 0.3288)	(4.4393, 4.9348, 5.4427)
	C33	(3.9130, 0.3106)	(4.4947, 4.9965, 5.5109)
功能性（C4）	C41	(3.7536, 0.3433)	(4.6122, 5.1274, 5.6555)
	C42	(3.8551, 0.3368)	(4.4046, 4.8963, 5.4001)
价格/成本（C5）	C51	(3.7971, 0.3306)	(4.6193, 5.1352, 5.6642)
	C52	(3.7681, 0.3419)	(4.5875, 5.0998, 5.6251)

表5　14个二级指标IC值的排序

一级指标	基本特征（C1）				舒适性（C2）		
二级指标	C11	C12	C13	C14	C21	C22	C23
IC值	2.5706	2.5406	2.4906	2.4995	2.5841	2.5609	2.5815
排序	7	12	14	13	5	9	6

一级指标	安全性（C3）			功能性（C4）		价格/成本（C5）	
二级指标	C31	C32	C33	C41	C42	C51	C52
IC值	2.5879	2.6265	2.6030	2.5547	2.6415	2.5522	2.5649
排序	4	2	3	10	1	11	8

七、结论与建议

基于用户满意度的评价对于产品开发和销售模式具有至关重要的影响。虽然学者们对鞋类评价问题已经进行了广泛的研究，但很少涉及老人鞋。为了填补这一空白,本文提出了一个基于模糊六西格玛满意度指数和模糊公理设计的老人鞋评价方法,该方法可以用于老人鞋新产品的开发以及现有产品的改进。通过回顾相关文献,本文构建了一个由5个一级指标和14个二级指标构成的老人鞋评价指标体系,并依据该评价指标体系设计了一份调查问卷。本文通过一个案例研究证明了所提方法的有效性,并且发现案例公司首先要改进的是老人鞋的抗震功能。本文所提出的方法不仅可以在模糊环境下有效地确定用户对产品功能的满意度,还可以帮助企业根据自身能力对改进指标的优先级进行排序。

参考文献

[1] 陈通,樊兴菊,汪勇杰.基于模糊公理设计的公共文化设施供需匹配模型[J].系统工程,2017,35(2):69-74.

[2] 耿娜娜,邵秀英.基于模糊综合评价的古村落景区游客满意度研究:以皇城相府景区为例[J].干旱区资源与环境,2020,34(11):202-208.

[3] 李琼,李松林,张蓝澜,等.粤港澳大湾区人口老龄化时空特征及其经济效应[J].地理研究,2020,39(9):2130-2147.

[4] 刘毅,王云,杨宇,等.粤港澳大湾区区域一体化及其互动关系[J].地理学报,2019,74(12):2455-2466.

[5] 马慧强,刘玉鑫,燕明琪,等.基于SEM与IPA模型的旅游公共服务游客满意度研究[J].干旱区资源与环境,2021,35(6):192-199.

[6] Büyüközkan G, Karabulut Y, Arsenyan J. RFID service provider selection: an integrated fuzzy MCDM approach [J]. Measurement, 2017, 112: 88-98.

[7] Beneke J, Flynn R, Greig T, et al. The influence of perceived product quality, relative price and risk on customer value and willingness to buy: a study of private

label merchandise [J]. Journal of Product & Brand Management, 2013, 22(3): 218-228.

[8] Brenton-Rule A, Dalbeth N, Edwards N L, et al. Experience of finding footwear and factors contributing to footwear choice in people with gout: a mixed methods study using a web-based survey [J]. Journal of Foot and Ankle Research, 2019, 12 (1): 1-8.

[9] Buckley J J. Fuzzy statistics: hypothesis testing [J]. Soft Computing, 2005, 9 (7): 512-518.

[10] Chen C M, Chen S H, Lee H T. The destination competitiveness of Kinmen's tourism industry: exploring the interrelationships between tourist perceptions, service performance, customer satisfaction and sustainable tourism [J]. Journal of Sustainable Tourism, 2011, 19 (2): 247-264.

[11] Chen K S, Wang C H, Tan K H, et al. Developing one-sided specification six-sigma fuzzy quality index and testing model to measure the process performance of fuzzy information [J]. International Journal of Production Economics, 2019, 208: 560-565.

[12] Chen X, Li Z W, Fan Z P, et al. Matching demanders and suppliers in knowledge service: a method based on fuzzy axiomatic design [J]. Information Sciences: an International Journal, 2016, 346 (C): 130-145.

[13] Davis A, Haines T, Williams C. Do footwear styles cause falls or increase falls risk in healthy older adults? A systematic review [J]. Footwear Science, 2019, 11 (1): 13-23.

[14] Feng J, Xu X S, Li M. A novel multi-criteria decision-making method for selecting the site of an electric-vehicle charging station from a sustainable

perspective [J]. Sustainable Cities and Society, 2021, 65, 1062623.

[15] Jain R, Sharma A. Attributes and decision-making styles of young adults in selecting footwear [J]. Studies on Home and Community Science, 2015, 9 (2/3): 82-90.

[16] Jellema A H, Huysmans T, Hartholt K, et al. Shoe design for older adults: evidence from a systematic review on the elements of optimal footwear [J]. Maturitas, 2019, 127: 64-81.

[17] Khandekar A V, Chakraborty S. Application of fuzzy axiomatic design principles for selection of non-traditional machining processes [J]. The International Journal of Advanced Manufacturing Technology, 2016, 83 (1): 529-543.

[18] Kulak O, Kahraman C. Fuzzy multi-attribute selection among transportation companies using axiomatic design and analytic hierarchy process [J]. Information Sciences, 2005, 170 (2/4): 191-210.

[19] Liang D, Dai Z, Wang M. Assessing customer satisfaction of O2O takeaway based on online reviews by integrating fuzzy comprehensive evaluation with AHP and probabilistic linguistic term sets [J]. Applied Soft Computing, 2020, 98 (4): 106847.

[20] Linderman K, Schroeder R G, Zaheer S, et al. Six sigma: a goal-theoretic perspective [J]. Journal of Operations Management, 2003, 21 (2): 193-203.

[21] López D L, Iglesias M E L, De Bengoa Vallejo R B, et al. Optimal choice of footwear in the elderly population [J]. Geriatric Nursing, 2015, 36 (6), 458-461.

[22] Maki B E, Perry S D, Norrie R G, et al. Effect of facilitation of sensation from plantar foot-surface boundaries on postural stabilization in young and older adults

[J]. The Journals of Gerontology: Series A, 1999, 54(6): M281-M287.

[23] McRitchie M, Branthwaite H, Chockalingam N. Footwear choices for painful feet—An observational study exploring footwear and foot problems in women [J]. Journal of Foot & Ankle Research, 2018, 11(7): 1-7.

[24] Oliver R L. Customer satisfaction research [M] //Grover R, Vriens M.The handbook of marketing research. Thousand Oaks: Sage Publications, 2006.

[25] Parasuraman A, Zeithaml V A, Berry L L. SERVQUAL: a multiple-item scale for measuring consumer perceptions of service quality [M]. Cambridge, MA: Marketing Science Institute, 1986.

[26] Singh R K, Benyoucef L. A fuzzy TOPSIS based approach for e-sourcing [J]. Engineering Applications of Artificial Intelligence, 2011, 24(3): 437-448.

[27] Tian M, Lei Y, Li J. A triangle design framework for functional footwear for Chinese older adults [J]. Fashion Practice, 2021, 13(1): 69-87.

[28] van Laarhoven P J M, Pedrycz W. A fuzzy extension of Saaty's priority theory [J]. Fuzzy Sets & Systems, 1983, 11(1/3): 229-241.

[29] Wang C H, Ali M H, Chen K S, et al. Data driven supplier selection as a circular economy enabler: a Taguchi capability index for manufactured products with asymmetric tolerances [J]. Advanced Engineering Informatics, 2021, 47(8): 101249.

[30] Yang C M, Chen K S, Hsu T H, et al. Supplier selection and performance evaluation for high-voltage power film capacitors in a fuzzy environment [J]. Applied Sciences, 2019, 9(23): 5253.

三等奖作品

数字科技Y公司质量管理体系存在问题及优化研究

◆ 曾志贤

一、引言

在过去的几年内，随着互联网产业的迅速崛起和全球经济一体化的进一步推进，电子商务和信息化、智能化技术得到进一步发展，促使全世界对计算机、智能手机等电子产品的需求不断增长。由于社会发展的多元化和消费者追求的个性化，电子设备已不再是简单的交流、沟通工具，更多的是一种具有娱乐功能、彰显时尚和个性的消费品。在消费者享受科技进步为生活带来的乐趣的同时，科技公司也在基于消费者的差异化需求不断创新。

高精尖技术的不断突破、制造加工工艺的改善和企业管理能力的提高，促使电子产品的价格大幅下降。并且，由于近年来网络购物和直播带货的发展，极大地拓宽了电子产品的销售渠道，使得科技公司之间的竞争也日趋激烈。面对日益革新的行业形势，很多科技公司都迷失了发展方向。然而，市场是无情的，其淘汰速度极快。毫不夸张地说，在当前的形势下，那些尚未做好变革准备的科技公司，已经处于生死存亡的关键时刻。

质量管理体系的变革对于现有的科技公司解决实际问题，实现企业的长远发展具有重大意义。当前学术界对于科技公司质量管理体系的系统化研究尚不充分，本文将结合数字科技 Y 公司的实际情况，通过调研、总结、分析等方法，对其质量管理体系存在的问题和优化对策展开全面研究。

二、质量管理理论概述

（一）质量管理概述

质量管理是基于泰勒在 20 世纪初提出的科学管理理论发展起来的，先后经历了质量检验、统计质量控制、全面质量管理和现代质量管理四个阶段。质量管理与工业技术和管理科学同步发展并密切相关。当今对质量管理的认知主要集中在社会性、经济性和系统性三个方面。质量管理是企业业务发展的必经之路，质量管理水平的高低、效果的好坏直接决定企业的生存质量和生存期限。

（二）质量管理体系概述

质量管理体系是在质量方面指挥和控制组织的管理体系。质量管理体系是每个企业尤其是上市公司必须具备并不断完善的体系。如果说战略是企业的行动纲领，那么质量管理体系就是企业质量管理的行动纲领，必须得到重视并在工作中被遵循。企业领导层应树立全面的质量观，通过建立相关制度、流程确保质量管理体系运行的有效性。内部审核和管理评审是企业评价质量管理体系运行绩效的重要方式。如果内审做不到位，管理评审的效果会大大减弱，从而影响企业质量管理体系的实施。

（三）质量控制过程概述

在生产过程中，为确保产品质量，生产者要对产品生产的全过程进行质量监督、检查和控制。在质量控制过程中，首先要根据质量规范要求对产品进行自检,然后将自检合格的产品转入下道工序。下道工序的生产者接到产品后,根据规范要求,立即对产品进行检测,确认产品合格后,方可继续进行生产,否则返回上道工序。

三、数字科技 Y 公司概况和质量管理现状

(一) Y 公司概况

Y 公司创建于 2008 年,总部位于深圳,是国内一家集高新技术产品开发、制造、营销于一体的大型高新技术企业。公司一直致力于为广大用户提供最优质的智能、触控、传媒显示设备和解决方案。近年来,Y 公司发展迅猛,目前公司的生产建筑面积已经达到了 2 万平方米,职工规模达到 500 人,相关产品已通过 CCC、FCC、CE、RoHS、HDMI 等认证。公司的主营产品包括液晶数字标牌、触摸查询一体机等智能触控显示设备。公司还拥有外观设计、硬/软件研发、生产制造、产品检测等能力,日产量可达 5000 pcs。

(二) Y 公司质量管理现状

Y 公司根据质量标准的要求建立了质量管理体系,构建了一套适用于公司产品设计开发、制造、销售和服务的相关流程,并确保这些流程的相互关联性。Y 公司的质量方针是通过不断改进与努力,使公司所有的工作都达到并超越顾客的期待。为了保证质量方针的正确执行,所有人员在工作中都必须遵守以下质量管理准则:重视对质量的控制,注重事后的调查与改进,把各种后续管理工作当成对顾客的理解与尊重,贯彻可持续改善的工作方法,不断加强自我训练并相互帮助以获得更高的专业水平,采用可验证的方式检测并管理所有的工作流程,采用书面形式报告公司在解决顾客需求方面的进展。

Y 公司的质量指标包括工程图样修改成功率、产品销售市场预测准确

度、整机交货准时度、员工招聘成功率、系统开机通过率等共22个。公司按照实际状况，定期评价质量指标的适宜性与有效性。

目前Y公司人员在面对质量管理问题时，都可以在公司的质量管理文件中找到解决流程和参考文档。但遗憾的是，Y公司的很多质量管理文件没有随着市场特别是公司产品的更新而得到及时调整和完善，其结果就是很多旧的文件不再适于解决新的问题。

四、Y公司质量管理体系存在的主要问题

（一）领导作用实现不充分

一般而言，企业最高管理人员的工作包括以下三方面：首先，明确企业的战略目标并进行高效的沟通和传递；其次，思考怎样迅速有效地实现目标；最后，为目标的实现提供必要的资源支持。但是，Y公司管理者的实际状况却与此有较大的差异。

Y公司最高管理者并未对质量管理体系的各个环节给予充分的关注，而只关注营销等少数环节，因此未能实现整个业务流程的协调。当有些流程无法达到实际要求时，管理者并没有进行有效的修正和优化。管理者设定的质量目标与企业的战略目标并不一致，且往往脱离实际情况。管理者也没有就质量管理的重要性在团队内部进行有效沟通，导致人员参与的积极性较低，这也使得无法从根本上保障质量持续改进计划的高效实施。

（二）产品实现过程有风险

Y公司产品实现过程的风险主要表现为样机开发的职责和权限不清、采购流程不完善。

1. 样机开发的职责和权限不清

样机品质管控关乎后期大批量生产的产品的符合性和稳定性，对企

业后期经营具有很大的影响。如果在前期样机研发时没有全面检验供应商，将为后期留下很多隐患。

Y公司物料的供应权限分配相对混乱，供应商开发部和材料部都可以完成样机的研发工作以及大批量的采购，而定价维护则根据两部门的情况分别进行。在这种情形下，公司对供应商的考察、选择和评估都基本流于形式，而且对一些物料直接实施小批量生产，从而加速了现场产品质量问题的出现，在一定程度上破坏了工厂正常的生产秩序，严重影响了产品的品质和交货的及时性。

2. 采购流程不完善

在采购流程中，Y公司与外部供应商协商所确定的指标不完全充分，无法保证零部件的质量。主要体现在以下几方面：

（1）需要提供给供应商的相关商品或者服务的条件不清晰，部分职能部门（特别是质量部门）并未介入采购流程中；

（2）对供应商能力（包括生产方式、流程和设施等）的审核不够严格，商品和服务的质量不能得到充分证明；

（3）对供应商年度绩效的评估流于形式。

(二) 内审和管理评审不充分

1. 内审问题

在Y公司内部标准审核相关工作中，会不时出现一些不完全符合标准审核要求、不满足内部审核相关工作实际需要的情况。例如，内部审核员的专业能力和综合素质水平有待提高、不够重视内部审核相关工作、审核准备工作不充分、害怕审核暴露质量问题及各项整改措施不到位等。

2. 管理评审问题

管理评审主要是评价公司质量管理体系的实施适合度、充分性和有效性。Y 公司在管理评审中存在以下两个突出的问题：一是最高管理人员对管理评审的重视不足，为评审而评审；二是管理评审往往流于表面，没有涉及深层次的问题。总之，Y 公司内部管理评审制度没有切实为公司内部质量管理水平的提高而服务，没有起到应有的效果。

五、Y 公司质量管理体系优化方案

（一）领导作用的实现

首先，公司最高管理者必须对整个企业的质量管理体系予以高度重视，并能意识到企业质量管理是一项系统工程，其实施需要相关环节的有效协调。其次，要建立质量管理方面的信息沟通渠道，使得企业内部成员之间进行更充分的交流，引导所有人员积极参与质量管理。最后，要为企业质量管理体系的顺利运行提供必要的资源支持。

（二）产品实现过程的优化

1. 明确划分样机开发的职责和权限

在样机开发过程中，应当明确各职能部门的职责，从而提高工作效率和样机的质量。另外，工程部门应主导样机开发的整个过程。

2. 采购流程的优化

供应链管理部应对订单和外部供应商的合同进行妥善管理，并按照约定的时限进行新一轮的合同签字工作。物料供应人员负责对整个订单的生产过程进行跟踪。为了确保采购流程顺畅高效，采购人员的作业能力必须有所保证。因此，应对采购人员进行全面的培训。

（三）内审和管理评审的改进

1. 内审的改进

首先，公司应对内审工作给予高度的重视与支持，在每次内审前都制订详细的工作计划。其次，应定期举办有关内部审核的培训，以便适应内部审核管理的现实要求。最后，鼓励在内部审核工作中发现问题，并注重问题的改进，而非追究个体的责任。

2. 管理评审的改进

公司要高度重视管理评审工作，在每次评审前都制订评审计划，具体包括评审范围、参与人数、评审时间等。评审计划报公司总裁会议通过之后，各考核体系的主要责任人要至少提前一周将具体的评审时间告知各主管部门及有关人员，以便进行评审准备。考核体系主管主持会议，并按评审计划逐条审核，各部门按照会议主席的要求说明有关数据并提出建议与意见，最后由总裁会议做出决定，并将评审结果分发给员工。

参考文献

[1] 王明磊. A公司质量管理中的执行力研究[D]. 上海：上海交通大学, 2017.

[2] 曹玲. 组织质量管理体系运行的现状及应对[J]. 电子产品可靠性与环境试验, 2021（3）：109-112.

[3] 冯水清. 浅谈企业质量管理体系运行有效性提升：以制造企业为例[J]. 中国商论, 2021（3）：120-121.

[4] 王梅, 曾庆国, 赵西松. 生产质量控制探讨[J]. 中国新技术新产品, 2013（1）：141.

[5] 何桢, 徐雪梅. 基于流程的制造类企业质量管理组织设计[J]. 天津大学学报（社会科学版）, 2011（5）：403-407.

[6] 孙立园. S公司质量管理体系优化研究[D]. 昆明：云南师范大学, 2017.

[7] 张婷. MCT公司质量管理体系优化研究[D]. 南昌：江西师范大学, 2020.

加入 CPTPP 将如何积极影响中国快递业的发展

◆ 黄松德

一、引言

2017 年 11 月，时任美国总统特朗普宣布美国正式退出 TPP；2018 年 12 月，CPTPP 正式生效。截至 2021 年，CPTPP 覆盖 4.98 亿人口，各成员国 GDP 之和占全球经济总量的 13%。与此同时，CPTPP 的大多数成员国与中国存在着重要的经贸关系。中国已于 2021 年 9 月正式申请加入 CPTPP。毫无疑问，如中国成功加入 CPTPP，中国与 CPTPP 成员国的贸易关系将进一步加深。由于 CPTPP 在隐私保护、环境保护等各方面有严格的标准和要求，因此加入 CPTPP 将对我国的快递业产生一些积极影响。

二、中国快递业的现状

得益于基础设施建设的不断完善以及快递业和电商产业的深度融合，我国 2016 年到 2020 年期间快件业务量由 3128315 万件增长到 8335789 万件，快递业务收入也由 39743601 万元增加到 87950000 万元[①]，在快递

---

① 数据来自国家统计局官网。

单量和收入上都实现了巨大飞跃。当前我国民营快递企业占据了中国快递市场90%以上的市场份额，快递行业在激烈的市场竞争中呈现出单量增长、单价走低、企业利润空间缩小、市场主体扩容但集中度高的特点。与此同时，在快递业迅速发展的过程中也产生了诸多问题。例如：快递公司不注重隐私问题，造成用户隐私泄露；快递公司对包裹过度包装，造成巨大的资源浪费和环境污染；等等。

三、当前中国快递业存在的问题

（一）快递面单信息泄露严重

快递面单是快递公司在送货过程中用来记录发件人、收件人以及货物内容、价格等相关信息的单据，一般贴在快递包裹的表面上。一张快递面单包含了收件人的姓名、电话、家庭住址等详细的隐私信息，而通过这些隐私信息，可以进一步查找出用户个人的微信、支付宝等账号，甚至可以探知其经济状况和亲朋好友的情况等。如今我们身处大数据时代，个人信息的商业价值不断显现，并形成了专门贩卖个人信息的产业链。据媒体报道：实时面单超过1000张的，每张价格3.5元，精品面单每张4元；而历史面单只收车载、童装童鞋、化妆品类的，每张1.5元。以我国2020年全年833.6亿件的快递业务量来计算，这些快递面单意味着巨额的利润。如果这些面单信息被转卖给不良商家，不良商家便可以对消费者展开商业欺诈活动。如果贩卖给电信诈骗分子，则会使诈骗事件层出不穷，为公安部门开展反诈工作带来更大的工作量和压力。

（二）快件过度包装和运输设备废气排放问题严重

根据国家邮政局统计，2020年中国全年快件业务量实现833.6亿件，同比增长31.2%，并连续七年蝉联全球首位，占全球业务量的六成以上。

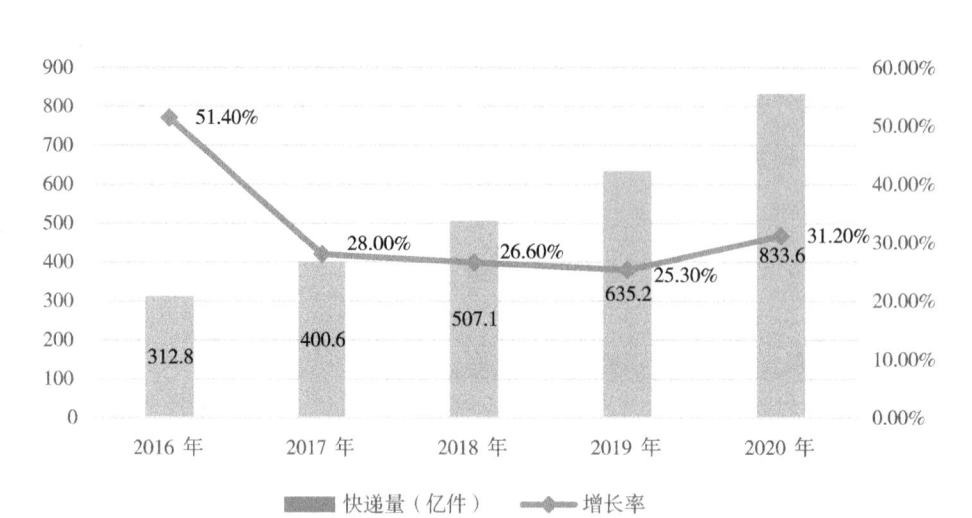

由图 1 可知，2016—2020 年，中国快件业务量始终保持增长状态。

图 1　2016—2020 年中国快件业务量

资料来源：国家邮政局。

然而，中国快件业务量的逐年增加也带来了巨大的浪费和污染。例如，2020 年中国全国快件公司平均每天有超过 2.3 亿的快件处理量，按照业内平均每个快件的包装为 0.2 千克的标准测算，2020 年中国全年共形成了约 1600 多万吨的"天量"固态垃圾。快递废弃物包括塑料袋、纸盒、编织袋、胶带等，尽管纸质类垃圾的 85% 左右都可以被回收利用，但是塑料类垃圾因处理成本、处理技术等问题，只能以填埋或者焚烧等粗放的方式来处理，这无疑对我国的环境造成了巨大压力。

除此之外，快递公司的车辆在货物运输过程中也产生了较多的废气。据不完全统计，2019 年我国主流快递公司拥有的自营及外包干支线车辆达 23.7 万辆，其中大部分是消耗燃油的大货车，产生的废气会对臭氧层造成一定破坏，而新能源车辆和清洁能源车辆仅 3.1 万辆，占比仅为车辆总数的13%。①

尽管我国政府部门针对上述问题已经出台了相关政策，如国家邮政局出台了《推进快递业绿色包装工作实施方案》，国家发展改革委与生态环境部等联合出台了《关于加强快递绿色包装标准化工作的指导意见》，等等，但仍有相当大的进步空间。

四、加入CPTPP对中国快递业的积极影响

（一）推动快递公司重视隐私保护

其实从2017年开始，就已经有快递公司陆续推出隐私面单，如京东的微笑面单、圆通的隐形面单和顺丰的丰密面单，面单上的用户信息被隐藏，配送员通过工作App扫描面单上的条形码获得用户的配送信息。但是快递公司出于成本原因，加之对用户信息保护的重视不足，没有将隐去个人信息设置为默认选项，甚至还将其列为增值服务。此外，由于现行相关法律法规不完善，用户在个人信息遭到泄露时面临维权困难的问题，从而放弃维权，这样快递公司就不必为其造成的信息泄露问题承担太多责任，也就更加不重视对用户隐私的保护。

然而，CPTPP协议第14.8条中专门提到了个人信息保护："缔约方认识到保护电子商务用户个人信息的经济和社会效益，及其对增强消费者对电子商务的信心所作贡献。"为此，要求"每一缔约方应采用或维持规定保护电子商务用户个人信息的法律框架"。并且还要求"每一缔约方应公布其为电子商务用户提供的关于个人信息保护的信息，包括：（a）个人如何寻求救济；及（b）企业如何符合任何法律要求"。因此，如果中国加入CPTPP，

---

① 根据国内主流快递公司所公布的2019年财报整理得到。

将推动国家完善相应的法律法规,从而倒逼快递公司重视保护用户隐私。

(二)促进快递业包装及运输绿色化

中国加入CPTPP,将进一步推进我国快递业的绿色发展。CPTPP协议第20.3条第三款明确规定:"每一缔约方应努力保证其环境法律和政策规定和鼓励高水平环境保护,并继续提高各自环境保护水平。"在随后的第六款要求"一缔约方不得为鼓励缔约方之间的贸易或投资,而弱化或减少此类法律所提供保护的方式,豁免或减损或提议豁免或减损其环境法律"。由此可见,CPTPP对环境保护层面的法律法规提出了相当严格的要求,中国如果加入CPTPP,就需要与CPTPP的要求接轨,进一步完善环境保护法律法规,而环境保护法律法规的完善必将影响到快递业,从而缓解当下快递过度包装和运输设备废气排放的问题。另外,CPTPP也重视环保方面的多国协调合作。CPTPP协议第20.15条提出了"向低排放经济转变需要集体行动"的事项,并明确了缔约方可以在能源效率、低排放技术及可再生能源资源的开发、排放监测等相关领域开展合作。如果中国成为CPTPP成员,将能够更为便利地引进汽车低排放、新能源开发和排放监测等方面的先进标准和技术,从而推动我国快递业朝着尾气低排放、运输设备新能源化等利于环保的方向转变。

(三)促进中国快递业务量的增加

2017年,中国对CPTPP成员国的进口额和出口额分别为4.74亿美元和4.33亿美元,占中国进口总额的25.7%和出口总额的19.5%。中国是澳大利亚、秘鲁、新西兰、日本的第一大贸易伙伴,是加拿大的第二大贸易伙伴。而东盟是中国最大的贸易伙伴,墨西哥和智利分别是中国在拉美地区的第二、第三大贸易伙伴。由此可见,中国与CPTPP成员国存在着难以割裂的贸易关系。目前,中国已与新西兰、秘鲁、澳大利亚等

CPTPP 的大多数成员国签订了自由贸易协定，彼此享有很大的贸易自由，而与加拿大、墨西哥、日本还未签订相应的自由贸易协定。但是，我国与加拿大在纺织、服装、电子、家具、玩具、果蔬、鱼肉加工等产业上存在很大的互补性；与日本在鱼肉加工、果蔬、林木、皮革加工制造、机械电子、轻工等产业上存在很大的互补性；与墨西哥在铅金属制造、机电、仪器仪表、家具、玩具、皮革加工制造等产业上存在很大的互补性。

由表1可知：日本在电子设备、运输设备、其他制造业等方面零关税比例较高，而在奶制品、纺织品等方面零关税比例较低；加拿大在棉花、鱼和鱼制品等方面零关税比例较高，在奶制品、服装等方面零关税比例较低；墨西哥在棉花、化工品等方面零关税比例较高，在饮料和烟草、服装等方面零关税比例较低；而中国虽然零关税比例普遍较低，但最高关税却不高。

CPTPP 协议要求"任何缔约方不得对原产货物提高现行关税，或采用任何新的关税税率"，"每一缔约方应依照附件 2-D（关税承诺）中其减让表，逐步取消对原产货物的关税"。CPTPP 协议生效后，绝大多数成员国的零关税比例达到了 80% 以上，并且对约 98% 以上的商品直接采取了零关税，这表明 CPTPP 在削减关税方面较其他贸易协定上升到了一个更高的高度。由表2可知，无论是中国独自加入 CPTPP，还是与第一批扩容国家同时加入 CPTPP，中国及其他 CPTPP 成员国的进出口贸易都将有更进一步的增长。由此可见：如果中国成功加入 CPTPP，不仅可以加深与已经签订自贸协定的国家的贸易关系，也可以借 CPTPP 来填补中国与墨西哥、日本、加拿大的贸易协定空白；如果是与 CPTPP 扩容国家一同加入，还可以促进与扩容国家的经济交流，全方位增强中国与 CPTPP 成员国的经贸关系，促进进出口贸易。而中国外贸的繁荣也将刺激跨境电商的发展，作为跨境电商产业链重要一环的快递业将因此拥有更多的业务量。

表 1 2017年中国、日本、加拿大、墨西哥进口关税情况汇总

单位：%

产品种类	中国 平均税率	中国 零关税比例	中国 最高关税	日本 平均税率	日本 零关税比例	日本 最高关税	加拿大 平均税率	加拿大 零关税比例	加拿大 最高关税	墨西哥 平均税率	墨西哥 零关税比例	墨西哥 最高关税
动物产品	14.1	13.8	25.0	10.6	46.6	285.0	24.2	66.0	405.0	16.7	13.3	75.0
奶制品	12.3	0.0	20.0	63.4	9.1	546.0	249.0	0.0	314.0	21.4	3.1	45.0
水果、蔬菜、植物	14.7	4.9	30.0	9.4	19.7	329.0	2.3	73.2	17.0	15.7	5.2	75.0
咖啡、茶	14.9	0.0	32.0	14.4	22.7	144.0	10.1	81.9	265.0	20.2	20.8	45.0
谷物及制品	23.0	8.8	65.0	33.5	21.6	736.0	20.4	46.8	277.0	8.9	28.8	45.0
油料籽、动植物油	10.9	9.1	30.0	6.0	46.1	373.0	3.0	75.2	218.0	7.2	41.9	45.0
糖和糖果	28.7	0.0	50.0	23.0	9.5	91.0	3.5	34.3	13.0	25.4	0.0	75.0
饮料和烟草	23.7	2.0	65.0	15.1	29.7	40.0	3.7	52.9	256.0	25.7	2.6	67.0
棉花	22.0	0.0	40.0	0.0	100.0	0.0	0.0	100.0	0.0	0.0	100.0	0.0
其他农产品	11.9	8.5	38.0	3.1	68.1	298.0	5.7	90.7	484.0	6.6	48.9	36.0
鱼和鱼制品	10.8	4.4	23.0	5.6	2.8	15.0	0.9	80.2	11.0	14.0	9.6	20.0
矿物和金属	7.8	5.9	50.0	1.0	70.3	10.0	1.0	85.0	16.0	3.6	70.7	15.0
石油	5.3	16.7	9.0	0.7	65.0	8.0	0.9	82.8	5.0	0.1	98.1	3.0

续表

产品种类	中国 平均税率	中国 零关税比例	中国 最高关税	日本 平均税率	日本 零关税比例	日本 最高关税	加拿大 平均税率	加拿大 零关税比例	加拿大 最高关税	墨西哥 平均税率	墨西哥 零关税比例	墨西哥 最高关税
化工品	6.6	0.4	47.0	2.3	37.3	7.0	0.7	88.5	16.0	23.0	72.0	20.0
木、纸张等	4.1	41.0	20.0	0.9	80.0	10.0	1.0	86.6	18.0	4.5	50.6	20.0
纺织品	9.6	0.0	38.0	5.4	8.1	25.0	23.0	83.2	18.0	9.8	11.3	25.0
服装	16.0	0.0	25.0	9.0	1.8	13.0	16.5	5.4	18.0	21.2	0.0	25.0
皮革、鞋等	13.3	0.6	25.0	7.7	52.7	262.0	3.8	67.6	20.0	6.1	62.2	30.0
非电子设备	8.1	8.9	35.0	0.0	100.0	0.0	0.4	94.0	9.0	2.8	77.7	20.0
电子设备	8.6	23.4	35.0	0.1	97.8	5.0	1.0	84.3	9.0	3.5	69.0	20.0
运输设备	12.3	0.8	45.0	0.0	100.0	0.0	5.5	41.2	25.0	8.5	45.7	50.0
其他制造业	11.7	9.9	35.0	1.2	75.8	8.0	2.5	61.2	16.0	5.1	57.4	20.0

资料来源：世界贸易组织。

表 2 中国加入 CPTPP 的经济效应

类型	国家	中国独自加入 CPTPP 的经济效应					中国与第一批扩容国家同时加入 CPTPP 的经济效应				
		社会福利	GDP	制造业就业	出口	进口	社会福利	GDP	制造业就业	出口	进口
CPTPP 成员国	日本	0.096	0.014	0.620	1.547	1.729	0.121	0.017	0.834	2.082	2.336
	澳大利亚	0.241	-0.048	0.883	1.520	2.342	0.298	-0.051	1.146	1.987	2.978
	加拿大	0.024	0.250	0.455	1.249	0.700	0.036	0.298	0.548	1.502	0.857
	新西兰	0.047	0.222	1.209	2.023	1.434	0.046	0.291	1.540	2.584	1.739
	马来西亚	0.289	0.899	0.718	2.340	2.044	0.348	1.255	0.964	3.217	2.690
	墨西哥	-0.034	0.950	1.034	3.383	1.198	-0.031	1.163	1.267	4.151	1.492
	越南	-0.084	1.075	0.459	4.087	1.499	-0.122	1.661	0.671	6.226	2.163
	新加坡	0.009	0.545	0.606	1.743	0.936	-0.018	0.815	0.851	2.527	1.234
	秘鲁	0.466	0.039	0.589	1.550	3.462	0.521	0.059	0.723	1.916	3.979
	文莱	4.675	0.866	-0.716	0.172	22.466	8.388	1.272	-1.220	0.066	41.264
	智利	0.460	0.081	0.919	1.514	3.479	0.581	0.083	1.104	1.792	4.391
	中国	0.035	0.006	0.228	1.095	1.400	0.061	0.102	0.383	1.957	2.364

资料来源：李春顶，平一帆，张杰皓. 中国应对 CPTPP 协定经济影响的成策选择及效果 [J]. 财经研究，2021，47（4）：19-32.

五、利用 CPTPP 助推快递业发展的策略建议

（一）以加入 CPTPP 为契机，加大隐私面单的推广力度

首先，政府可以利用加入 CPTPP 的契机，以"对接和落实 CPTPP 的隐私保护条款"为理由，对现有的个人隐私保护法律法规加以完善，或出台新的个人隐私保护法律法规，以更严苛的法律法规来督促快递企业重视对用户隐私的保护，并对无视用户隐私保护的快递企业处以重罚。其次，鉴于使用了隐私面单的快递企业在成本和配送效率上可能会有所损失，政府可以设置两到三年的过渡期，在过渡期内，政府可以对使用隐私面单的快递企业给予一定的税收优惠和政策补贴，以此减少快递企业在转型使用隐私面单时所遭受的利益损失，推动隐私面单的普及。最后，应提高消费者个人的隐私保护意识，并建立举报机制，若消费者发现快递企业存在故意不为用户提供隐私面单的情况，在证据充足的情况下，可以对消费者给予举报奖励，以此推动隐私面单的普及。

（二）加强与 CPTPP 成员国在环保方面的合作，推动快递业绿色发展

CPTPP 协议第 21.1 条要求"缔约方承认合作与能力建设活动的重要性，并应开展和加强这些活动"，同时明确了以"对话、讲习班、研讨会、会议、合作计划和项目；技术援助；政策和程序最佳实践分享；以及专家交流、信息交流和技术交流"的方式来实现成员国之间的交流与合作。因此，中国加入 CPTPP 后，可以利用 CPTPP 的这些条款，强化与 CPTPP 成员国在环保方面的合作。例如：借鉴日本的环保法律，细化和完善我国的环保法律法规；加强与加拿大等先进国家的环保技术交流，共同研发环保快递材料，为运输设备开发新型能源，以此推动我国快递业的绿色发展。

（三）推动我国的关税政策与 CPTPP 接轨，间接带动快递业务量的增加

CPTPP 要求成员国在协定生效的一年后对大多数商品实行零关税。在 CPTPP 成员国中，澳大利亚、新西兰等国家的零关税比例超过了 90%，而零关税比例最低的越南也达到了 64.22%。我国目前签订的自由贸易协定中零关税比例最高的是中韩自贸协定，其零关税比例为 57.02%，这意味着中国与 CPTPP 的要求尚有很大距离。因此，中国应该扩大零关税商品的范围，对绝大部分进口商品实行零关税，以接轨 CPTPP 的关税政策。以中国当前在世界贸易中的地位和不断提升的国货质量来看，即便对绝大部分进口商品实行零关税政策，也不会对我国当下的各类产业造成严重冲击。中国也可以对暂时受到冲击的产业给予一定的援助和补贴，或者请求 CPTPP 延长零关税过渡期，减缓 CPTPP 对我国某些产业的不利影响。对于关系到国计民生的敏感产业及商品，中国可以加强与 CPTPP 成员国的谈判，谋求对关键产业及商品的零关税豁免权。随着我国关税政策与 CPTPP 的接轨，我国与 CPTPP 成员国的经贸往来将更加频繁，进出口贸易量将大幅增加，从而为我国快递业的发展创造良好机遇。

参考文献

[1] 新华社.1600 多万吨垃圾！快递包装问题远比你想象中严重 [EB/OL].光明网，2021-04-09.

[2] 关兵，梁一新.中国应该加入 CPTPP 吗？——基于一般均衡模型 GTAP 的评估 [J].经济问题探索，2019（8）：92-103.

[3] 中国国际商会.中国正式递交加入 CPTPP 申请对外贸意味着什么？[EB/OL].厦门汉连，2021-09-23.

高校管理沟通中存在的问题及其对策探究——以东莞理工学院为例

◆ 唐子月

一、引言

管理学家威尔德说过，人际关系始于聆听，终于回答。而管理学大师彼得·德鲁克也曾指出，所有的管理工作都必须建立在有效沟通的基础上。高校是一个肩负着培养高素质人才的重要使命的特殊组织。现阶段我国高校存在学校部门类别繁多、机构设置不合理、工作任务分配不合理、工作效率低等问题。这些问题的存在使高校的管理沟通工作难以有效开展。基于此，需要对管理沟通的相关理论进行研究，并探寻管理与沟通的联系，提出解决问题的建议，从而提高高校的管理沟通水平。

本文采用文献分析法对管理沟通的相关理论进行了总结，分析了管理沟通在组织管理中的重要性和必要性。同时，采用案例分析法与因果分析法，结合东莞理工学院教职人员调查结果，对高校内部管理沟通中存在的问题进行分析，并运用多学科知识，提出解决问题的方法，以求能为高校内部管理沟通的改善提供参考。

二、文献综述

管理沟通是指为实现组织目标而进行的组织内部和组织外部的信息传递和交流活动（丁宁，2016）。管理与沟通是密切相关的，良好的沟通会使管理更为有效，而良好的管理也会促进高效而有序的沟通。

（一）国外研究文献综述

20世纪初，法国学者亨利·法约尔从组织结构的角度出发，对信息的传递与沟通进行了分析，提出了"等级链和跳板"的观点。该观点认为组织内部的沟通是从上级到下级沿"等级链"进行的，而同级之间为提高沟通效率，可通过"跳板"进行沟通。法约尔的研究成果对组织内部管理沟通问题的研究产生了重要的推动作用。20世纪30年代，梅奥通过其著名的霍桑实验，提出了人际关系理论，这成为后续管理沟通研究的理论基础（崔佳颖，2005）。20世纪中期，切斯特·巴纳德在其《经理人员的职能》一书中重点阐述了合作在组织内部的重要性，认为合作的关键在于使组织中的个体接受共同的组织目标。基于此，他提出，为使个人目标与组织目标趋于一致，组织的协作系统应该包括协作的意愿、共同的目标以及信息的沟通三个要素。同时期决策理论学派的代表西蒙强调了信息联系的作用，同时提出"没有沟通，管理过程就不会影响个人的决定"的观点，说明了沟通在管理中的重要性。与此同时，西蒙还主张在组织中建立一个负责收集、储存以及传递各种信息的部门。20世纪末期，对管理沟通的研究已逐渐进入成熟期，与管理沟通相关的各类书籍相继问世。彼得·德鲁克提出，知识将成为生产的重要因素，这是其中较有影响力的观点。到了20世纪90年代，现代信息技术的发展与信息网络的构建为管理沟通相关研究走向成熟提供了强大的动力。

（二）国内研究文献综述

国内关于管理沟通的研究起步于20世纪90年代，当时主要集中于研究管理沟通的基本概念及其基本方法。2000年以后，一些有关管理沟通的书籍相继出版。其中较有代表性的有：一是由沈远平、沈宏宇编著的《管理沟通：基于案例分析的学习》，该书提出了应对组织冲突的管理沟通技能与方法；二是由李锡元主编的《管理沟通》，该书从管理沟通的基本概念出发，归纳总结了管理沟通的原理与方法；三是由杜慕群主编的《管理沟通》，该书通过对我国大量案例的分析，从东西方文化的角度探寻适合我国的管理沟通方法。近年来，不少国内学者从管理沟通理论的角度，对高校内部组织的管理沟通进行了研究。例如：张春莲分析了高校管理沟通中存在的障碍及其原因；陈运超研究了现代大学管理沟通的有效性，并提出了提高大学管理沟通有效性的一系列基本策略；韦联桂也在其2012年发表的文章中探讨了高校有效管理与有效沟通的策略和措施（杨燕，2013）。

综合国内外的研究文献可知，虽然国内研究对管理沟通的概念以及实践方面都有所涉及，但与国外研究相比还不够全面和系统，同时国内对高校内部管理沟通的研究较少，还有很大的探索空间。

二、管理沟通的基本理论

（一）管理沟通的分类

沟通的分类因划分标准而存在不同。按不同的沟通方向，可以分为上行沟通、下行沟通以及平行沟通；根据沟通过程中信息发出者与接收者的身份是否不断转换，可以分为双向沟通和单向沟通；按照组织中的组织架构，可以分为正式沟通和非正式沟通；以信息传递的过程是否需要其他角色的介入为基准，可以分为直接沟通和间接沟通；而按照传递信息时采用的媒介，可以分为口头或书面沟通等。

管理沟通一般依据沟通主体的差异，分为人际沟通、团队沟通、组织沟通、群体沟通与跨文化沟通几大类。其中，人际沟通是团队沟通、组织沟通、群体沟通的基石。

（二）管理沟通的作用

管理沟通作为组织管理的重要环节，关系到组织目标的实现，其作用体现在方方面面。

1. 良好的管理沟通有利于工作的有序开展

良好的管理沟通可以激发良性冲突，同时避免恶性冲突，从而在一定程度上降低管理难度，使工作更快速、更高质量地完成。

2. 良好的管理沟通有激励作用，有助于绩效目标的实现

为使员工更高效地完成工作，往往需要对员工实施激励。想要实现有效激励，根本途径是进行良好的管理沟通。只有与员工进行良好的沟通，切实了解员工所需，才能够实施有效激励，从而增强员工的工作动力，促进组织目标的实现。

3. 良好的管理沟通有利于优化组织决策

管理沟通对于组织决策目标的实现也有着重要的作用。组织在决策中需要收集各种信息，其中包括员工的沟通反馈。收集信息的过程需要员工积极配合，这要求管理者具有良好的沟通能力。在组织目标或组织决策的实施阶段，也需要管理者具有良好的沟通能力，将组织目标细化成具体的工作要求及工作项目后传达给员工，从而自下而上地落实组织目标及战略。

四、实证分析

（一）研究样本的选择

东莞理工学院是东莞第一所普通本科院校，现有教职工 1732 人，其中正高职称人员 180 人，副高职称人员 387 人，博士 797 人。本次调研共回收了 100 份问卷，调查对象基本信息统计结果如表 1 所示。

表 1　调查对象基本信息统计结果　　　　　　　　　单位：%

岗位类型	比例	年龄	比例	教龄	比例
专业教师	54.84	30 岁以下	12.90	5 年及以下	29.03
管理人员	9.68	30~40 岁	45.16	6~10 年	22.58
后勤工作人员	12.90	41~50 岁	19.35	11 年及以上	48.39
服务外包人员	6.45	50 岁以上	22.58		
其他	16.13				

（二）评估指标体系的构建

笔者构建了高校内部管理沟通状况评估指标体系，如表 2 所示。根据表 2，笔者设计了调查问卷。对问卷调查结果进行计算得出，东莞理工学院管理沟通状况评估指标总体得分的平均分约为 73.5 分。

表 2　高校内部管理沟通状况评估指标体系

一级指标	二级指标	参考评估指标	所占分值
组织架构建设	管理理念	理念具有特色，富有创新性	5
	组织结构合理与否	结构合理，不繁杂	10
沟通过程及渠道	沟通意识	沟通目标明确，具有自主沟通意愿	10
	沟通方式	采用的沟通方式科学、合理、有效	10
	沟通技能	对全体教职员工进行沟通技能培训	10

续表

一级指标	二级指标	参考评估指标	所占分值
沟通过程及渠道	沟通渠道	渠道健全，信息传递畅通；渠道有制约机制，能够保证沟通有效性	20
沟通反馈	反馈机制	反馈机制完善	15
	反馈监控体系	反馈监控体系可有效发挥作用	10
	反馈效果	教职员工对学校沟通及反馈体系的满意度	10

五、高校管理沟通中存在的问题

笔者对问卷调查结果进行了系统分析，发现高校在管理沟通过程中存在以下问题。

（一）高校的信息沟通环节过多

在对问卷进行分析时发现，东莞理工学院有 32.26% 的教职人员认为存在信息传递所经环节过于繁杂的问题。研究表明，信息递减的程度与信息传递过程中所经历环节的数量成正比。目前，我国许多高校在进行信息传递时，是由校领导发出信息，依次经过职能部门、各学院负责人、学院相关科室，最后才会到达普通职工。由此可见，目前高校的信息传递还存在冗余环节，使得被传递的信息在经过各个环节后，其完整性和准确性下降，从而影响了高校的管理沟通效果。

（二）高校内部沟通渠道不完善或利用不充分

良好的沟通渠道是高校教职工和管理者充分表达自己意见的基本保证。然而，许多高校沟通渠道不完善或利用不充分，导致学校各部门工作难以协调、沟通不及时、信息传递不准确等一系列问题。问卷调查结果显示，东莞理工学院内部沟通渠道较为丰富，包括正式教研活动、正式会议、面谈、意见箱、宣传栏等。但是，部分沟通渠道的利用效果并不理想，需要相应的沟通监控体系来引导有效沟通。

（三）高校教职人员的沟通力不足

下至基层工作人员，上至高校高层管理人员，其自身的沟通力都是十分重要的。在对问卷结果进行分析时发现，65%的教职人员有主动沟通的意愿，但其中有38%的教职人员表示难以找到合适的方法实现与上级、同级、下级都沟通无阻。在此情况下，对教职人员进行管理沟通技能培训，提高其沟通力就十分必要，但超过50%的被调查者表示从未接受过管理沟通技能方面的培训。

（四）沟通反馈效果不理想

判断沟通是否有效，重点要看沟通结束后，信息接收者是否做出了信息发送者所期望的反应（李继承，2007）。这个过程也可以称为沟通反馈的过程。反馈是管理沟通的重要环节，反馈信息在得到有效利用后可以提高组织工作效率，有助于组织认清自身优劣势，从而扬长避短。在问卷调查中，发现有50%以上的教职人员表示不清楚学校的沟通反馈机制或是认为学校没有建立完整的沟通反馈机制。同时，有54.84%的教职人员表示其建议难以得到回应。

六、解决高校管理沟通问题的建议

（一）简化管理沟通层级

沟通所经历的层级越多，信息失真现象会越明显，沟通效果就会越差。目前，高校存在管理沟通层级较多的问题，导致上下级沟通难度加大，影响了高校工作的顺利开展。因此，高校需要简化沟通层级，删除冗余环节，这样既可以避免职责重叠，提高沟通效率，又可以增进各层级各部门的联系。

（二）优化管理沟通渠道

有效的沟通渠道是高校管理沟通顺利进行的关键。目前，许多高校存在沟通渠道单一的问题，如单向沟通主导或下行沟通主导。沟通渠道的单一化会影响高校内部管理沟通的有效性。因此，高校在管理沟通过程中应考虑融合多种不同的渠道，多采用双向沟通，并鼓励上行沟通和非正式沟通。与此同时，应设立特定的沟通监控机制，促进沟通的有效进行。

（三）提升管理者的沟通力

首先，管理者应意识到管理沟通的重要作用，明确沟通的目标，主动与上下级进行有效沟通。其次，管理者应提高自身的思维能力、表达能力、说服能力、倾听能力、解读能力和策划能力等。再次，管理者应秉持以人为本的理念，创设轻松和平等的沟通环境。最后，管理者在与上级、下级或是同级进行沟通时，应依据被沟通者的特征选择合适的沟通方式。

（四）加强管理沟通反馈

高校应建立和实施有效的沟通反馈机制，对收集到的建议和意见进行跟进处理，及时反馈。只有将教职人员反映的问题予以良好解决，才能使教职人员对沟通反馈机制保持信心，从而形成沟通反馈的良性循环，最终促进高校战略目标的实现。

参考文献

[1] 丁宁.管理沟通[M].北京：人民邮电出版社，2016.

[2] 崔佳颖.管理沟通理论的历史演变与发展[J].首都经济贸易大学学报，2005（5）：15-19.

[3] 杨燕.高校内部管理沟通中的问题及对策研究[D].武汉：中南民族大学，2013.

[4] 李继承.有效管理沟通的障碍及其突破[D].开封：河南大学，2007.

[5] 韩红蕾.高校管理沟通存在的障碍与解决对策研究[J].黑龙江教育学院学报，2016，35（4）：151-153.

[6] 韦联桂.高校管理沟通研究概述[J].山西科技，2012，27（3）：48-49，51.

[7] 范黎颖.高校管理沟通存在的障碍与解决对策研究[J].教育现代化，2017，4（38）：161-162.

关于创建"美丽乡村"的调研报告
——以诗洞镇为例

◆ 罗松生

"美丽乡村"近年来越来越成为社会各界关注的热点话题之一。在2013年12月召开的中央农村工作会议上，习近平总书记强调："中国要强，农业必须强；中国要美，农村必须美；中国要富，农民必须富。"建设美丽乡村，扮靓美丽中国。本文将以广东省肇庆市怀集县诗洞镇为例，通过调查法和观察法分析其在建设宜居、宜业、宜游、宜学、宜养的"美丽乡村"的过程中取得的成效和存在的问题，并提出解决问题的对策建议。

一、诗洞镇"美丽乡村"建设过程及其成效

党的十八大以来，习近平总书记关于建设社会主义新农村、建设美丽乡村提出了很多新理念、新论断、新举措。在以习近平同志为核心的党中央的坚强领导下，在全国一线基层干部和亿万群众的奋斗下，"美丽乡村"建设取得巨大成就，村民的幸福感和获得感越来越强。国家统计局统计数据显示，从2016年到2020年，农村居民人均可支配收入从12363元提高到17131元，农村就业人员平均每年实现31505万人，农村投递路线里程从3767660千米增加到4104128千米。从2016年到2019

年，农村发电量平均每年实现25095506万千瓦时，乡村医生和卫生员的人数平均每年增加约93万人。目前，宜居、宜业、宜游、宜学、宜养的"美丽乡村"建设还在不断向前迈进。诗洞镇在党的十八大之后，也紧随国家步伐，建设具有当地特色的"美丽乡村"。

（一）宜居"美丽乡村"建设

"美丽乡村"建设，宜居是关键。只有在一个健康安全的居住环境里，人们才能安心地进行工作、学习、游玩、养老等一切生产生活活动。

"乡村振兴，生态宜居是关键。"[①]推进生态宜居的"美丽乡村"建设，促进农村生态系统、生产系统和乡村居住环境健康发展，既可以满足村民对绿水青山的宜居环境的需要，也可以为绿色优质、安全可靠的农产品生产提供一个良好的环境。诗洞镇在宜居"美丽乡村"建设过程中，在与村民生活密切相关的垃圾处理问题、厕所问题和饮用水问题上下了"狠功夫"和"真功夫"，努力为村民建设一个生态环保的居住环境。

1. 垃圾处理

"美丽乡村"建设要求对垃圾进行有序分类。在诗洞镇政府启动"美丽乡村"建设工程之前，诗洞镇村庄的垃圾处理较为混乱，村民的垃圾分类意识淡薄。除了垃圾分类外，垃圾倒放也存在问题。村民的生活垃圾随处乱丢，有的随意丢弃在公路旁边，也有的直接丢弃到附近的山里，还有的直接丢弃到河流里，甚至还有随意焚烧垃圾的现象。不仅如此，工业垃圾也存在不规范处理的问题。"美丽乡村"建设工程启动之后，诗洞镇政府通过视察调研发现了这些问题，于是在垃圾的处理方面尤为重视。政府划拨资金，在每个村庄路口修建垃圾集中点，实行垃圾分类回

[①]《中共中央 国务院关于实施乡村振兴战略的意见》。

收，方便村民倒放生活垃圾，然后再统一装车运到垃圾处理点。一段时间后，当地村民随意丢弃垃圾的现象大大减少。

2. 厕所革命

厕所问题关系到广大人民群众工作生活环境的改善，关系到国民素质的提升和社会文明的进步。2017年11月，习近平总书记就旅游系统推进"厕所革命"工作取得的成效做出重要指示："厕所问题不是小事情，是城乡文明建设的重要方面，不但景区、城市要抓，农村也要抓，要把这项工作作为乡村振兴战略的一项具体工作来推进，努力补齐这块影响群众生活品质的短板。"笔者通过采访和调查得知，在开展"厕所革命"之前，诗洞镇六个村庄的个别村民家还没有厕所，如厕问题只能在小树林和小河流解决，厕所问题一直困扰着村民。但是，在开展"厕所革命"之后，当地村庄每家每户都有了厕所，村民的如厕问题得到了彻底的解决。

3. 饮水保障

水是生命之源，是生产、生活和生态的"命根子"。农村人口饮水问题的解决事关社会生产发展的可持续性，事关村民的生命健康，也是宜居"美丽乡村"建设的重要内容。通过采访和调查得知，在前些年，诗洞镇六个村村民的饮用水不能得到稳定的保障。由于靠近深山，部分村民的饮用水都是来自山泉，但是每到夏季，洪水、山体滑坡等自然灾害导致水管破裂，村民的饮用水来源就会断绝，从而严重影响了村民的生产生活。"十三五"期间，诗洞镇政府全面推进村民饮水工程建设，集中人力物力，从根本上解决村民饮水问题，确保农村居民长期稳定地喝上"安全水"和"放心水"。此次饮水工程建设实现了当地农村饮水安全的历史性转变，也为生态宜居的"美丽乡村"建设提供了保障。

（二）宜业"美丽乡村"建设

"美丽乡村"建设，宜业是基础。劳动是人类社会存在和发展的基础，只有让人们有一个安稳的工作环境，社会才能实现可持续发展。

就业是民生之本。2020年7月24日，习近平总书记在吉林考察时强调："要始终把人民安居乐业、安危冷暖放在心上，千方百计稳定现有就业，积极增加新的就业，促进失业人员再就业，突出做好高校毕业生、退役军人、农民工和城镇困难人员等重点群体就业工作。""就业是最大的民生"，诗洞镇政府深刻领悟这句话的含义，根据诗洞镇的情况，大力发展当地的特色产业，并为诗洞镇的产业发展营造一个畅通的网络环境。

1. 发展特色产业

每个村庄都有每个村庄的特点，"美丽乡村"建设离不开特色产业的支持。通过采访和调查得知，诗洞镇的特色产业是腐竹和切粉生产。但随着老一辈手艺人的逐渐老去和年轻一代的外出打拼，诗洞镇的腐竹和切粉产业青黄不接，逐渐没落。"十三五"期间，诗洞镇政府意识到了这个问题，于是开始大力扶持与腐竹、切粉等当地土特产相关的食品加工产业，创造就业岗位，留住人才，特别是鼓励贫困户积极参与。其中最具有代表性的就是"东生腐竹生产坊"。建档立卡贫困户罗东生在政府的扶持下，建起了一个腐竹生产作坊，夫妻二人带着几个孩子全心投入腐竹生产，逐步走上脱贫致富的道路。可以说，政府的支持为诗洞镇的产业发展按下了"加速键"。

2. 实现互联互通

要打造优质的就业环境，需要有畅通的网络。同时，只有网络畅通，才能吸引到外部投资，促进产业发展。通过采访和调查得知，"十三五"

期间，配合"美丽乡村"建设工程的落地，诗洞镇迅速普及通信网络。在此之前，偏远的山村只有3G网络，网速慢，甚至电话信号有时候也不稳定。如今，4G信号覆盖全镇，家庭宽带用户逐渐增加。诗洞镇网络互联互通建设取得巨大成就，使得产业发展更有活力。

（三）宜游"美丽乡村"建设

"美丽乡村"建设，宜游是保障。乡村旅游的发展能够带动乡村经济的增长，而经济的增长又能为乡村建设提供资金保障。

乡村旅游是"美丽乡村"建设的关键推力之一，能够促进城乡均衡发展，也能够增加村民的就业机会，拓展增收渠道，实现物质文明和精神文明建设双丰收。而支撑乡村旅游的基础是便利的交通。俗话说："要想富，先修路。""农村没有路，致富有难度。"习近平总书记在不同时间和不同场合都对农村公路修建问题做出重要指示，提出要进一步把农村公路建好、管好、护好、运营好。"四好农村路"既是一项民生工程，也是一项民心工程，更是一项德政工程。

诗洞镇有丰富的自然和红色旅游资源，然而由于交通不便，前来旅游的人少之又少，未能给诗洞镇的村民带来实惠。通过采访和调查得知，在几年前诗洞镇大部分村庄硬化路面还没有建成，大部分村道都是泥路，公路主干道只有一条对向双车道国道。不仅村民出游存在不便，外面的人想进来游玩也存在困难。面对这种窘境，诗洞镇政府在"十三五"开始时，向村民许下庄严承诺，要在"十三五"结束时，实现"户户通路，路路有灯"。随后，配合"美丽乡村"建设工程的落地，全镇路面硬化项目迅速铺开建设。到2020年年底，实现了家家户户出门即有硬化路可走。而且，在各主要公路和村道上，都装有太阳能路灯，不仅村民出游方便，外来旅客前来游玩也更轻松，村民又多了一条增收渠道。

（四）宜学"美丽乡村"建设

"美丽乡村"建设，宜学是动力。教育培养人才，而人才又可以为乡村建设提供源源不断的动力。

"教育在现代化建设中处于基础性、战略性、先导性地位，是人民群众最关心最直接最现实的利益问题之一。"[1]教育事业事关村民未来，事关诗洞镇未来，诗洞镇政府也不敢懈怠。

在21世纪的第一个十年，诗洞镇的教育事业发展还不充分。通过采访和调查得知：在学前教育方面，全镇只在镇中心有一家幼儿园，偏远村庄的孩子几乎没有机会接受学前教育；在小学教育方面，镇中心的中心小学容纳能力非常有限，偏远村庄的学生要长途跋涉才能到学校，有条件的家庭往往会把孩子送到县城读书；在中学教育方面，全镇也只有一所初级中学。"十三五"期间，诗洞镇政府对当地的教育事业非常重视，将各方面的资源都往教育事业倾斜，由此，诗洞镇的教育事业得到了很好的发展，幼儿园和小学的数量逐步增加，初级中学的教学楼和宿舍扩建后，容纳能力不断提高，教育资源紧缺问题得到明显改善，悬在村民心头的大石也渐渐落下。

（五）宜养"美丽乡村"建设

"美丽乡村"建设，宜养是落脚点。应建设宜养乡村，让每一个农村老年人都过上幸福美满的晚年生活。

《礼记·王制》记载："凡养老，有虞氏以燕礼，夏后氏以飨礼，殷人以食礼，周人修而兼用之。五十养于乡，六十养于国，七十养于学，

---

[1] 高庆波.优化教育资源配置 促进教育均衡发展[N].人民日报，2014-09-10（07）.

达于诸侯。"敬老养老是中华民族的传统美德。让所有农村老年人都过上幸福美满的晚年生活，是党和政府的重要责任。

诗洞镇政府对当地农村老年人养老问题非常重视，采取了各种措施。例如：不断增加社会保障投入，扩建养老院，定期培训养老服务人员，提升养老院服务质量；在各村中心活动点增加和更新老年人活动设施；创办老人联合协会，组织老人活动；定期探访独居老人；等等。这一系列做法大大保障了当地老年人的生活，形成了一个较好的养老局面。图1显示了诗洞镇政府2015—2020年社会保障累计投入。

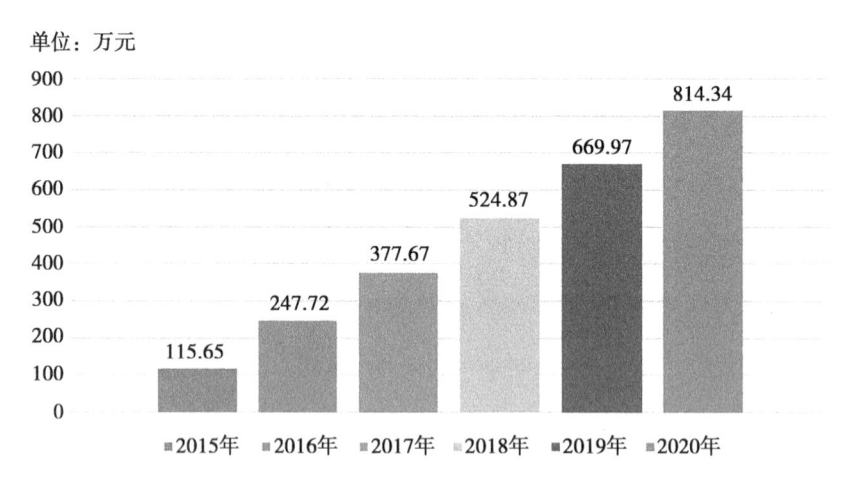

图1 诗洞镇政府2015—2020年社会保障累计投入

资料来源：诗洞镇政府年度决算和预算报告。

二、诗洞镇"美丽乡村"建设过程中存在的问题

诗洞镇在建设"美丽乡村"的过程中，虽然取得了显著的成绩，但由于管理、地理位置、经济发展、文化等方面的原因，也存在各种不足和短板。经过调查分析，笔者认为以下问题在诗洞镇"美丽乡村"建设过程中较为突出。

（一）垃圾处理体系有待完善

在制度保障方面，据调查，诗洞镇尚未建立统一的垃圾处理制度，不同村庄的处理规则不一致，从而严重影响了垃圾回收的效率。在垃圾分类和装运方面，集中点只有简单的集中而没有真正意义的分类，村民的分类意识还非常淡薄，不同种类的垃圾都放在一处，甚至垃圾车在装运垃圾的时候也没有分类。这让有价值的垃圾得不到充分的回收和利用，也不利于有害垃圾的处理。在垃圾监控方面，整个垃圾处理过程没有专门的监督人员，垃圾的投放、收集和装运都有较大的随意性，这使得垃圾分类和生态环保的理念得不到真正落实。

（二）村民用水标准仍需提高

诗洞镇村民的饮用水虽然实现了100%供给，但是"安全水"和"放心水"却没有得到100%的保障。通过调研得知，诗洞镇很多村庄都是依靠饮水供应商从当地的金沙水库引进水源的，但是由于夏季暴雨问题，这个水源的水体有时候非常混浊，杂质清晰可见。并且，供水商为了降低水体的浑浊程度，还会向水库倒放大量漂白粉，导致村民根本无法饮用。

（三）政府养老工作还需加强

虽然诗洞镇政府早已关注到当地的养老问题，也不断加大这方面的投入，但是由于诗洞镇的年轻人大多选择外出就业，空巢老人的规模越来越庞大，养老服务需求不断增加，政府对养老的投入速度远远跟不上村民养老需求的增长速度。而且，由于镇中心地区交通较为便利，获取信息的渠道也较多，所以镇中心附近的老年人产业配置、老年人活动设施等更为完善，这导致镇中心地区出现了养老服务供过于求的局面。而偏远地区的村庄，如健营村、六龙村等，由于交通不便和信息不灵等问题，获得政府和社会的关注更加困难，老年人服务资源稀缺，出现了供不应求的局面。结果是受益地区局限于镇中心附近的村庄，受益对象只有少数人，养老服务存在供需不平衡的问题。这种尴尬的局面既不利于当地老年人的身心健康，也不利于宜养"美丽乡村"的建设。

（四）不文明乡风问题亟待解决

由于地理位置、家族传统等原因，诗洞镇存在一些不符合时代发展要求的乡风问题，如重男轻女、嫁女收取重金彩礼、村与村之间相互攀比等。在采访时，据诗洞镇诗洞村村委干部介绍，本地大多数男子一般都会迎娶当地女子，但由于彩礼问题，部分男子无力娶妻，只能一辈子单身。村里邻居之间，村与村之间，往往会因为一些小矛盾而闹不和，缺乏团结精神。在平日里，特别是春节期间，赌博之风盛行，路边各种店铺和村民家内都有人在赌博，甚至通宵达旦。上述乡风问题异常严峻，亟待解决。

（五）产业开发力度尚待增强

诗洞镇拥有丰富的资源，例如：在红色资源方面，有钱兴烈士故居、四十八烈士纪念碑等；在自然资源方面，有白崖山等；在土特产方面，有腐竹、切粉等产品，也有木薯、花芋、生姜等原材料。然而，相关旅游、食品产业却并不发达，知名度也不高。潜在的优质产业开发力度不强，使"美丽乡村"少了一抹鲜艳的颜色。

三、诗洞镇"美丽乡村"建设过程中存在问题的解决措施

"美丽乡村"建设是一个复杂艰巨的伟大工程，只有全社会共同关注和努力，才能更快、更好地完成这项工程。

（一）加大绿色环保宣传力度

可以在村民大会上播放环保宣传视频，或者在村民经常活动的广场、休闲中心等地方张贴环保宣传标语，使村民对绿色环保有一个系统性和深层次的了解。借鉴河长制，设立绿色带头人，开展网格化、区域化管理，使村民在带头人监督下执行绿色环保措施。在垃圾分类处理方面，加快建设"户分类投放、村分拣收集、镇回收清运、有机垃圾生态处理"的运作模式，使对村容村貌影响最大的污染源得到充分有效的治理，让乡村多一抹自然的绿色，少一点人造的白色。诗洞镇政府和村委会可以联合成立生态宜居、环境保护基金会，鼓励村民发挥主人翁精神，积极参与生态宜居"美丽乡村"的建设。只有不断增强村民的生态环境保护意识，才能更好、更快地实现生态宜居的"美丽乡村"建设目标。

（二）关注村民生活用水情况

水是生命之源，是村民生命健康的根本。要解决当地饮用水安全问题，一是政府要落实相关法律法规，依法治理涉及村民饮用水的问题。政府有关部门与村委会要联合加强对村民饮用水来源和水体质量的监测和监管，严格规定供水公司的供水标准，严厉打击相关违法犯罪行为。政府可以通过招商引资或者公私合营等方式，吸引其他供水公司入驻诗洞镇，盘活当地供水市场，提高供水市场的竞争程度。二是要充分利用诗洞镇山区的优势，鼓励和帮助村民打井取水或修建山泉供水点，增加村民饮用水来源。三是要提高村民的用水安全意识，推广使用净水设备，为村民的生命健康增加一层保护。总之，各方应共同努力，为村民提供一个健康的饮水环境。

（三）各方共同合作，解决当地老年人养老问题

从当地政府的角度来看，要加大偏远地区村庄的养老服务投入，大

力兴建老年人服务机构和活动设施,改变养老服务供需不平衡的局面。从村委会的角度来看,要积极关注当地老年人的身心健康问题,定期或不定期组织爱心人士探望老年人。村委会可以在可靠的企业和有再就业意愿的老年人之间牵线搭桥,让老年人有机会再一次发挥价值;还可以提供"一键通""一号通"等服务,让空巢老人与家人沟通更加方便。从老年人家人的角度来看,年轻人要牢固树立"家有一老,如有一宝"的观念,传承中华民族敬老养老的传统美德,常回家看看,陪伴老人度过安稳的余年。总之,只有各方共同努力,才能解决当地老年人的养老问题,才能让老年人的家人在工作时没有后顾之忧,也才能为诗洞镇未来的发展提供动力。

(四)加强乡村文化建设,培育文明乡风

建设"美丽乡村",必须培育文明乡风。针对诗洞镇存在的不文明乡风问题,可以采取以下措施。一是以社会主义核心价值观来重构传统的乡村习俗和道德观。在建设乡村文化、培育文明乡风的过程中要融入更多的社会主义核心价值观元素,让传统文化来一次转型升级。二是建立和完善村规民约,让村规民约与村民生活的各个方面相结合,使村民的行为有一个系统化、深层次的规范和约束,从而促进平等、友爱、团结、互助的邻里关系的建立,建设温馨、和谐、美好的文明乡村。三是培育新乡贤文化。要根据社会主义核心价值观和村民的愿望,推举出最能代表村民意愿的新时代乡贤,发挥新乡贤的带头示范作用,引导村民向好向善,规范乡村秩序,防止道德滑坡,让村民养成良好的品德和行为。四是政府有关部门要积极采取有效措施,如限制高彩礼、打击赌博行为、举办"零彩礼"新式相亲会、推行婚丧简办等,推动文明乡风的培育,形成人人讲文明、处处树新风的良好局面。

（五）因地制宜，突出特色，推进产业发展，实现共同富裕

一方面，大力发展特色旅游产业。政府要积极推动当地优质红色资源的开发，打造具有当地特色的红色旅游品牌，提高旅游景点的知名度。同时要依托当地丰富的自然资源，发展休闲农业和森林生态旅游。此外，要鼓励在景点附近招募工作人员，让当地村民充分享受到旅游发展的成果，实现共同富裕。另一方面，推动当地土特产的产业化发展。政府要积极招商引资，吸引优质企业入驻，通过产业与农村的融合激发农村特色资源的活力，提高农村产业经济的发展质量。同时要注重培养新一代土特产工艺传承人，让当地特色产业实现可持续发展，也为村民提供一个展示自我、自力更生的机会。

参考文献

[1] 韦建华，杨远福. 浅谈厨余垃圾处理现状及对策建议：以广西壮族自治区为例[J]. 环境教育，2020（5）：28-31.

[2] 褚家佳. 乡村振兴背景下苏北农村人居环境整治的现状、成因及对策[J]. 江苏农业科学，2020（1）：33-36.

[3] 尹璐，孔庆君. 我国老年养老社区发展现状与规划建设原则[J]. 美与时代（城市），2020（2）：43-44.

[4] 王璠. 加强乡村文化建设 培育文明乡风[J]. 甘肃农业，2021（9）：9-10，14.

[5] 徐燕琳. 中国乡贤文化研究综述及展望[J]. 内蒙古农业大学学报（社会科学版），2020（6）：91-95.

[6] 王希涛. 乡村振兴要避免同质化和重复多余建设[N]. 济南日报，2021-08-16（A02）.

[7] 徐尚德. 美丽乡村建设与农村产业融合发展的耦合机制研究[J]. 农业经济，

2021（8）：23-25.

[8] 董尚荣. 建设美丽乡村的时代内涵与路径把握［EB/OL］. 人民网，2018-08-22.

[9] 央视新闻. 习近平：厕所问题非小事，要坚持不懈推进"厕所革命"［EB/OL］. 中国青年网，2017-11-27.

[10] 新华社. 五年来 习近平始终心系就业这个最大的民生［EB/OL］. 人民网，2020-10-09.

[11] 高庆波. 优化教育资源配置 促进教育均衡发展［N］. 人民日报，2014-09-10（07）.

从旅游视角论揭阳红色文化的传承与弘扬

◆ 郑丹纯

一、引言

（一）研究背景

文化是一个民族生存和发展的重要力量，是一个国家在世界之林站稳脚跟的坚实根基。站在中国共产党成立100周年的节点，回顾党的百年奋斗史，无论是筚路蓝缕的革命年代，还是繁荣昌盛的当下，红色精神一直在激励和滋养着人们。2016年，习近平总书记在瞻仰井冈山革命烈士陵园时曾言："回想过去那段峥嵘岁月，我们要向革命先烈表示崇高的敬意，我们永远怀念他们、牢记他们，传承好他们的红色基因。"红色旅游承载了红色事迹、红色人物和红色精神等红色文化，是人们缅怀先烈、学习党史的重要途径。揭阳红色文化是我国红色文化的重要组成部分，颇具特色，通过红色旅游将其传承与弘扬具有重要意义。

（二）研究目的

本研究从揭阳学宫、汾水战役纪念馆、流沙八一会馆三个经典红色旅游景点入手，通过调研进一步了解社会大众对于南昌起义军南下揭阳等红色历史的了解情况，了解普通民众对于弘扬红色文化的看法以及阻碍揭阳红色文化传承和弘扬的主要因素，进而从红色旅游的视角为揭阳红色文化的传承和弘扬提供建议。

（三）研究方法

本研究采用的方法为文献研究法、问卷调查法、访谈法和实地调研法。通过综合运用这四种方法，笔者获取了丰富全面的研究资料。

1. 文献研究法

以研究主题为导向，在政府官网和揭阳市地方媒体宣传资料中搜集相关信息，了解揭阳红色旅游发展情况，从红色旅游的角度看红色文化发展的成果与存在的不足。同时从中国知网下载相关文献，了解和借鉴他人对红色文化传承和弘扬的研究。

2. 问卷调查法

通过发放线上问卷和线下纸质问卷进行数据收集。其中：线上问卷调查能扩大调研范围，实现调研人群的多样化，增加调研问卷的可信度；线下问卷调查则能帮助我们更好地了解受访者的想法，使问卷更加完善。

3. 访谈法

通过对揭阳学宫负责人罗主任、汾水战役纪念馆吴站长进行访谈，了解当地红色旅游景点发展现状及未来趋势，从而为揭阳红色文化传承与弘扬研究提供新的角度。

4. 实地调研法

笔者选择揭阳学宫、汾水战役纪念馆和流沙八一会馆进行了实地调研，切实感受了揭阳红色旅游发展现状，获取了揭阳红色旅游方面的第一手资料。

二、揭阳红色旅游与红色文化相关理论概述

（一）揭阳红色旅游与红色文化概述

揭阳有着深厚的革命传统，20世纪20年代，中国共产党领导革命志士在揭阳播下土地革命火种，星星之火迅速燎原于大南山与桑浦山一带。揭阳的红色资源十分丰富，其中：揭阳学宫作为革命活动旧址，见证了周恩来、贺龙等党的领导人在此召开军事会议等历史事件；静静矗立于玉湖的汾水战役烈士纪念碑纪念着革命英雄在此流血牺牲的英勇事迹；被毛泽东称为"农民运动大王"的中共早期领导者彭湃，在短暂的革命生涯中多次踏足揭阳，为揭阳农民运动的发展、为中国的革命事业做出重大贡献。

近年来，基于红色资源的揭阳红色旅游发展迅速，形成了"周恩来在揭阳""走进红色乡村，赓续革命薪火""不可磨灭的红色印记""红色印记，峥嵘岁月""重走红色之路，不忘初心誓言""星火燎原，火炬薪传""不忘初心，情系大南山"七条红色主题旅游线路（见表1），这些线路串联起揭阳各个红色旅游景点，将爱国主义教育和文化旅游体验有机结合。2021年4月，揭阳市人大常委会对红色资源进行地方立法保护，旨在为本土红色资源的保护、管理和利用提供法律保障。另外，揭阳市政府为创新红色旅游发展，积极响应揭西火炬村"五个一工程"项目，打造红色党建工程，以红色文创和数字活化工程作为新的展现形式，充分挖掘揭阳红色文化基因，打造一系列优秀的红色文化主题IP。

表 1　揭阳红色主题旅游线路

旅游线路名称	线路简介
线路 1：周恩来在揭阳	揭阳学宫—揭阳市博物馆（揭阳革命史陈列）—棉湖战役东征军指挥部旧址（兴道书院）—普宁八一纪念馆
线路 2：走进红色乡村，赓续革命薪火	大北山革命历史纪念馆—火炬村—新寮村—汾水战役纪念公园
线路 3：不可磨灭的红色印记	普宁八一纪念馆—什石洋村—五福田村—大南山革命纪念公园—大南山石刻标语—惠来县苏维埃政府旧址
线路 4：红色印记，峥嵘岁月	汾水战役纪念公园—新寮村—五房村—潭王村
线路 5：重走红色之路，不忘初心誓言	杨石魂故居—培风塔—方方纪念馆—南陂村红色根据地革命斗争历史展览室—九江村普宁县临时人民政府旧址—普宁八一纪念馆—普宁红宫—什石洋村
线路 6：星火燎原，火炬薪传	棉湖战役东征军指挥部旧址（兴道书院）—火炬村—大北山革命历史纪念馆—南山知青楼
线路 7：不忘初心，情系大南山	大南山石刻标语—惠来县苏维埃政府旧址—大南山革命纪念公园—潮普惠暴动会议旧址—潮普惠南行委旧址—五福田村

（二）红色旅游与红色文化之间的关系

1. 红色旅游是红色文化的重要载体

近年来，中国共产党高度重视红色文化的传承与弘扬。作为红色文化的重要载体，红色旅游在全国范围如火如荼地开展起来，为传承和弘扬红色文化赋予了新的活力。在红色旅游的带动下，广大民众在潜移默化中受到红色文化的熏陶，进一步提升了对于红色文化的认同感。揭阳红色文化颇具特色，揭阳学宫、八一军事决策会议旧址、揭阳革命烈士纪念碑等红色旅游景点是揭阳革命历史和革命精神的最好见证与重要载体，具有"铸魂育人"的独特功能。

2. 红色文化是红色旅游的核心和灵魂

红色旅游所依托的红色文化，是中华民族优秀文化的重要组成部分。党的十八大以来，习近平总书记多次到红色革命纪念馆参观考察，强调"发展红色旅游要把准方向，核心是进行红色教育、传承红色基因，让干部群众来到这里能接受红色精神洗礼"。在发展红色旅游的过程中，不能舍本逐末，过度重视旅游开发而忽略了红色精神。红色文化是一个不断丰富和更新的文化。在新时代，它会有新的内容和表现形式，从而为红色旅游赋予新的内涵。基于揭阳红色文化的内涵与精髓，揭阳市相关旅行社精心设计了红色主题旅游线路，为红色旅游注入了新的活力。

三、调研内容

（一）问卷设计与发放

1. 问卷设计

笔者主要围绕大众对揭阳红色文化的了解程度、对红色旅游意义的看法、对红色文化发展的建议等方面进行问卷调查。问卷涉及的内容较为丰富，可以全面客观地反映揭阳红色旅游发展现状。调查问卷包括15个问题。为了使调查对象不排斥问卷调查，方便调查人员填写与操作，将调查问题全部设置为选择题，并且在对老年人进行问卷调查时，采取口述方式，以便调查顺利进行。调查问卷的具体设计如下。

（1）了解被调查者的基本情况，设置了"年龄""政治面貌""学历""是否为揭阳本地人"四个基础问题。

（2）调查大众对揭阳红色文化的了解程度，设置了"您了解揭阳的红色文化吗？""在揭阳本地，您去过有关红色文化的地方吗？""如果有去过，您去这些地方的频率是怎样的？"三个问题。

（3）调查大众对我国红色文化的了解途径，设置了"您一般通过哪些途径了解到我国的红色文化？"这一多选题。

（4）调查大众对红色旅游价值和意义的看法，设置了"您认为单位组织的红色旅游活动有哪些意义？""您会因为什么原因参观红色旅游景点？""您会因为什么原因不去参观红色旅游景点？"三个问题。

（5）调查大众对我国红色旅游发展现状的看法及建议，设置了"您觉得我国对红色旅游的宣传力度如何？""您觉得红色旅游景点有什么需要改进的地方？""您认为红色旅游开发面临的主要问题有哪些？""您觉得应该如何做好红色旅游的开发以及宣传？"四个问题。

2. 问卷发放

2021年7月24日至2021年8月12日期间，笔者通过线上和线下方式共发放问卷110份，其中回收有效问卷102份，有效回收率为92.7%。

（二）问卷调查结果

1. 被调查者基本情况分析

被调查者基本情况如表2所示。

表2　被调查者基本情况

主要特征	类别	人数/人	所占比例/%
年龄	18岁以下	20	19.61
	18~30岁	59	57.84
	31~60岁	18	17.65
	60岁以上	5	4.90
政治面貌	群众	79	77.45
	共青团员	21	20.59
	党员或其他党派成员	2	1.96

续表

主要特征	类别	人数/人	所占比例/%
学历	小学到高中	67	65.69
	专科或本科	25	24.51
	本科以上	10	9.80
是否为揭阳本地人	是	84	82.35
	否	18	17.65

由表2可见，从年龄上看，被调查者主要是18~30岁的人群，所占比例达到了57.84%。从政治面貌上看，群众所占比例最大，高达77.45%。从学历上看，小学到高中为67人，占比最高，达到65.69%；专科或本科为25人，占比为24.51%；本科以上为10人，占比为9.80%。在调查对象中，大多数是揭阳本地人，占到82.35%。

2. 问卷答案分析

（1）关于大众对揭阳红色文化的了解程度，调查结果如图1所示。

由图1可见，6.86%的人选择了完全了解，74.51%的人选择了基本了解，完全不了解的占18.63%。总之，了解揭阳红色文化的占到八成以上，比例较高。

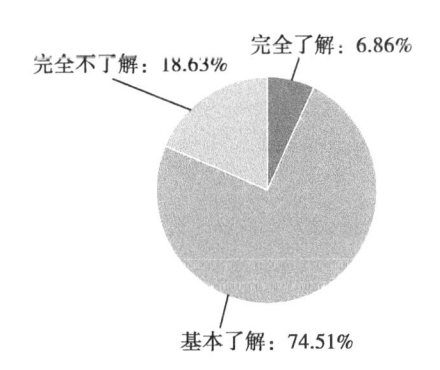

图1 大众对揭阳红色文化的了解程度

（2）关于揭阳红色旅游景点的参观情况，调查结果如图2所示。

由图2可见，揭阳学宫、流沙八一会馆和大南山革命纪念馆是揭阳参观人数排名前三的红色旅游景点，其中揭阳学宫参观人数所占比例高达43.14%，而远离市区的大北山革命纪念馆、炮台三日红的参观人数比

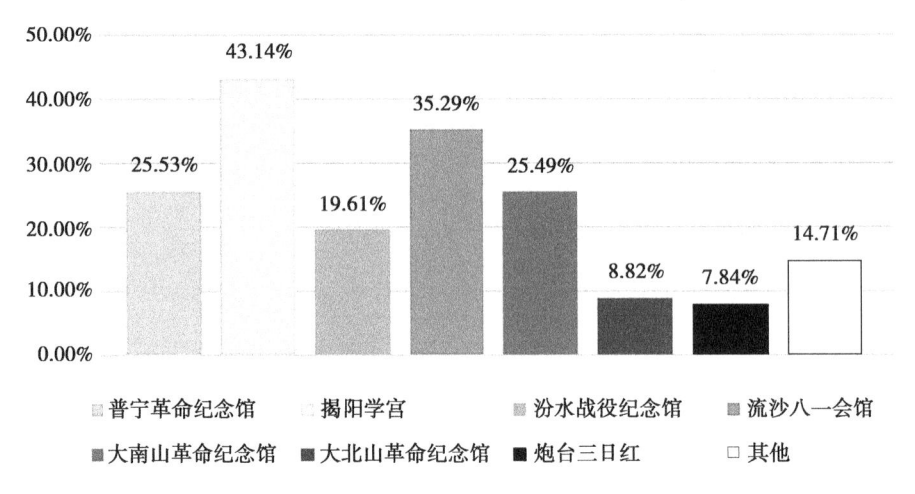

图2 揭阳红色旅游景点的参观情况【多选题】

较少。相比其他红色旅游景点来说，揭阳学宫是当地最为热门的一个红色文化宣传地，这与揭阳学宫的宣传力度有一定关联。

（3）关于参观揭阳红色旅游景点的频率，调查结果如图3所示。

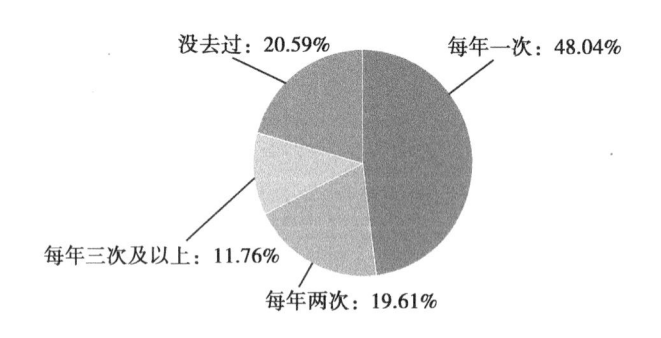

图3 参观揭阳红色旅游景点的频率

由图3可见，每年一次的占48.04%，每年两次的占19.61%，每年三次及以上的占11.76%，没去过的占20.59%。可以看出，大多数人每年都会游览红色旅游景点，但也存在少部分人没去过红色景区。

（4）关于大众对我国红色文化的了解途径，调查结果如图4所示。

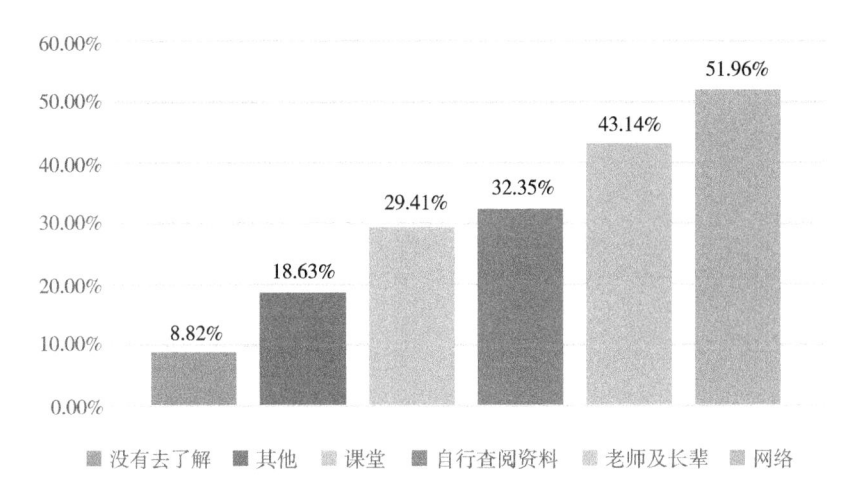

图4 大众对我国红色文化的了解途径【多选题】

由图4可见，大多数人的了解途径为网络、老师及长辈、自行查阅资料、课堂。可以看出，被调查者了解我国红色文化的途径是比较广泛的，但存在少部分人群没有主动去了解红色文化。

（5）关于大众对红色旅游价值和意义的看法，调查结果如图5所示。

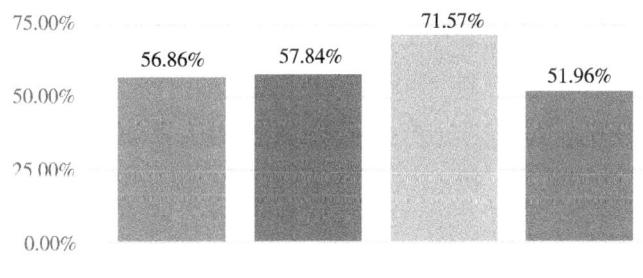

图5 大众对红色旅游价值和意义的看法【多选题】

由图5可见，关于红色旅游的价值和意义，选择"铭记历史，缅怀先烈"的所占比例最高。

（6）关于参观红色旅游景点的原因，调查结果如图6所示。

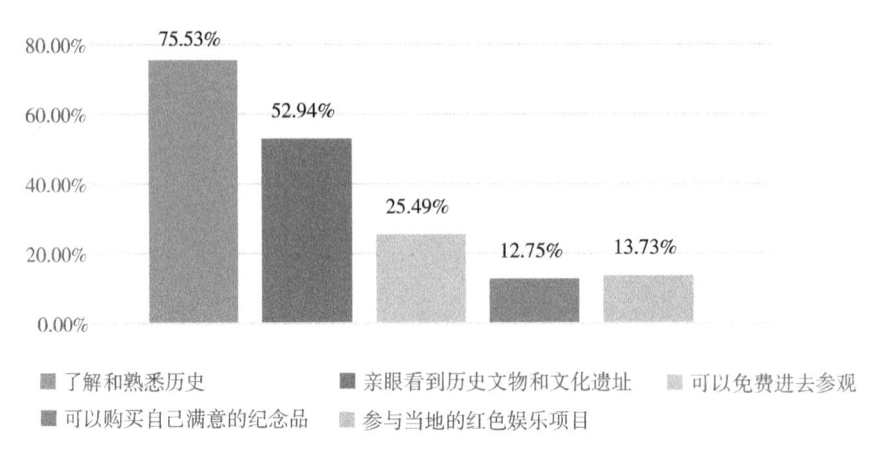

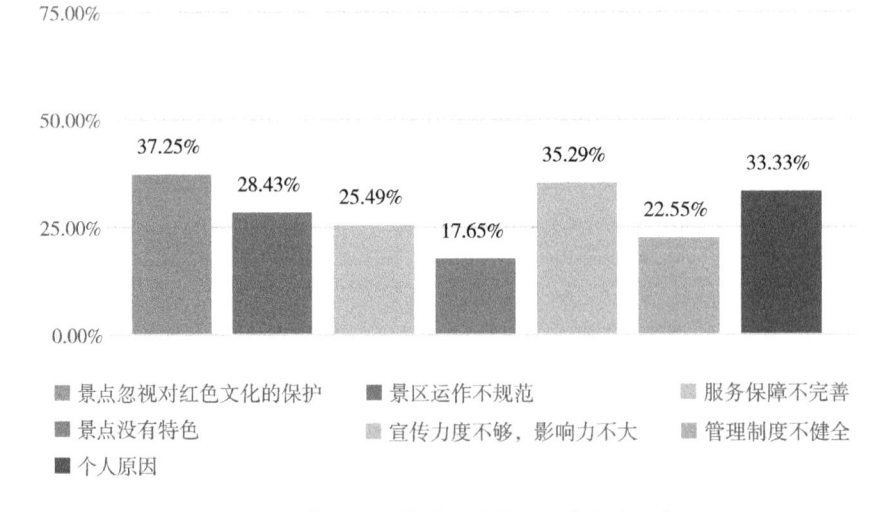

```
80.00%  75.53%
            52.94%
60.00%
40.00%
                        25.49%
20.00%              12.75%  13.73%
0.00%
■ 了解和熟悉历史    ■ 亲眼看到历史文物和文化遗址    ■ 可以免费进去参观
■ 可以购买自己满意的纪念品    ■ 参与当地的红色娱乐项目
```

图6　参观红色旅游景点的原因【多选题】

由图6可见，大部分人参观红色旅游景点的原因是了解和熟悉历史，亲眼看到历史文物和文化遗址，说明红色旅游对红色文化的传承与弘扬具有积极的推动作用。

（7）关于不参观红色旅游景点的原因，调查结果如图7所示。

```
75.00%
50.00%
       37.25%
              28.43%  25.49%        35.29%        33.33%
25.00%                       17.65%        22.55%
0.00%
■ 景点忽视对红色文化的保护    ■ 景区运作不规范    ■ 服务保障不完善
■ 景点没有特色    ■ 宣传力度不够，影响力不大    ■ 管理制度不健全
■ 个人原因
```

图7　不参观红色旅游景点的原因【多选题】

由图7可见,选择"景点忽视对红色文化的保护"的最多,其次是"宣传力度不够,影响力不大""个人原因""景区运作不规范""服务保障不完善",这一结果值得引起有关部门的高度重视。

(8)关于我国对红色旅游的宣传力度,调查结果如图8所示。

由图8可见,绝大多数人认为我国对红色旅游的宣传力度很不错或一般,选择不到位的占12.75%,选择不了解的占6.86%,这充分说明我国对红色旅游的宣传取得了成效,但仍需改进。

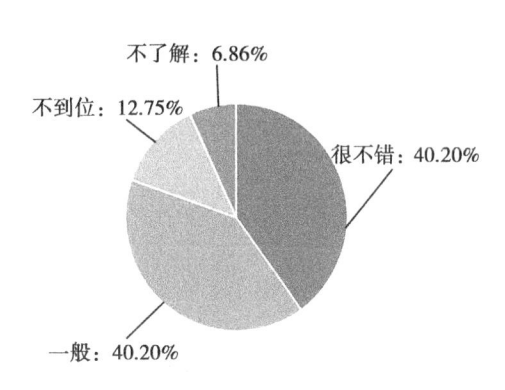

图8 我国对红色旅游的宣传力度

(9)关于红色旅游景点需要改进的地方,调查结果如图9所示。

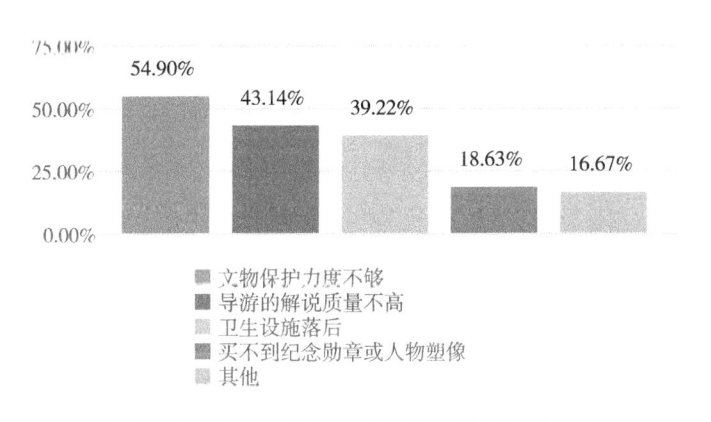

图9 红色旅游景点需要改进的地方【多选题】

由图9可见,"文物保护力度不够""导游的解说质量不高""卫生设施落后"是最需要改进的三个方面。

(10)关于红色旅游开发面临的主要问题,调查结果如图10所示。

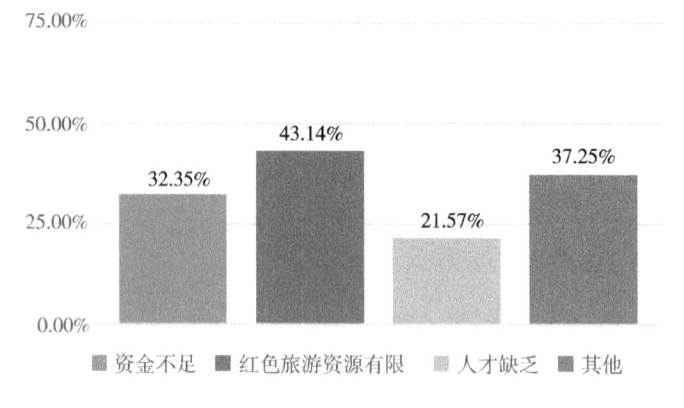

图中数据:
- 资金不足: 32.35%
- 红色旅游资源有限: 43.14%
- 人才缺乏: 21.57%
- 其他: 37.25%

图10　红色旅游开发面临的主要问题【多选题】

由图10可见，红色旅游资源有限是最主要的问题，如何充分利用现有的红色旅游资源也成为揭阳红色文化发展面临的重要问题之一。

（11）关于如何做好红色旅游的开发以及宣传，调查结果如图11所示。

图中数据:
- 做好红色旅游路线的规划和介绍: 60.78%
- 加大对红色旅游景点的建设与宣传力度: 55.88%
- 加大对红色旅游的资金投入: 47.06%
- 加强红色旅游文化之间的交流: 51.96%

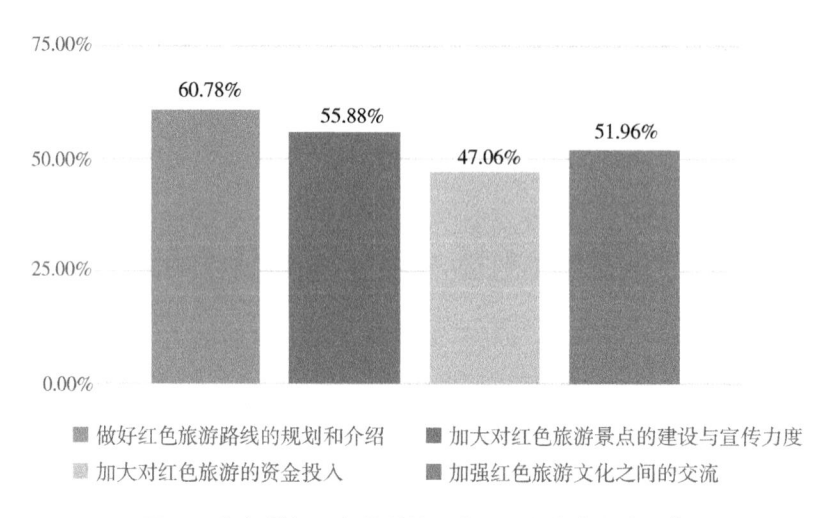

图11　如何做好红色旅游的开发以及宣传【多选题】

由图11可见，"做好红色旅游路线的规划和介绍""加大对红色旅游景点的建设与宣传力度""加强红色旅游文化之间的交流""加大对红色旅游的资金投入"四个建议的选择比例都相当高。

四、阻碍揭阳红色文化传承与弘扬的主要因素

（一）宣传力度不够，缺乏知名度

从问卷调研结果中可以看到，超过 80% 的人认为我国对红色旅游的宣传力度较好，这反映出我国近年来对红色文化的重视与发展。然而，揭阳虽拥有较为丰富的红色旅游资源，但宣传力度不足，红色旅游景点鲜为人知，因此如何加大宣传力度，提高揭阳红色旅游景点的知名度成为关键性问题。

（二）缺乏专业人才

由于缺乏专业的理论培训，景区部分讲解员对揭阳红色文化内涵的理解不够深入，讲解枯燥乏味，缺乏生动性和趣味性。

（三）大众的红色文化传承意识不足

在问卷调研中，我们调查了大众对揭阳红色文化的了解程度以及参观揭阳红色旅游景点的频率，可以看出，大众对揭阳红色文化的传承意识仍有待加强。

（四）资源开发有限，红色旅游主题单一

由于资金制约等原因，揭阳红色旅游资源的开发较为有限，基础设施建设明显不完善。并且，揭阳各红色旅游景点主题单一，缺乏竞争力。

五、传承与弘扬揭阳红色文化的建议

（一）重视揭阳红色文化的传承与弘扬

红色文化的传承发展能够为新时代中国特色社会主义市场经济和先进文化建设提供思想支持与精神动力，对弘扬中华民族的优良革命传统及推动马克思主义中国化的发展具有重要现实意义。习近平总书记 2020

年9月22日在教育文化卫生体育领域专家代表座谈会上指出："推动理想信念教育常态化制度化，加强党史、新中国史、改革开放史、社会主义发展史教育，加强爱国主义、集体主义、社会主义教育，引导人们坚定道路自信、理论自信、制度自信、文化自信，促进全体人民在思想上精神上紧紧团结在一起。"因此，在"十四五"期间，揭阳市应该继续认真贯彻落实习近平总书记"发扬光荣传统、传承红色基因，不忘初心、继续前进，努力在坚持和发展中国特色社会主义伟大进程中创造无愧于时代、无愧于人民、无愧于先辈的业绩"[①]的重要指示精神，立足地区优势，集中人力物力，创新方式方法，探索揭阳红色文化传承与弘扬的新路径，提升本地红色文化的影响力。

（二）打造专业团队，开发红色资源

合理开发红色资源是传承红色文化的重要途径。当前，揭阳红色资源有限，红色文化发展受限，因此，打造专业团队，充分开发红色资源成为重中之重。首先，应该引进专业人员，并定期开展专题培训，提升团队整体的专业能力。其次，利用现代科学技术，最大限度地保护、修复揭阳的红色资源。最后，在专业人员的指导下，开发当地的红色资源，为红色文化的发展提供坚实基础。建议充分利用揭阳多样的艺术资源，以潮剧、普宁英歌舞等民俗文化以及玉雕、木雕等民间艺术为桥梁，创新性地开发当地的红色资源，为红色文化发展增添活力。

（三）推进红色旅游形式的多样化

在揭阳红色文化的基础上，探索红色旅游的新形式。例如，采用现代高科技手段，通过声、光、电等模拟方式为旅游者提供更丰富的感官

---

① 习近平总书记2016年9月28日在刘华清同志诞辰100周年座谈会上的讲话。

感受，使他们身临其境般地体验革命战争场景，感受揭阳红色文化的精神内涵，深化对揭阳红色文化的认知与理解，并自觉加入传承与弘扬揭阳红色文化的队伍中。

（四）提升讲解员水平，改进服务质量

红色旅游景点的讲解员必须熟记红色历史与知识，能够以声情并茂、极富感染力的讲解使游客对红色文化产生浓厚的兴趣。因此，需要对红色旅游景点的讲解员进行岗前培训及在岗考核，提升讲解员的红色文化素养，从而为广大游客提供优质的服务。另外，还可以从党校、高校、党政部门招聘文化素质更高、红色文化知识更为丰富的人员担任兼职讲解员。

（五）加大宣传力度，提升景点影响力

一方面，在商场、车站等人流密集场所，对揭阳红色旅游景点开展全方位的宣传推广。另一方面，充分运用互联网平台，通过图、文、视频等多种形式，对揭阳红色旅游景点进行线上推广，提升景点影响力，并及时提供相关旅游信息。需要注意的是，在对揭阳红色旅游景点进行宣传的过程中，必须把握好相关红色文化内容的真实性，不能为追求宣传效果而夸大其词。

（六）多方面筹集资金，加强配套基础设施建设

充足的资金不仅是红色旅游发展的物质基础，更为红色文化更好地传承与弘扬提供了物质保障。旅游业是一项综合性产业，资金投入大，回报周期长。针对揭阳红色旅游资金投入不足的现状，应努力争取上级政府的资金支持，并采用多种融资方式，吸引资本注入，扩大资金来源。在此基础上，完善交通、住宿、餐饮等基础设施建设，规范景区运作，打造优质的红色旅游景区，提高景区服务质量。

（七）完善相关政策法规，加大红色文物保护力度

红色文物作为红色历史的物质载体，对于阐释"红色政权来之不易"这一主题具有独特价值。近年来，为更好地保护和利用红色文物，国家相关部门先后颁布多项政策文件。特别是2018年印发的《关于实施革命文物保护利用工程（2018—2022年）的意见》，是我国首个以加强革命文物保护为主要内容的中央文件，是保护利用革命文物的纲领性文件。揭阳政府应在国家相关文件的指导下，结合当地红色文物的具体情况，制定和完善地方性红色文物保护法规，形成有效的红色文物保护体系，避免对红色文物的人为破坏。

（八）加强公民思想政治教育，不断提高公民的红色素养

问卷调查显示，大众传承与践行红色文化的自觉性仍有待加强。对此，应学校、家庭与社会"三管齐下"，不断提高公民的红色素养。首先，学校要定期举办思想政治教育活动；其次，父母要潜移默化地感化孩子，使孩子得到良好的思想道德熏陶；最后，全社会要营造重视红色革命历史的氛围，引导公民牢记历史使命。

参考文献

[1] 林运明. 彭湃在揭阳的革命活动[J]. 源流，2021（9）：26-29.

[2] 唐楚生，张冰纯. 揭阳人大：加强地方立法，赓续红色血脉[EB/OL]. 南方+，2021-04-20.

[3] 王金伟，邱明慧，许春晓，等. 建党百年与红色旅游[EB/OL]. 旅游学刊，2021-07-01.

[4] 蔡亚男. 红色旅游资源开发中的文化传承[J]. 中学政治教学参考，2020（39）：84.

[5] 陈仁喜.红色文化的传承与发展路径研究：以安徽省金寨县为例[J].滁州学院学报，2021，23（4）：84-88.

[6] 罗纯.文化传承中的红色旅游资源开发[J].中学政治教学参考，2021（31）：97-98.

[7] 任百成.从红色旅游视角论宿州红色文化的传承与弘扬：以萧县蔡洼淮海战役红色旅游景区为分析样本[J].经济研究导刊，2021（3）：114-116.

[8] 王政军.汲取百年奋进力量，开创陇南红色文化传承新局面[N].陇南日报，2021-08-31.

[9] 胡炳范.百色红色文化传承研究[D].南宁：广西民族大学，2019.

[10] 南卡.以红色旅游促进红色文化传承研究：以山西省为例[D].秦皇岛：燕山大学，2018.

互联网买菜平台的商业模式分析——以多多买菜和叮咚买菜为例

◆ 高木培

一、引言

（一）研究背景

在新冠肺炎疫情影响下，线下经济遭受冲击。但疫情之下也会有新的机遇，如电商网购、在线消费等"宅经济"迅速崛起，使得互联网买菜平台再度进入人们的视野。本来以家庭主妇为受众的生鲜电商，让全国人民都被动式地体验了一把，生鲜电商出现井喷式增长，助推中国经济恢复。

2020年中国互联网协会的报告显示，作为生鲜电商代表的互联网买菜平台产业稳步崛起，成长为新的行业增长点，但是也导致传统零售模式即市场菜贩卖菜形式正在逐渐失去主导权，造成互联网巨头垄断市场和资本的无序扩张。

（二）研究内容

本研究以多多买菜和叮咚买菜为例，全面分析互联网买菜平台的商业模式，梳理社区拼团的实际应用场景及商品流通过程，总结社区生鲜电商的基本经验与模式，并盘点目前多多买菜和叮咚买菜在社区团购方面的不足之处，分析其引发的一些争议，最后针对平台运营及政府监管给出建议。

二、文献综述

我国学者从法律规范性、盈利模式、市场形势、未来趋势等角度对互联网买菜平台进行了研究，分析了互联网买菜平台的现状和存在的不足，并提出了相应的解决措施，对于互联网买菜平台的未来发展具有一定的指导意义。例如：赵灵玮和闫旭（2020）对叮咚买菜和盒马鲜生的商业模式进行了比较研究；王海（2020）提出生鲜电商之争不是模式之争，而是执行能力之争；郭梦倩和黄麟（2020）总结了社区生鲜电商模式的优势及面临的挑战，并为社区生鲜电商模式的未来发展提出了建设性意见。

三、互联网买菜平台的商业模式

（一）平台盈利模式

以多多买菜为例，其在社区设置团长自提点，整个社区的消费者进入团长组建的社群，团长开团后消费者进入平台购买，平台集中配送至社区。这种团购方式对于平台来说就是靠较大的数量获利。对于平台的团长而言，就是靠日常开团的佣金、平台的订单任务以及线下门店的经营赚钱，佣金比例是平台制定的，团长的精准用户越多，平台的销售额越高，佣金收入自然也越多，订单任务则一般都是一次性的奖励。

HiShop社区云店（2020）资料显示，互联网买菜平台提高盈利的方式包括降低成本和增加用户两个方面，具体有以下做法。

（1）完善供应链，提高配送时效。互联网买菜平台必须打造完整的供应链，找到可以长期合作的供应商，减少经销商环节，降低采购运营成本，提高配送时效，保障商品质量。

（2）增加开团频次。团长基本上每天都可以开团，这样每天都会有一定的销量，从而相对于开团频次少的团长来说，其销量肯定会有一个大的提升。

（3）增加社群用户数量。如果精准用户数量增加，那么每次开团的订单量就会有所提升。同时要做好用户的维护工作，使用户复购频次增加，这样平台的销量自然就会提高。

（4）建设平台商城。小程序商城通常是企业提供给消费者使用的平台，企业要做好界面的设计，选择合适的色彩，合理设置框架栏目，特别是营销活动广告要突出。

（二）大数据赋能

大数据对经济的影响比想象中更大，带来的改变是前所未有的，互联网生鲜电商的发展也依靠大数据。大数据的实时、感知和预测等特点可以使互联网买菜平台降低成本，提升效率，构建竞争优势新维度。以叮咚买菜为例，该平台从采购到配送的全流程大量使用大数据技术。例如：在采购前，通过大数据技术提高对用户订单预测的准确度，以降低库存成本；在销售时，先通过大数据技术形成用户画像，然后对用户进行智能推荐，从而促进商品销售，并增加用户的使用满意度；与此同时，叮咚买菜通过自建物流配送系统，配合大数据技术，更为智能地调度送货员与货车，进一步优化配送路径，实现快速送达，提高单位时间的配送效率。社区团购的撒手锏是效率。在传统的生鲜销售过程中，从生产端到销售端，一线城市要经过4个左右的中间商，非一线城市会更多，多次的转手既抬高了生鲜价格，又增加了损耗。而社区团购减少了低效的中间环节，并试图建立一个新的、基于互联网的生鲜销售模式。社区团购推动了新一轮的供应链效率革命，以叮咚买菜为例，其供应链的完整流程具体如下。

（1）采购端：以城批采购、品牌供应商直供为主。对于蔬菜、水产等难以长途运输的生鲜产品，叮咚买菜主要采用城批采购的方式，以保障产品的鲜度并降低损耗，同时补货更为容易，产品较为齐全，价格也相对稳定。对于肉类产品，则由品牌供应商按需直供，以保障产品的安全性及品质。相较于源头采购，城批采购方式可以有效降低冷链配送成本。

（2）配送端：采用前置仓模式，提供配送到家服务。叮咚买菜将前置仓建在社区周边一公里内，商品先在中心仓统一加工后运至前置仓，消费者下单后由自建物流团队配送到家，且当单仓的日订单超过1500单时会裂变成两个仓，以保证高效配送，满足即时消费需求。

（3）营销端：采用轻营销方式，实现快速推广。叮咚买菜利用"妈妈帮"、社团+分享模式及地推，实现社区内用户的快速增加。

（4）大数据：赋能全产业链，确保精准预测，实现生鲜的低滞销和低损耗。

（三）多模式一体化的消费体验

作为互联网买菜平台的代表，叮咚买菜和多多买菜自成立以来便受到广泛关注。这两个平台都使用大数据、互联网等核心技术为用户提供多模式一体化的消费体验，但其运营模式有所不同。

就叮咚买菜而言，其采用"移动端下单+前置仓配货+即时配送到家"模式，主打"0元起送，0元配送"。然而，"0元起送，0元配送"的模式其实是一把"双刃剑"，其经营方式和盈利模式一直备受争议。"0

元起送，0元配送"意味着平台要承担初始成本和配送成本，在生鲜本身的毛利很难覆盖到物流成本的情况下，互联网买菜平台要盈利，关键在于提高订单密度。为了提升线下的配送效率，平台会选择自己经营物流公司来提供配送服务，或者建立前置仓减少配送距离和环节。为了节约物流成本，平台开始推出"自提"新模式，即提前一天下单，然后在提货点提货或送货到家。

就多多买菜而言，其商业运作模式包括拼单模式、抱团模式、直播模式三种。拼单模式解决了销售端的问题，但生鲜电商最难搞的还是产业链。以供应链为例，拼单模式是由供应商提报商品，平台选品后上线拼团活动，消费者拼单购买，这就要求供应商必须在本地有自己的仓库，以弥补平台在仓储等方面的欠缺。多多买菜的拼单模式通过"邀请亲朋好友拼着买"这种免费的口碑营销，使产品销量实现了裂变式的增长。

互联网买菜平台主要是为用户提供最具性价比的生鲜产品，这对平台的资源整合能力、供应链管理能力和用户服务能力提出了很高的要求。

四、互联网买菜平台的经营痛点

（1）毛利低：不足以覆盖高昂的运营成本。以前置仓模式为例，其运营成本除了产品损耗以外，还包括仓储成本、物流成本、人员工资、水电费、优惠券、广告费等。因此，对于本就依靠薄利多销生存的互联网买菜平台来说，其利润变得更加微薄。

（2）种类少：不足以满足用户的多样化需求。用户买菜的需求是多样化的，这就对库存量单位（Stock Keeping Unit）提出了比较高的要求，需要种类更齐全。以叮咚买菜为例，其运营理念是满足用户制作一日三餐的需求，因此平台上的SKU要能够达到做一桌菜的标准。但随着人们消费水平的提高及对健康饮食的注重，人们对有机农产品及进口农产品的需求增加，而互联网买菜平台上的产品多为本地农产品。

（3）损耗高：为满足用户需求而陷入死循环。为了保证商品稳定供应，增强用户体验，大部分互联网买菜平台采用30分钟送达的前置仓模式，这就需要在前置仓提前备好货，并且为预防缺断货的情况出现，常常会加大备货量，从而造成较高的损耗和浪费。

五、互联网买菜平台背后的争议

互联网买菜平台背后的争议主要在于以下两个方面。

（1）卖菜是假，引流是真。互联网巨头们以低价竞争和烧钱扩张的方式发展互联网买菜平台，是因为看重社区团购所带来的巨大线下流量池，也就是人。互联网巨头们真正争夺的是中国互联网领域内最后一个"无主"的流量入口，更细致地说，是私域流量。在私域流量下，互联网买菜平台可以在后期增加广告收入，这些收入可以分流到酒店、投资、游戏等其他业务。所以，卖菜只是一个引子，巨头们醉翁之意不在菜，在乎买菜之人也。在一、二线城市流量见顶的情况下，这是对下沉市场流量的最后一波收割，是对消费互联网行业最后一座"金矿"、最后一片红海的争夺。

（2）无序扩张。在互联网企业切入的行业，往往会掀起"烧钱大战"，重新构建"游戏规则"，互联网买菜平台这个行业也是如此。如今，互联网买菜平台低价的基础已经不是效率革命，而是不计成本的"钞能力"。在互联网巨头的扩张之下，业内中小企业和传统模式下的菜贩受到很大冲击。互联网巨头争夺的是原本属于商贩、批发商的传统市场份额和商业版图，这不是开疆拓土，而是降维打击。

六、研究结论与建议

（一）研究结论

在新冠肺炎疫情背景下，送货上门的社区团购或者生鲜电商再次进入大众的视野。通过互联网买菜平台，居民足不出户就能买到自己想要的生鲜产品，由此加深了对社区团购的印象，从而使互联网买菜平台得到进一步发展。

在商业模式上，叮咚买菜采取了前置仓模式，前置仓以"品质确定、时间确定、品类确定"为核心指导原则，围绕社区一公里建设，并结合大数据进行预测，保证消费者随时随地都能买到高品质的生鲜产品。同时对生鲜及相关配料等进行全品类布局，为消费者一站式提供烹饪所需的产品，建立与用户高度的信任感和联系，培养用户的使用习惯，增强用户黏性。

多多买菜则采用社区团购模式，其以社区为中心，以团长为分发节点，引导消费者通过微信群、小程序等线上工具拼团购买所需产品。该模式采取先下单、再配货的流程，可以减少库存，降低损耗；同时团长的门店设在社区里，使平台节省了仓储、获客及最后一公里配送的成本。

互联网买菜平台面临着很多争议，无论是引流还是无序扩张，都不是互联网巨头们可以回避的问题。如果企业存在侥幸和观望心理，就会失去社区团购本身的价值内核。

（二）建议

基于互联网买菜平台引发的一些经济后果及争议，笔者针对平台运营提出以下建议。

（1）充分发挥大数据等技术的价值，实现企业运营精细化。在前置仓模式下，应借助大数据技术实现对市场需求的精准预测，提升备货能力，减少缺货现象，同时降低库存和损耗。

（2）保障产品品质，并深入社区，提高消费者的购买频率。消费者选择到实体店买菜是因为亲自挑选能够确保菜品的新鲜度，因此品质保障和服务成为互联网买菜平台应该重点解决的问题。另外，互联网买菜平台应利用社区关系网进行扩张，培养消费者的使用习惯，提高其购买频率。

（3）合理配置资源，降低企业成本。不论采用何种商业模式，流量、货源、配送等最基础的问题是每个平台都需要解决的。社区团购"百团大战"最后的赢家一定是把供应链、物联网做到极致，将成本压到最低的那个。

针对政府监管，笔者认为必须加强互联网领域的反垄断监管，坚决抵制无序扩张。互联网买菜平台掌握着海量的数据和资源，政府应引导其树立"科技向善"的理念，靠更优化的资源配置来实现社会、企业和消费者的共赢，而不是一味地"跑马圈地"，靠垄断攫取巨额利润。

参考文献

[1] 赵灵玮,闫旭."叮咚买菜"与"盒马鲜生"商业模式比较研究[J].经济研究导刊,2020(11):107-109.

[2] 王海.入局买菜大战 拼多多拼什么[N].第一财经日报,2020-10-12(A09).

[3] 郭梦倩,黄麟.社区生鲜电商商业模式分析：以叮咚买菜为例[J].中国商论,2020(11):12-13,27.

[4] 郑瑞龙.阿里、京东、拼多多的"农业战争"[J].企业观察家,2021(2):46-49.

［5］朱小良，王德利，李正波，等.电子商务与新零售研究［M］.北京：中国人民大学出版社，2017.

［6］张媛.株洲县农村电子商务发展模式研究［D］.长沙：中南林业科技大学，2019.

［7］汪立亭，谢茂萱.叮咚买菜：前置仓模式，专注到家的社区生鲜电商［EB/OL］.海通批零，2019-02-18.

［8］周桂良.基于供应链商业生态系统理论的家家悦集团战略创新研究［D］.厦门：厦门大学，2019.

［9］HiShop社区云店.多多买菜怎么赚钱？社区团购平台如何盈利［EB/OL］.HiShop，2020-12-15.

［10］小猪CMS.社区生鲜平台叮咚买菜是什么商业模式［EB/OL］.知乎，2019-06-24.

中国快递行业发展中存在的问题及对策研究

◆ 邓雨欣

一、引言

随着我国电子商务的迅速崛起和物流技术的不断发展，快递行业迅猛发展，成为带动我国经济增长和社会进步的朝阳产业。近年来，快递行业的市场增长率始终保持在较高水平。国家邮政局发布的数据显示，2018—2020年我国快递行业业务量增速基本保持在25%~30%，2020年我国快递行业全年业务量达834亿件（见图1）。

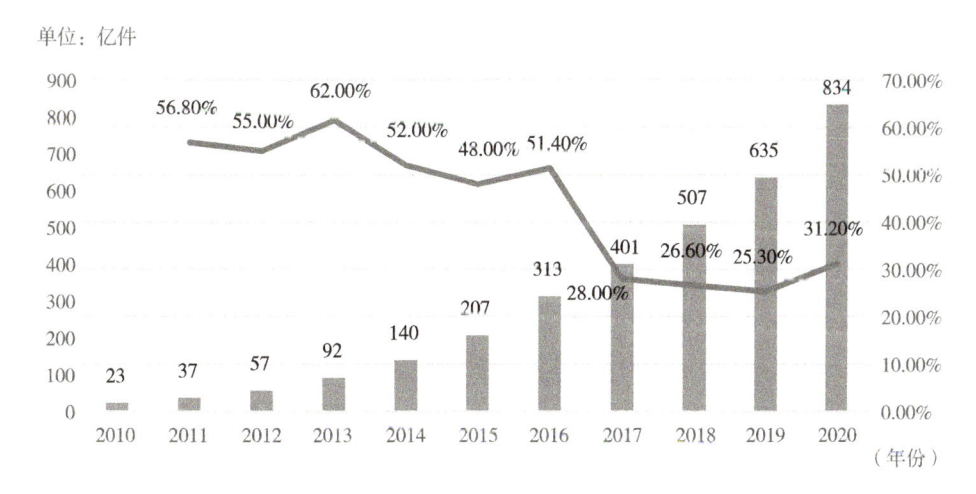

图1 2010—2020年中国快递行业业务量及增速

资料来源：国家邮政局。

在快递行业迅速发展的背景下，我们也不可忽视其发展中存在的各种问题，如基础设施不健全、物流人才缺口较大、企业的核心竞争力不足等，这些问题严重制约了行业的可持续发展。本文将从快递行业发展现状入手，对快递行业发展中存在的问题进行深入分析，并对相关问题的解决提出对策建议。

二、中国快递行业发展中存在的问题

1. 交通基础设施建设不完善，降低了快递运输的时效性

快递行业讲究速度与效率，因此能否充分发挥各种运输方式的优势，将影响着行业能否实现持续高速发展（王欣宇，2020）。我国快递公司的运输方式主要为航空运输和公路运输相结合与铁路运输（王耿，2020）。在航空运输方面，国内目前只有少数快递公司拥有完整的飞机航线，其余快递公司则是在机场附近设置转运中心，导致部分快递公司依赖于各机场的安排和航空公司的客运航线。即使拥有自己的飞机或航线，快递公司也会受到机场运营时间和航班时间及其运营效率的影响，一定程度上降低了快递运输的时效性。在公路运输方面，我国公路建设近年来有较大发展，但从我国广袤的土地及庞大的人口来看，公路覆盖率仍有较大的提升空间，并且与发达国家甚至一些发展中国家相比还有较大差距。由于公路基础设施不完善，不同区域、城市或枢纽间的公路设施供需矛盾突出，同时不同地区间的公路运营许可审批程序复杂，导致快递运输的时效性大大降低。在铁路运输方面，我国的铁路运输网络已基本建成，运输速度和运输质量大大提高，因此铁路运输成为不少快递公司的选择。但对于讲求速度的快递行业来说，铁路运输难以确保货物的运输时间，并且托运手续烦琐，与其他运输方式协调困难，从而影响了铁路运

输方式在快递行业的运用。2020年我国快递行业各运输方式占比如图2所示。

2. 物流人才缺口较大，影响了行业的稳定发展

人才紧缺是制约快递行业稳定发展的一大因素。近些年，我国快递行业发展迅速，各大高校顺应时代发展趋势，纷纷开设物流管理、国际物流与货运代理等物流相关专业，为社会培养物流方面的人才。但院校专业课程偏重教授物流专业基础知识，而快递企业更看重实践经验和操作能力，导致人才供需脱节，出现较大的人才缺口。

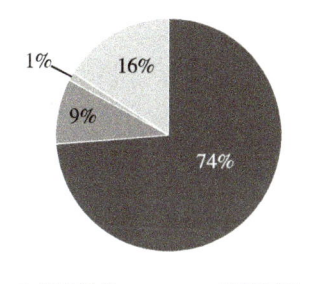

图2 2020年我国快递行业各运输方式占比
资料来源："财是"物流行业深度研究报告。

3. 企业的核心竞争力不足，限制快递行业行稳致远

目前我国大多数快递企业核心竞争力不足，主要表现在以下两个方面。一是物流成本较高。虽然目前中国快递企业普遍使用了网络信息技术，一定程度上降低了企业的物流成本，但与全球快递行业平均水平相比仍然较高（张佳铭，2019）。二是客户服务水平不高。例如，不少消费者反映，拨打部分快递企业的官方客服电话时，接听的永远都是智能客服，回答都是千篇一律，而人工客服总是坐席忙。艾媒咨询数据显示，超过半数的用户（57.9%）表示，智能客服只能帮助他们解决少数问题甚至不能解决问题，快递企业智能客服的问题解决能力还需提高（蒋永霞，2021）。随着国内快递行业的迅猛发展，外国快递企业也开始进入中国市场，因此中国快递企业必须增强核心竞争力，以应对激烈的行业竞争。

三、中国快递行业发展中存在问题的解决对策

（一）完善交通基础设施

在航空运输上，应为快递企业提供合适的飞机和航线，从而大大提高快递运输的时效性。在公路运输上，应进一步完善公路建设，在改善公路设施的同时，解决各地公路运输的收费差异问题与运输矛盾，形成更健全的公路运输体系。在铁路运输上，应大力发展高铁与铁路相结合的运输方式。高铁运输具有速度快、运输能力大、成本低、受天气影响小等优势，能够为快递行业降低物流成本。目前，我国已基本建成包括高速铁路、城际铁路、区际快速铁路等在内的高铁运输网络，若采取高铁与铁路相结合的运输方式，不仅会增强快递运输的时效性，而且会给快递企业带来更大的盈利空间。

（二）培养满足企业需求的物流人才

针对高校物流人才培养无法满足快递企业人才需求的问题，快递企业应该主动出击，积极与相关高校开展合作，进行"订单式"培养，从而为企业量身打造所需的物流专业人才。此外，高校应更新教育理念，完善课程设置，在传授物流专业理论知识的同时，也要注重培养学生的实际操作能力。

（三）提高企业的核心竞争力

1. 争取中间客户，抓住行业机会

对快递企业不够了解的消费者会选择观望快递企业的价格，然后再做出决定，这对于快递企业来说是抓住中间客户的好机会。一旦得到中间客户的信任，便会得到新一批的老顾客。

2. 提高服务质量，满足客户需求

快递企业可以借鉴发达国家的"一流三网"模式，通过环境资源网、用户资源网和信息技术网的构建，实现对客户信息流的有效掌控，进而实现快递企业的零距离服务。此外，快递企业还应加强对信息资源的分析力度，从而制定个性化服务方案，充分满足不同用户群体的需求。

参考文献

[1] 商务部研究院课题组，张洪斌. 中国快递业务市场准入和行业管理[J]. 经济研究参考，2006（34）：36-42.

[2] 庄元. 我国快递行业管理模式的现状与创新研究[J]. 现代商业，2019（30）：39-40.

[3] 王欣宇. 我国快递行业现状与发展对策探究[J]. 辽宁师专学报（社会科学版），2020（1）：4-5，9.

[4] 裴柯，肖杨. 浅谈我国快递行业的发展现状[J]. 对外经贸，2018（5）：79-80，84.

[5] 曾宇惠. 基于运营模式创新的快递企业核心竞争力研究：以延边全峰快递为例[J]. 企业改革与管理，2018（3）：41-42.

[6] 孙丰杨. 昆明市快递行业管理成熟度评价研究[J]. 价值工程，2017，36（24）：10-13.

[7] 王耿. 高铁与快递联合发展的可行性研究[J]. 经营与管理，2020（6）：20-23.

[8] 周嵘. 快递企业提高行业竞争力的营销策略研究：以韵达快递河南郑州桃源路配送中心为例[J]. 商，2015（13）：247.

[9] 朱雅兰. 我国快递行业政府监管研究[J]. 物流工程与管理，2020，42（10）：21-23.

[10] 刘子华. 大数据时代快递与电子商务产业链协同度研究[J]. 时代经贸, 2019（27）: 6-7.

[11] 蒋永霞. 记者实测快递企业智能客服：回答机械化 问题解决能力差[EB/OL]. 中国商报, 2021-10-31.

[12] 张佳铭. 我国物流运输行业的现状与发展[J]. 区域治理, 2019（37）: 209-211.

小众文化平台"破圈"路径探析——以哔哩哔哩的圈层传播战略为例

◆ 郑昕宜

一、引言

（一）研究背景

2018年以前，哔哩哔哩（以下简称B站）作为以ACG文化为主的青年亚文化平台，在市场中所占份额并不算高。与此同时，AcFun（以下简称A站）与B站的市场定位有着极多相同点，两者之间的同质化问题阻碍着B站的进一步发展。但目前A站已经宣告破产，国内小众文化爱好者彻底转移到B站。

B站基于对市场风向的判断及正确的市场定位，制定了适合自身的发展战略，并通过反向文化输出的营销战略成功打破圈层化，于2019年第四季度实现月均活跃用户同比增长40%，吸引阿里、腾讯、小米等企业和品牌进驻B站。

（二）研究目的

本文试图通过分析B站的圈层传播战略，探究圈层传播的有效方法和途径，进而探讨小众文化平台应用该战略成功"破圈"的路径。

二、研究思路和方法

（一）研究思路

B 站在 2019 年以前尚属于 Z 时代青年亚文化平台，在各社会群体间的传播力度并不算大，稳定的用户群体大多为 ACG 文化爱好者等亚文化群体。但 B 站的圈层传播战略自 2019 年以来取得了良好的成效，一场跨年联欢晚会使得 B 站从平稳发展转为迅速壮大，随后 B 站的一系列措施，如自制纪录片、自制综艺等维持住了用户增长速度和月均活跃用户水平，实现"破圈"。如何看待这种亚文化圈层的传播战略，其他小众文化平台如何根据这种快速扩张的传播战略制定自己的"破圈"战略是笔者分析的重点。

在研究 B 站的"破圈"战略时，应从社会网络的层面进行分析。B 站打造出了多种多样、丰富多彩的社区文化，一个社区就相当于一个社会网络，各个社区之间既不相同又有相似之处，用户往往不会固定在某个社区之中，而是在几个社区之间游走。B 站上不同年龄、不同背景、不同圈层的用户群体亦相当于一个社会网络。

根据社会网络拓扑结构的统计特性，一个具体的网络可以抽象为一个由点集 V 和边集 E 所组成的图 [G = (V, E)]，其边数记为 M=|E|，节点数记为 N=|V|，E 中每条边都与 V 中的一点相对应。B 站的圈层传播战略体现了社会网络拓扑结构的特点，社交网络与人们的现实生活之间形成了多个交叉节点。根据对在线社会网络的实验研究和分析可知，尽管在线网络的节点十分复杂且数目巨大、关联众多，但其平均路径长度很短，呈现小世界特征。

探究 B 站社区网络之间的结构关系是分析该社会网络的关键导向。B 站如何打破社群之间的壁垒，如何使各个处于不同圈层的群体对 B 站产生认同，进而成为 B 站的忠实用户，是笔者分析的重点。

（二）研究方法

1. 问卷调查方法

笔者进行了"哔哩哔哩圈层传播路径问卷调查"，调查对象被限定为正在使用或使用过哔哩哔哩的人群，最终获得有效问卷 56 份。被调查者的年龄分布情况如表 1 所示，职业分布情况如表 2 所示。

表 1 被调查者的年龄分布情况

选项	数量 / 人	比例 /%
18 岁及以下	5	8.93
19~25 岁	36	64.28
26~35 岁	5	8.93
36~45 岁	8	14.28
46~60 岁	1	1.79
60 岁以上	1	1.79
合计	56	100.00

表 2 被调查者的职业分布情况

选项	数量 / 人	比例 /%
学生	39	69.64
公司职员	12	21.43
自由职业者	3	5.36
无业者	2	3.57
合计	56	100.00

2. 统计分析方法

问卷通过信度检验和效度检验后，笔者进行了 KMO 检验和 Bartlett 球形检验（见表 3），检验结果表明调查数据适合进行因子分析。

表3　KMO检验和Bartlett球形检验

KMO 取样适切性量数		0.562
Bartlett 球形检验	近似卡方	146.178
	自由度	28
	显著性	0.000

三、B站圈层传播战略分析

（一）用户群体与B站"破圈"

B站开站伊始，用户大多数为二次元爱好者，随着平台的发展，大量不同圈层的用户涌入，对于B站的内容也有了新的需求。B站多元化的社区多方面、多层次地满足了用户的新需求，人人都可做UP主的机制不仅使B站的用户可以看到更加贴近生活的内容，而且提高了用户的忠诚度和创作积极性。

用户群体的圈层化是B站进行圈层传播首先需要考虑的问题。从SPSS分析报告（见表4）中可以看到，用户的年龄阶段、职业情况等与其认识B站的渠道，以及B站的内容文化和制度结构有着显著的相关性，而用户使用B站时所产生的感受一般与其内容文化和制度结构相关。从B站往年的年报数据中可以看出，Z时代青年更中意使用B站，且由于该群体的特殊性，他们会向身边的人群"安利"自己所喜欢的事物，故而在本次调查中可以看出，年轻群体认识B站的方式多为"身边人介绍"。由于Z时代青年对于主流文化和亚文化具有良好的适应性，他们更易完成圈层间的转换或兼顾，从而实现圈层传播。

A站是与B站几乎同时期产生的视频平台，也是以ACG文化为主的青年亚文化聚集地。A站是国内第一个引进弹幕文化的视频平台，但视频

表4 相关性矩阵

		年龄阶段	职业情况	认识渠道	视频内容
显著性（单尾）	年龄阶段		0.000	0.058	0.000
	职业情况	0.000		0.059	0.000
	认识渠道	0.058	0.059		0.029
	视频内容	0.000	0.000	0.029	
	社区文化	0.101	0.211	0.055	0.463
	会员制度	0.368	0.358	0.386	0.370
	自制内容（自制综艺、纪录片等）	0.311	0.310	0.023	0.308
	品牌进驻	0.057	0.113	0.167	0.231

平台发展至今，弹幕已不再罕有，无效的盈利模式和营销战略使得 A 站最终走向倒闭。B 站则不单单着眼于弹幕文化，还引进、买断了大量动漫资源，以免费模式留住大量忠实用户。

B 站与其他平台的最大区别在于社区文化。近几年 B 站各分区发展得如火如荼，社区文化吸引了更多三次元用户，大量 UP 主进驻生活区、美食区、舞蹈区等分区，不少用户在 B 站学习做饭、化妆等。独特的社区文化——学习直播可以说是 B 站社区文化的一大亮点，用户足不出户，通过一块屏幕便可与远在千里之外的主播一起学习成长。新冠肺炎疫情期间，在 B 站听网课逐渐成为潮流，从高数到法律，大量课程在 B 站上线。中国政法大学教授罗翔受邀进驻 B 站后，其每个视频都能在短时间内获得数十万甚至上百万的播放量。

阿里、小米等大公司和官方媒体"自带流量"进驻为 B 站带来了更多不同圈层的用户，同时，B 站的老用户也为品牌带来了新的流量。

（二）宣传渠道与 B 站"破圈"

B 站在不断探索"破圈"方式的同时，也不断促成 UP 主的"出圈"。2019 年 6 月，B 站 UP 主"老师好我叫何同学"的一条关于 5G 的测评视频在 B 站发布后迅速走红，优质的视频内容引得无数人转发"出圈"，而官方媒体的转发介绍使得该视频最终走向大众。由此可见，UP 主视频质量的提高才是 B 站最佳的营销路径。在此方面，B 站采取了创作者激励计划，鼓励 UP 主创造更多质量高且"出圈"的内容。2020 年，B 站 UP 主"林晨同学"拍摄的关于武汉的 Vlog 获得了上百万的播放量，并被转发至其他平台，成功"出圈"。在这些视频的传播中，不同圈层的互联网用户对 B 站的印象逐渐由"二次元社区"转变为"全民平台"，了解到 B 站并不仅仅有 ACG 文化，还有许多普通人的生活点滴。

问卷调查发现，大多数人认识 B 站是由于网络传播（见表 5），B 站在互联网上的成功营销为平台带来了新流量。

表 5 被调查者认识 B 站的方式

选项	数量/人	比例/%
身边朋友	21	37.50
网络传播（社交媒体、公众号等）	12	21.43
网络传播（UP 主的视频）	11	19.64
网络传播（其他网站，如抖音等）	4	7.14
偶然发现	8	14.29
合计	56	100.00

各类互联网平台在发展早期形成了圈层化现象。所谓圈层化，是指网络平台聚集了被标记为不同爱好、不同年龄、不同文化或阶层的群体的现象。B 站最初就有着这样的忠实用户群，这个用户群为 B 站的发展

打下了基础，但圈层间明显的边界也使得 B 站一直作为小众文化平台而存在。

B 站目前迫切需要打开用户市场，吸引更多人认识 B 站、进入 B 站。为实现这个目标，B 站为"百万 UP 主"即粉丝过百万的 UP 主创造了更多合作机会，借此创造更多"出圈"内容。与此同时，B 站与品牌的合作也在逐渐增多。品牌合作一般分为 UP 主与品牌的商业合作和品牌进驻两种，粉丝一般称 UP 主与品牌的商业合作为"恰饭"，"恰饭"的内容一般是由品牌与 UP 主进行对接，而品牌进驻方式包括在 B 站的花火平台上进行商业推广和通过 B 站的悬赏计划进行商品投放。

此外，B 站还加大了在自制综艺、自制纪录片等方面的投入，并鼓励 UP 主的二次创作，从而通过优质、有趣的视频吸引更多年轻人加入 B 站。

（三）用营销心理学分析 B 站的营销战略

B 站早期严格的注册会员制度利用凡勃伦效应，使 B 站早期用户拥有了独特感。B 站的内容免费模式又精准戳中用户的免费心理，在一定程度上增加了用户的忠诚度。

后期为扩大用户群体，B 站降低了会员准入门槛，但在自制内容上加大了情感投入。2019 年的跨年晚会是 B 站真正"破圈"的里程碑。从《数码宝贝》到《名侦探柯南》的主题曲表演，到《亮剑》楚云飞扮演者张光北的表演，整场晚会融合不同元素、不同内容，使各年龄层、各地区的用户都能从晚会中找到自己熟悉的元素。大量观众的共鸣使这场晚会彻底"出圈"，B 站的口碑也因此上升。

除跨年晚会外，B 站通过自制剧《风犬少年的天空》、自制纪录片《人生一串》等守住了自己的基本盘，用情怀和优良的制作留住了年轻用户群体。可以说，情感营销是 B 站成功"破圈"的关键。

四、B站圈层传播战略的不足

（一）版权问题

创作平台的最大问题便是版权问题。由于B站人人均可做UP主的机制，B站的内容种类繁多，各类文化百花齐放，但上传者本身的行为并不受官方所控制。例如，有上传者将国外视频平台Youtube上的部分视频"搬运"到B站，这种行为就属于对原创作品的侵权。因此，如何解决版权问题是B站需要继续研究的课题。

（二）用户"礼仪"问题

随着B站营销战略的进一步实施，大量新用户涌入B站，而年龄层、文化水平等方面的不同使B站某些视频的弹幕不十分符合"弹幕礼仪"，这种现象有可能会"劝退"B站的老用户。但老用户作为B站坚实的基础，势必是不可缺少的。因此，如何配合营销战略打造一个更加和谐友好的社区，也是B站目前需要解决的问题。

五、小众文化平台"破圈"路径探析

（一）优质内容输出

从上文的分析可知，平台的内容是留住老用户、吸引新用户的关键。因此，小众文化平台要想"破圈"，必须先将平台内容的质量提高上来。提高平台内容的质量，打造一个新型文化社区，需要平台方通过创作激励等制度引进一批优质创作者，并适时与品牌进行联动。只有在创作者和品牌的带领下，平台才能持续不断地吸引更多创作者和用户。

此外，打造有本平台特色且以用户为本位的周边产品、节目比赛等，也是吸引用户的重要手段。

（二）目标受众定位

定位目标受众首先需要进行平台市场定位，搞清楚要建设一个什么样的平台、平台的运营目标是什么、运营计划是什么等。进行市场定位后才可以准确地定位到目标受众。营销战略的制定要充分考虑目标受众群体，从而保证本平台的营销活动可以吸引到目标受众。从上文的分析中也可以看出，小众文化平台的传播需要重视青年群体，应利用社交网络中的各节点延伸到更多的关系网络，进而实现圈层传播。

（三）平台生态完善

小众文化"破圈"实际上是一种跨文化适应。亚文化群体往往对本平台的忠诚度很高，小众文化平台要想"破圈"，获得更多的用户，需要完善本平台的亚文化生态。平台应借助互联网的传播链发表平台官方言论，在其内容上加以延伸，并掌握恰当的传播技巧，顺应受众的情感需求，加快建设开放共享的平台生态。

六、研究结论与不足

（一）研究结论

本文从社会网络的角度对B站的圈层传播战略进行了分析，并探讨了小众文化平台实现"破圈"的路径。本文的研究结论主要如下。

（1）B站的圈层传播战略注重人与互联网。通过对社交网络的把握，B站将内容"安利"给了不同圈层中的某一部分人群，使其作为节点将B站的文化传播到整个圈层中。B站通过互联网可以轻而易举地将内容传递到每一个使用互联网的人面前，从而发掘每一个潜在用户。B站宣传投放的人群大多数为Z时代的青年群体，该群体是当今互联网上最为活跃、最有激情的群体，极易被B站发掘，更易带动其他群体共同使用B站。

（2）参考B站的圈层传播战略，小众文化平台需要深度挖掘本平台特色，促成更多优质内容的产生和传播。同时要注重用户节点的发掘，进而从各节点打入各关系网络。

（二）研究不足

由于时间、精力等种种原因的限制，本研究设计的问卷较为简单，调查样本较少，且主要是学生群体，因此研究的全面性、深入性远远不足。本文虽然从社会网络的角度对B站的圈层传播战略进行了分析，但B站的圈层传播战略所涉及的内容远不止本文所提到的这些，因此未来有必要对B站的圈层传播战略做更全面的研究，从而为小众文化平台"破圈"提出更全面的建议。

参考文献

[1] 帕克，埃尔斯泰恩，邱达利.平台革命：改变世界的商业模式[M].志鹏，译.北京：机械工业出版社，2017.

[2] 诺克，杨松.社会网络分析[M].2版.李兰，译.上海：格致出版社，2017.

[3] 李宏，魏静瑶."固圈"与"破圈"：社交媒体时代哔哩哔哩圈层传播策略[J].编辑学刊，2021（5）：52-57.

[4] 高扬辉，焦朝霞.视频网站的营销策略研究：以哔哩哔哩网站为例[J].营销界，2020（38）：11-13.

文化特色视角下的"城市名片"创建研究——以广东省汕尾市为例

◆ 熊淑茵　孔晓桦　李蕊悦　李可欣　林派锐

一、引言

"城市名片"是一座城市最具体、最直接、最现实的品牌标识，是其历史背景、文化精粹、经济支柱、生态环境、城市品牌及居民生活习惯等特色城市要素的集中体现。创建独具特色的"城市名片"对一座城市经济、文化等方面的发展具有至关重要的作用。近年来，广东省汕尾市以习近平新时代中国特色社会主义思想为指导，始终坚持发展新理念，挖掘城市文化底蕴，大力发展特色文化，致力于创建"城市名片"。

截至2020年1月3日，汕尾市拥有世界非物质文化遗产1个、国家级非物质文化遗产9个、省级非物质文化遗产28个、市级非物质文化遗产58个、县级非物质文化遗产97个，非遗传承人逾100人。其中，三个独具一格的稀有剧种——西秦戏、白字戏、正字戏，历经几百年不被岁月所侵蚀；有800多年历史的"滚地金龙"传统舞蹈依旧被世人所赞叹。汕尾市享有"中国戏曲之乡""中国民间文化艺术之乡""中国最具投资价值旅游城市""中国最具魅力城市""广东省双拥模范城"等称号。近年来，汕尾市文化建设事业蒸蒸日上，并以此为引打出"文化城市"

的宣传名片,在提升知名度的同时带动当地经济的发展。

为进一步了解汕尾市的文化资源,分析汕尾市在文化事业发展中取得的成就及存在的问题,并结合所知所学提出相应的对策建议,助力汕尾市文化事业蓬勃发展,调研团队于 2020 年 7 月 20 日至 8 月 20 日在汕尾市海丰县影剧院、陆丰市手工作坊和陆河县螺洞村开展文化资源调研,探索文化特色视角下汕尾市"城市名片"的创建路径。

二、汕尾市"城市名片"调研分析

（一）汕尾市"城市名片"之"中国戏曲之乡"：以海丰西秦戏为例

1. 海丰西秦戏简介

汕尾的西秦戏起源于秦腔,就是琴腔和甘肃腔,明代传入海陆丰（汕尾市的别称）。关于西秦戏的形成,流传的说法有两种。一是明朝万历年间,陕西陇右（今甘肃天水）的刘天虞曾来到广州做官,同行的还有三个西秦腔戏班子。他们经过江西来到粤东、闽南、台北这一带,最后选择在海陆丰扎根,并且将海陆丰的民间艺术和方言特色与西秦腔相结合。经过不断的发展和变化,最终形成了如今的西秦戏。二是李自成战败后从闽赣边界来到广东省内,败军中有一些来自陕西和甘肃地区的艺人,他们在海陆丰聚集,搭班唱戏,将本色腔调和当地民间艺术完美融合,进而形成与众不同的民间戏曲西秦戏。

海丰县西秦戏剧团原为西秦庆寿年班,成立于 20 世纪 30 年代。该剧团的发展历经波折,曾一度解散。为了保护西秦戏这一珍贵的艺术遗产,剧团老一辈的艺术家们对大量的传统戏曲剧目进行了挖掘、整理,并对表演艺术方式进行了改革创新,使西秦戏枯木逢春、欣欣向荣。海丰县西秦戏剧团是目前中国唯一的西秦戏专业剧团，对西秦戏的发展起着重要作用。

2. 海丰西秦戏发展现状及存在问题

西秦戏现在已经被列为国家级非物质文化遗产。为进一步了解西秦戏发展现状及存在问题，调研团队在海丰县影剧院开展了以"聆听西秦戏音，传承善美基因"为主题的非遗文化调研活动，对西秦戏传承人进行了面对面访谈，同时通过线上形式进行了问卷调查。

调研团队在对西秦戏传承人余泽锋进行访谈后了解到，近年来，西秦戏已经不再居于一隅。但余泽锋也指出，一个剧团每年的演出场数不能过多，否则大家只会忙着演出，很难再有精力去创造更好的作品。作为西秦戏传承人，他期望可以创造出更优质的剧目，让更多的观众知道西秦戏，然而，"一个剧团的力量太过薄弱，很难做出大的成就，只能期望政府和全社会都来关心和支持"。

问卷调查结果具体如下。

关于西秦戏的观众，调查显示，有92.37%的观众是中老年人，青少年观众只占7.63%。由此可知，西秦戏的观众主要是中老年群体，吸引不到足够多的青少年，这导致西秦戏的文化无法很好地融入当代社会，社会影响力较小，阻碍了西秦戏的更好传承。

关于群众对西秦戏的了解，调查显示，有52.67%的群众表示之前没有了解过西秦戏，有32.82%的群众之前听过西秦戏的一些介绍，不过没有深入了解，只有14.50%的群众表示对西秦戏有过一定的了解。从这些数据可知，西秦戏的知名度还有待提高。

关于当前对西秦戏的保护政策及保护力度，调查显示，有64.12%的群众认为政府对西秦戏的保护力度一般，有24.43%的群众认为政府推出的政策对保护西秦戏有很好的帮助，有11.45%的群众认为政府保护西秦戏的力度不够。从这些数据中我们可以知道，大多数人认为政策的保护力度需要加强。

通过实地调研和问卷调查，我们发现目前西秦戏的发展中主要存在以下问题。

（1）传统文化的融合之难。西秦戏属于国家级非物质文化遗产，在其发展过程中融合了许多地方剧种的元素和风俗文化，具有很高的艺术价值。但如今随着电影、电视剧等新兴戏剧形式的发展壮大，西秦戏乃至整个戏剧界都在渐渐地从人们的视野中淡去。因此，如何提高西秦戏的知名度，使其更好地融入当代社会，进而再放光芒，是急需解决的问题。

（2）青黄不接的传承之难。西秦戏剧团在海丰有过一段辉煌的历史，每当剧团表演时，总会引得全县的人前来观看，这得益于演员们精湛的表演技巧和动听的戏音。但如今西秦戏剧团的演员青黄不接，没有足够多、足够出色的演员能承担起将西秦戏发扬光大的重任，这也是一个急需解决的问题。

3. 海丰西秦戏发展建议

（1）实施"戏曲艺术振兴工程"。建议海丰县政府协调各有关部门，出台扶持戏曲艺术发展的相关政策，实施"戏曲艺术振兴工程"。应分阶段制定戏曲艺术保护规划，建立和完善相应的资金扶持政策、社会保障政策以及人才引进和培养政策，并将政策落实到位，最终推动海丰县戏曲表演艺术事业的发展。

（2）增加对戏曲艺术的支持力度。建议海丰县设立"振兴戏曲艺术专用资金"，用于支持当地的大型戏曲艺术演出、重点剧目创作、戏曲人才培养、对外宣传展示、剧团建设、戏曲理论研究等工作。

（3）建立戏曲艺术人才培养基地。建议海丰县安排专项经费、建设用地、师资力量等，设立戏曲艺术人才培养基地，培养德艺双馨、能够继承和发展海丰戏曲艺术的专业人才。

（4）加强戏曲艺术院团建设。建议海丰县在人员编制、经费保障、设备设施配套、人才培养、重点活动等各方面加大对戏曲艺术院团的扶持力度，发挥专业院团在戏曲艺术保护中的中坚作用。

（5）举办"戏曲进学校"活动。建议海丰县将地方戏曲纳入当地中小学课程体系，培养戏曲未来的观众，为戏曲艺术的可持续发展奠定基础。

（6）加强戏曲艺术理论研究和艺术指导。建议海丰县成立"戏曲艺术研究会"，研究总结戏曲艺术相关理论知识，并对戏曲艺术表演活动进行指导，从而适应时代要求，推动地方戏曲发展。

（二）汕尾市"城市名片"之"中国民间文化艺术之乡"：以陆丰油纸灯笼为例

1. 陆丰油纸灯笼简介

陆丰市碣石镇的油纸灯笼制作已有百余年的历史，经过数代手艺人的沉淀与凝练，其制作工艺已臻于化境。在当地，许多人家门前或宗庙祠堂都会悬挂油纸灯笼。油纸灯笼集绘画、剪纸、纸扎、刺缝等工艺于一身，不仅承载着人们的美好期盼，而且是民间传统手艺坚守和传承的象征。

2. 陆丰油纸灯笼发展现状及存在问题

为了解陆丰油纸灯笼发展现状及存在问题，调研团队开展了以"寻迹竹编灯，弘扬笼中艺"为主题的传统手艺调研活动，对油纸灯笼工艺传承人进行了访谈，同时通过线上形式进行了问卷调查。

通过采访灯笼铺手艺人周师傅得知，现今竹骨编织已经改成了机器生产，而竹骨也替换成了塑胶。这一创新不仅减少了单个灯笼的制作时长，也使得灯笼更加轻便，价格更加实惠。这无疑是油纸灯笼"进"的体现。另外，问卷调查结果显示，年轻一辈对油纸灯笼知之甚少。由于缺少新颖的宣传方式，油纸灯笼未能进入年轻一辈的视野，也因此导致其发展滞后。这是油纸灯笼"退"的体现。

通过实地调研和问卷调查，我们发现目前油纸灯笼的发展中主要存在以下问题。

（1）后继无人的接手之难。现今在碣石镇仅有屈指可数的油纸灯笼铺仍在制作灯笼，但手艺人的年龄普遍较大，愿意精修这门手艺的年轻人越来越少。

（2）文化观念的加强之难。油纸灯笼手工艺品是地方历史和文化的缩影，具有非凡的价值。但是现在的年轻人只是把油纸灯笼作为一种单纯的装饰品，对其本身所蕴含的历史文化价值缺乏深刻的认识，进而影响了油纸灯笼工艺的传承和发展。

3. 陆丰油纸灯笼发展建议

（1）在传承中创新发展。时代在进步，科技也在发展，机器代替的趋势是无法避免的，但是老祖宗的手艺也是要保留的。因此，一方面，要吸引更多的年轻人学习油纸灯笼传统制作工艺，同时通过录像等方式保存该古老技艺；另一方面，鼓励年轻人与时俱进，对传统工艺进行创新，推广机器制作方法，从而激活油纸灯笼的生命力。

（2）加大文化宣传力度。当地政府文化部门应通过多种方式，加大对油纸灯笼文化的宣传力度，使人们在享受装饰美的同时，深刻了解其背后的文化内涵和高超工艺。

（三）汕尾市"城市名片"之"中国最具投资价值旅游城市"：以陆河"世外梅园"为例

1. 陆河"世外梅园"简介

为发展乡村旅游经济，陆河县水唇镇螺洞村基于自身的资源优势，打造了"世外梅园"休闲旅游度假景区。2019年12月，螺洞村成功入选"2019年中国美丽休闲乡村"名单，并且被评为"国家森林乡村"，为"世外梅园"打响了名声。"世外梅园"风景秀丽，每当寒冬来临的时候，漫山遍野盛开的梅花就像一场落在岭南的雪，令人赞叹不已、终生难忘。

2. 陆河"世外梅园"发展现状及存在问题

为了解陆河"世外梅园"发展现状及存在问题，调研团队开展了以"漫步螺洞山水，共绘脱贫蓝图"为主题的乡村旅游调研活动。通过调研我们了解到，螺洞村于2015年在全市率先成立了村级股份公司——广东螺洞投资发展股份有限公司，以现金或土地股份的形式，将村民与企业联结成利益共同体，共同开发集观光、娱乐、休闲、文化、探索、餐饮于一体的原生态旅游景区。在螺洞村，屋前屋后种植花草，老墙粉刷一新，主要村道的突出位置悬挂着农家乐、农特产等广告牌或宣传标语，民宿、饭店、卫生设施等较为完善。如今螺洞村已成为3A级景区，亦入选"中国美丽休闲乡村"。但在调研中我们也发现了一些不可忽视的问题，例如：部分村民参与乡村旅游项目的动力不足，害怕承担风险；乡村旅游专业人才不足，影响了当地旅游业的持续稳定发展。

3. 陆河"世外梅园"发展建议

一方面，当地政府要梳理和协调好乡村旅游开发过程中企业和村民的利益关系，增强村民参与乡村旅游项目的信心和动力，消除其后顾之忧；另一方面，当地政府要出台优惠政策，打造优质平台，吸引外部人才来螺洞村创业就业，同时要对当地村民开展培训，普及文化和旅游产业知识，提高村民的服务意识。

三、汕尾市"城市名片"创建路径

（一）开发地域文化资源

汕尾是一座有着很多文化基因的城市，闽南文化、潮汕文化、客家文化、广府文化在此交汇，形成了独具特色的人文风貌。当地政府应凭借这一优势，对汕尾的地域文化资源进行深度挖掘和开发，大力发展特色文化产业。同时要注意，在文化产业的发展中要坚持文化资源的严格保护和合理开发利用。

（二）加大文化宣传力度

文化是一座城市的魂，加大文化宣传力度不仅能提高城市的影响力，增加文化产品的销量，带动城市经济发展，还可以使当地人有归属感，为自己的家乡而骄傲，从而使更多的人才留在家乡发展，建设更好的汕尾。政府可以采取多种方式进行宣传，例如，在微信公众号上推送有关汕尾文化的文章，在微博上多转发与汕尾文化相关的帖子，在电视台上进行汕尾文化科普等。

参考文献

[1] 刘梅秀. 城市名片的打造与现代意识的崛起 [D]. 青岛：青岛理工大学，2012.

[2] 陈静. 城市名片：以杭州市为例的城市旅游纪念产品开发与创新研究 [D]. 北京：中国美术学院，2016.

[3] 石定乐.城市名片建设中应科学利用区域文化资源[J].边疆经济与文化,2010(3):46-47.

[4] 张光明.城市雕塑:打造城市名片[J].中国建设信息化,2007(12S):18-23.

[5] 李虹.城市公共设施与城市名片设计研究[J].网友世界,2013(22):39-40.

[6] 杨璐莎.城市名片设计的探索性研究[J].世界家苑,2011(3):132.

[7] 魏菊芳.汕尾旅游品牌营销策略研究[J].当代旅游,2019(3):37-56.

[8] 陆端华.创新城市形象宣传的有益尝试:《汕尾日报》"汕尾文化之旅"活动启示[J].中国地市报人,2017(8):68-69.

[9] 魏菊芳.汕尾旅游文化资源的开发与保护[J].教育(文摘版),2017(3):312.

[10] 陈君.传统手工艺的文化传承与当代"再设计"[J].文艺研究,2012(5):137-139.

[11] 谢基贤.梅园芬芳醉农家:陆河县水唇镇螺洞村发展特色产业扶贫侧记[J].源流,2017(12):18-19.

[12] 李轲,王世红.汕尾区域文化对区域经济发展的影响及对策[J].企业技术开发(学术版),2012(28):88-89,120.

[13] 叶辉.激活文化资源 打造城市名片[J].武汉宣传,2012(7):38-39.

[14] 许翼心.海陆丰戏曲:非物质文化遗产中的珍稀剧种——《海陆丰珍稀戏曲剧种》前言[C]//中国戏剧艺术高层论坛论文集.广东省文化厅,中山大学,2011.